中原文化

主　编　胡世雄　易宏军
副主编　王少英　张　慧
　　　　郭秦生　欧阳新年

西北大学出版社
·西安·

图书在版编目(CIP)数据

中原文化 / 胡世雄,易宏军主编. --西安:西北大学出版社,2025.1. -- ISBN 978-7-5604-5580-8

Ⅰ.K296.1

中国国家版本馆 CIP 数据核字第 2024T26K04 号

中原文化
ZHONGYUAN WENHUA

胡世雄 易宏军 主编

出版发行	西北大学出版社
地　　址	西安市太白北路 229 号　　邮　编　710069
网　　址	http://nwupress.nwu.edu.cn　　E-mail　xdpress@nwu.edu.cn
电　　话	029-88303042
经　　销	全国新华书店
印　　装	西安华新彩印有限责任公司
开　　本	787 毫米×1092 毫米　1/16
印　　张	22.25
字　　数	373 千字
版　　次	2025 年 1 月第 1 版　2025 年 1 月第 1 次印刷
书　　号	ISBN 978-7-5604-5580-8
定　　价	68.00 元

如有印装质量问题,请与本社联系调换,电话 029-88302966。

编委会

主　任　　胡世雄

副主任　　汤迪操　　王少英　　郭莉娜

编委成员（以姓氏笔画为序）

　　　　　　卜凡珊　　马俊国　　王少英　　王恩来

　　　　　　刘本栋　　刘晓论　　汤迪操　　安婷婷

　　　　　　李元应　　李从喜　　李顺兴　　张　慧

　　　　　　欧阳新年　易宏军　　罗　娟　　胡世雄

　　　　　　姚天金　　郭秦生　　郭莉娜　　崔　萃

　　　　　　惠大泳

序　言

　　文化是一个由社会历史积累而成的、不断变化的、复杂的有机系统；它是一个民族或一个地区的群体在其历史的发展中形成的有利于该民族或该群体生存、繁盛的物质生活和精神生活方式；它是人类在能动地支配、改造客观环境，追求与创造理想生活，实现人类自身价值的过程中创造的物质财富和精神财富；它包括语言、文字、规章制度、组织形式、风俗习惯、价值观念、思维方式、道德情操、审美情趣、宗教情感、民族性格等。

　　中华优秀传统文化是中华民族的精神支柱和民族精神延续、发展的体现，是中华民族文化的核心，是中华五千年大智慧的集中体现。中华传统文化源远流长、博大精深，虽历经沧桑，但依然薪火相传、绵延不绝，具有强大的凝聚力。

　　习近平总书记在对宣传思想文化工作的重要指示中强调：要坚定文化自信，秉持开放包容，坚持守正创新，为全面建设社会主义现代化国家、全面推进中华民族伟大复兴提供坚强思想保证、强大精神力量、优良文化条件。

　　中原是中华文明起源的核心区域，中原文化是华夏文明的母体文化。以中原文化为代表的中华优秀传统文化，是在长期吸纳异域文化、周边文化等多种文化养分中发展和丰富起来的，形成了多元一体的文化形态。中原文化是中华优秀传统文化的基本形态，值得我们发掘、研究和传承。

　　传承中原文化，就要围绕新时代、新征程的中心任务，有针对性地对中原文化进行有效的挖掘和阐发；就要与时俱进，传承弘扬中原文化中蕴含的价值理念、道德规范和人文精神，结合时代要求对其内涵、形态进行补充、拓展、完善,积极推出文化精品创作,大力培育现代文化和创新文化,增强文化自信;就要充分发挥中原文化的育人功能,教育和培养青年一代感悟中原文化的魅力,使其养成勤学、善思、懂理的优良品质和道德情操,进而提升文化素质。

黄河交通学院中原文化教学科研团队在胡世雄教授、易宏军教授等专家的带领下,多年来致力于中华传统文化及地域文化的教育与研究工作。他们共同创作完成的《中原文化》一书,系统梳理、总结和展示了中原文化的历史形成过程、发展进步进程,及其对当代社会的重要作用,可读性强。本书也是河南省高等学校哲学社会科学基础研究重大项目(编号2022—JCZD—15)及河南省哲学社会科学规划一般项目(编号2022BJJ070)的研究成果。

黄河文化是中华文化的主流和主干内容,是中华民族的"根"和"魂"。其中,中原文化是黄河文化的核心主干和集大成者,是黄河文化的汇聚和升华。在新时代推动黄河流域高质量发展、坚定文化自信,就要推动以中原文化、黄河文化为代表的中华优秀传统文化的创造性转化和创新性发展,扎实推进中华民族现代文明和社会主义文化强国建设。

编　者

二〇二三年仲秋

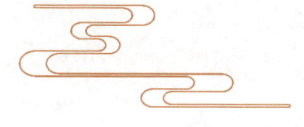

目录

导　论　中华文明的发源地——中原 / 1

第一章　中原文化的渊源 / 7

　　第一节　前仰韶时期 / 9

　　第二节　仰韶时期 / 12

　　第三节　五帝时期（后仰韶时期） / 18

第二章　中原文化的发展 / 23

　　第一节　夏商周时期的中原文化 / 25

　　第二节　秦汉时期的中原文化 / 34

　　第三节　魏晋南北朝时期的中原文化 / 41

　　第四节　隋唐宋时期的中原文化 / 47

　　第五节　元明清时期的中原文化 / 53

第三章　中原传统哲学 / 57

　　第一节　先秦时期的中原哲学 / 59

　　第二节　两汉时期的中原哲学 / 67

　　第三节　六朝隋唐时期的中原哲学 / 69

　　第四节　宋元时期的中原哲学 / 73

　　第五节　明清时期的中原哲学 / 76

　　第六节　近现代时期的中原哲学 / 78

第四章　中原传统教育　/ 85

　　第一节　中原传统教育的历史渊源　/ 87

　　第二节　中原传统教育的教育思想　/ 92

　　第三节　中原传统教育的制度　/ 97

　　第四节　中原传统教育的现代价值　/ 101

第五章　中原文学及艺术文化　/ 105

　　第一节　中原文学　/ 107

　　第二节　中原传统艺术　/ 118

　　第三节　中原民间艺术文化　/ 122

第六章　中原传统礼仪　/ 125

　　第一节　传统礼仪的形成　/ 127

　　第二节　传统礼仪的主要习俗　/ 132

　　第三节　传统礼仪的当代传承　/ 139

第七章　中原宗教文化　/ 145

　　第一节　宗教的产生　/ 147

　　第二节　中原地区的古代宗教　/ 152

　　第三节　宗教与中原文化　/ 156

第八章　中原武术文化　/ 163

　　第一节　中原武术的起源与发展　/ 165

　　第二节　中原少林武术　/ 167

　　第三节　陈家沟太极拳　/ 171

　　第四节　中华武术的传承　/ 175

第九章　中原传统伦理道德　/ 179

　　第一节　传统伦理思想的孕育与发展　/ 181

　　第二节　中原伦理学的核心要义　/ 187

　　第三节　传统美德的继承与发展　/ 193

第十章　中原古建筑文化　/ 195

　　第一节　中原古建筑的起源与发展　/ 197

　　第二节　中原都城建筑　/ 204

　　第三节　中原宗教建筑　/ 211

　　第四节　中原传统民居　/ 218

第十一章　中原科技文化　/ 223

　　第一节　农耕文化　/ 225

　　第二节　传统陶瓷技术　/ 230

　　第三节　传统冶铸技术　/ 238

　　第四节　传统天文学　/ 243

　　第五节　四大发明　/ 250

第十二章　中原生态文化　/ 257

　　第一节　中原生态文化的历史渊源　/ 259

　　第二节　中原生态文化的基本内容　/ 263

　　第三节　中原生态文化研究的当代价值　/ 271

第十三章　中原中医药文化　/ 279

　　第一节　中医药的起源　/ 281

　　第二节　中医药的辉煌成就　/ 288

第十四章　中原精神谱系文化　/ 297

第一节　黄河精神　/ 299

第二节　大禹治水精神　/ 301

第三节　愚公移山精神　/ 304

第四节　太行精神　/ 307

第五节　大别山精神　/ 310

第六节　红旗渠精神　/ 313

第七节　焦裕禄精神　/ 317

第十五章　中原文化的传承　/ 323

第一节　中原文化的历史价值　/ 325

第二节　中原文化的当代价值　/ 332

后　记　/ 342

导论

中华文明的发源地——中原

导 论 | 中华文明的发源地——中原

一、中原是中华文明的发祥地

中原有狭义和广义之分,狭义的中原大概指现在的河南省,古时又称中州,有九州之中的意思;广义的中原指华北大平原,也就是由黄河、淮河、海河冲积而成的大平原,河南在这里也占据着极其重要的地位。

中原本义为"天下至中的原野",是华夏文明的发祥地,是华夏民族的摇篮,被视为天下的中心。中原地区随着华夏民族的大融合以及中原文明的扩展而逐渐向外蔓延,增加了以中原文化为核心的汉族和各民族之间的交流。中原地区是中国建都朝代最多的地区之一,建都历史最长的地区之一,古都数量最多的地区,自夏朝开始,先后有20多个朝代200多位帝王建都或迁都于此。中原一直是中国政治、经济、文化和交通中心,自古就有"得中原者得天下"之说,"逐鹿中原,方可鼎立天下"。

"中原"这两个字出现得很早,殷墟甲骨文中有"中"字,西周金文中有"原"字。据古字形分析,"原"就是泉源丰沛、适合生存的地方;"中"字,本义为徽帜。甲骨刻辞中多有"立中"之辞,立中就是建旗。由此可知,中即是位居中央、八方来汇的地方,是聚众谋议、定夺大事的地方。

"中原"一词最早出现于《诗经》,意思是原野,原野之中。原义中并未指定确切地理方位。例如,《小雅·南有嘉鱼之什·吉日》:"瞻彼中原,其祁孔有。"《小雅·节南山之什·小宛》:"中原有菽,庶民采之。"《国语·越语上》:"寡人不知其力之不足也,而又与大国执仇,以暴露百姓之骨于中原,此则寡人之罪也。"这些是"中原"一词最早的出处,意指"原野"。中原地区在中华文明起源多元一体化过程中,占据着一体化的核心地位。

第一次指定"中原"地理方位的是《尚书·禹贡》。《尚书·禹贡》将天下分为"九州",豫州位居天下九州之中,故称中州,又名中原。春秋战国时期,人们有意识地把"中原"作为地域名称使用。《左传·僖公二十三年》记云:"晋、楚治兵,遇于中原,其辟君三舍。"晋与楚的地理位置分别处于中原之地的南面和北面,"遇于中原"就是相会于两者之间的中间地带。汉代及其以后,"中原"一词指"原野"者史书中也仍然存在,与地理概念的"中原"并存。魏晋南北朝时期,"中原"一词作为特定地理区域的意义才最终明晰起来并得

到全社会的认同。诸葛亮《出师表》:"今南方已定,兵甲已足,当奖率三军,北定中原。"这里的中原就是指中原地区,与今义基本相同。它直接指以洛阳为中心的一个地理区域。

在中华民族发展史上,中原地区不仅是古代中国人口分布的重心所在,也是中国历史上战争和灾难最集中的一个地区,很多民族、政权为了争夺中原地区的控制权,逐鹿中原。

中原作为中国政治、经济和文化中心长达2000多年。中国八大古都,中原占其四,即郑州、安阳、洛阳、开封。洛阳先后有9个朝代建都,开封有7个朝代建都。中国姓氏发源地也在黄河流域,在800多个大姓中,源于中原一带的占90%;在100个大姓中,有73个源于河南。

二、中原生态地貌

中原地区处在中国中部,上有黄土高原,多为冲积平原,也有部分山地;中间黄河穿过,还有很多支流。气候以温带季风性气候加温带大陆性气候为主,因为远离海岸,所以气候干燥。

中原大地背倚我国的中央山脉:天山—昆仑山—秦岭山脉,我国最大的两条大河:黄河、长江在其两边流淌,可谓"山环水抱"。

三、黄河与中原

黄河是中国的第二长河(仅次于长江)。她发源于青藏高原的巴颜喀拉山北麓约古宗列盆地,呈"几"字形,自西向东分别流经青海、四川、甘肃、宁夏、内蒙古、山西、陕西、河南及山东9个省(自治区),最后汇入渤海。在几十万年以前,这里就有了人类的踪迹,新石器时代的遗址遍及黄河两岸、大河上下。进入阶级社会以后,在一个相当长的历史时期内,黄河流域是我国政治、经济、文化的中心。黄河是中华民族的母亲河,是中华文明的摇篮。

中华民族一向以黄帝、炎帝为自己的祖先,他们勤劳勇敢,是远古时代非常了不起的人物。其后是以禹为代表的夏后氏家族,建立了中国历史上第一个朝代。他们地处中原,勤劳勇敢,从事农业,条件优越,发展很快,在发展的基础上修城郭保护财产,把自己看成天下的中心,自称为"中国"。在人类社会发展史上,中华民族以自己非凡的智慧和勤劳勇敢的精神,创造了灿烂的吏治(制度)文明、物质文明和精神文明。这些文明的起源、历史脉络均在黄河流域的大中原。

中原是中华文明孕育形成的核心地带。发生在中原大地的盘古开天辟地、女娲造人、神农尝百草等神话传说反映了中原早期文明的历史。当代考古发现印证了中原早期文明的足迹,从距今8000年的裴李岗文化开始,到距今7000年的仰韶文化,再到龙山文化、二里头文化、二里岗文化、安阳殷墟遗址,中原地区的先民们创造了辉煌的农业文明,创立了最早的文字体系,建造了中国最早的城市。从公元前21世纪,到公元12世纪南宋迁都杭州,3000多年间先后有夏、商、东周、三国魏、北宋等20多个朝代,200多位帝王建都中原。在中华文化的形成发展中,在圣贤荟萃的中原,形成了儒、道、法、佛等思想,老子在函谷关前留下五千言的《道德经》,孔子周游列国,在中原地区传道授业启航,天竺僧人在白马寺翻译出了第一部汉译佛经《四十二章经》。老庄哲学、汉代经学、魏晋玄学、宋明理学、易学等在中国传统文化中作为主流意识形态的文明均在中原地区形成。

中原文化在与其他文化不断的融合交流中,自身的外延也在不断扩大,并由此催生了中华文化的形成。中原文化的核心思想,如"大同""和合",都成为中华文化的核心思想;中原文化的核心价值观,如礼义廉耻、仁爱忠信,都成为中华民族的核心价值观;中原文化的重大民俗活动,如婚丧嫁娶、岁时节日等,都成为中华民族的民俗活动。中原以外的文化区都紧邻或围绕着中原文化,很像一个巨大的花朵。这些外围的文化区是花瓣,而中原文化是花芯。正是花芯的不断绽放,才形成了中华文化这朵绚烂的文明之花。

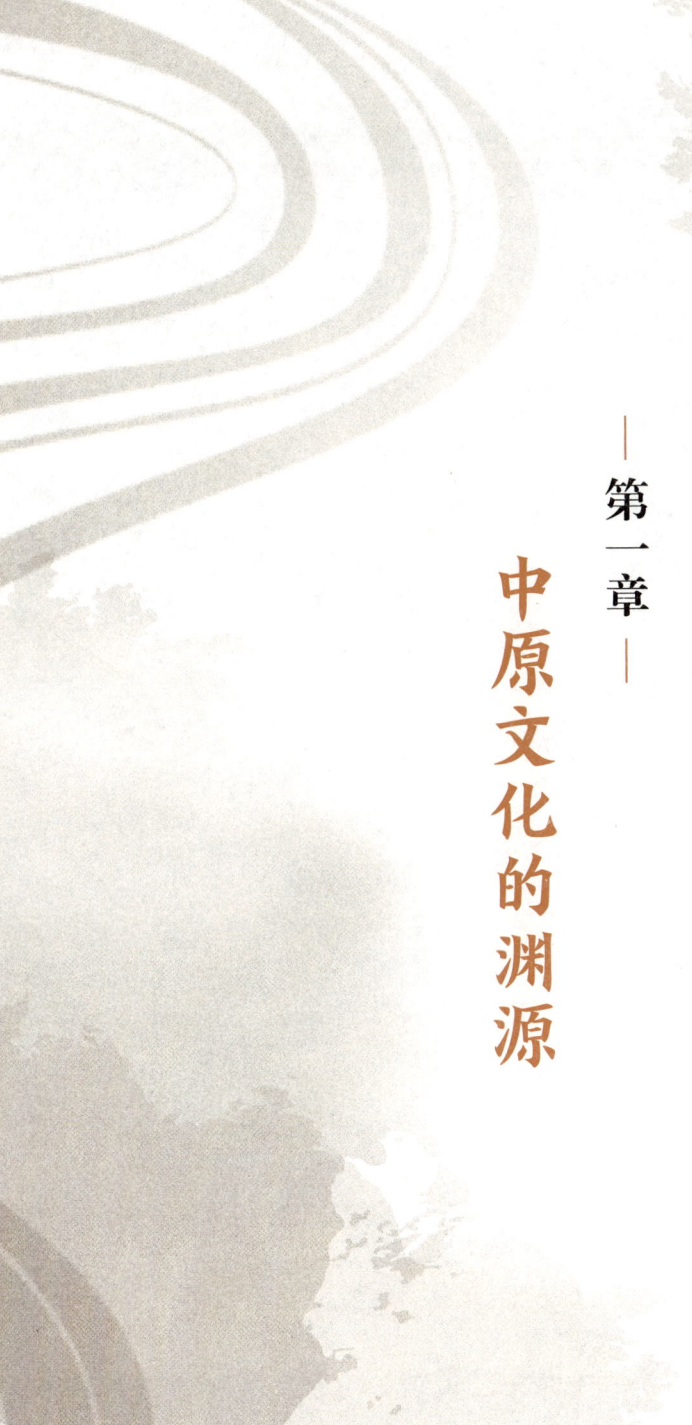

第一章

中原文化的渊源

考古发现表明,现代人类在中原地区进行文明活动的最初时间在公元前约7000年,即约9000年前。在进入历史时期之前,中原地区大致经历了前仰韶时期、仰韶时期和五帝时期(后仰韶时期)三个阶段。

在以上三个时期中,前仰韶时期在中原地区活动的主要人群为裴李岗人和磁山人,分别在中原地区创造出裴李岗文化和磁山文化;仰韶时期,主要为华夏人所创造的仰韶文化,这一文化肇始于中原,最终形成遍布全中国的主流文化类型,即华夏文明;五帝时期(后仰韶时期),中原华夏人与海岱东夷人融合,在黄河中下游的中原地区,形成了中华文明的国家雏形和中华文化的鲜明特征。

以上三个史前时期,是中原文化的重要孕育期,构成了中原文化的渊源,同时也是中华文化的渊源。

第一节　前仰韶时期

前仰韶时期,中原地区主要活跃着两支族群,一支是居于中原中部地区的裴李岗人,另一支是居于中原北部地区的磁山人。

一、裴李岗文化

考古发现表明,现代人类中较早一支来到中原地区的族群为"裴李岗人"。

裴李岗人遗存主要有舞阳贾湖遗址和新郑裴李岗遗址。经C_{14}和释光测年,舞阳贾湖遗址年代距今9000—7500年,新郑裴李岗遗址年代距今8000—7000年(因裴李岗遗址发现在先,裴李岗、贾湖两遗址文化特征基本一致,故统一命名为"裴李岗文化"类型)。

裴李岗文化分布区域,主要包括中原的淮河中上游,自信阳至郑州的广大地区、黄河南岸的河洛地区,以及越过嵩山向南到达长江流域的南阳盆地等地区。

约9000年前,生活于中原地区的裴李岗人便从事农耕生产,开始文明的

创造。其所种植的农作物品种主要为稻子。从舞阳贾湖遗址和新郑裴李岗遗址的地理位置和存续年代的前后顺序,以及农作物的品种等,可以明显地看出该人群应是来自南方的长江流域,然后逐渐向北方的淮河流域和黄河流域迁徙。

从其遗址发掘出的器物种类看,从9000年前到7000多年前,这一人类族群在中原地区已经达到相当高的文明程度。他们所制作的陶器形式多样,有罐、壶、钵、碗、勺及三足钵、陶鼎等,陶纹丰富并具有特色,主要为篦纹、压印纹、坑点纹、划纹和指甲纹等,有的器物上还有乳钉装饰。总体水平上要高于同时期的大地湾及陕西关中的陶器类型。

当时这支族群日常生活和从事农耕活动所使用的生产工具主要有用于砍伐的石斧、用于松土播种的石铲、用于收割禾穗的石镰和蚌镰等。这些是遗址中发现最多的。同时,在遗址中还发现了相当数量的石磨盘和石磨棒等进行粮食加工的工具。更令人惊奇的是,他们当时所使用的不少石镰和蚌镰,并非一般的线型刃口,而是效率更高的锯齿型刃口。这说明当时他们所处的农业水平已经相当高,并在制造工具的过程中,已开始注重科学原理的应用。

在他们的遗址中还发现了一定数量的文字字符,有些已经相当复杂。其中"目"的写法与后来甲骨文中的写法完全一致。

更令人称奇的是,在同类型的贾湖遗址中,还出土了数十支制作于8000多年前的骨笛。这些骨笛是用一种在水边觅食的鸟的腿骨制成的,不但有完整的音阶,并且音准也达到了相当高的精度。这些骨笛现存放于河南博物院,并以其年代古老和制作精美成为该院的镇馆之宝。

这些都说明,当时居住于中原的裴李岗人,不但已经进入定居生活的农业经济时代,而且达到了创造出文字和有闲暇创作及欣赏音乐、歌舞的较高文明程度阶段。

二、磁山文化

根据考古发现,距今8000多年至7000年,在中原地区的北部,即今天冀豫交界一带,还生活着另一支人类族群,他们所创造的文明被称为"磁山文化"。

磁山文化的分布范围,在冀南的邯郸至豫北安阳等地,其遗存代表为"磁山遗址",位于太行山东麓,今天河北武安磁山村东的南洺河北岸台地上。从发掘出土的有关器物看,早在7000多年前,这支人类族群就进入了农耕社会,从事以黍、粟为主要作物的农业生产,并有狗、猪、鸡等家畜的饲养,兼以渔猎和采集,所使用的工具主要为石镰、石铲、石刀、石斧与柳叶形石磨盘等。制陶业较原始,处于手制阶段,主要以椭圆口盂、靴形支座、三足钵与深腹罐等为典型器物。陶器表面多饰绳纹、篦纹及划纹等。从磁山文化遗址出土的大量存粮看,当时这支人类族群的农业已很发达,食物已经相当充足,储藏粮食和日常用品的窖穴有很多,其中有10个窖穴的粮食堆积厚度达2米以上。其数量之多、堆积之厚,为我国发掘的新石器时代文化遗存中所仅见。

磁山文化的重大意义在于,其遗址遗存表明7000多年前中原地区除了裴李岗的稻作农业外,也已经出现了与后来历史时期及现在几乎相同的黍、粟农业,以及家禽家畜饲养等。

关于磁山文化的创造主体,大多数人从其后继文化因素与华夏族群创造的仰韶文化渐趋一致等原因认为,该文化的创造主体应该是最早到达中原地区的华夏人;也有人认为其与裴李岗文化应为同一主体所为,依据是这两种文化类型在后期有不少相似的因素。

现代著名社会思想家阿·托夫勒曾指出:"凡是农业兴起的地方,文明就在那里扎下了根。"中原在前仰韶时期,也正是在农业产生发展的带动下,人们生活生产的各个方面,逐步进入文明初期阶段。

农业生产促使中原人开始观察太阳运行,掌握农时季节;农业生产的过程,促使人们开始制造各类精致的石器农耕工具;农业生产的发展,改变了人们的饮食结构,各种便于粮食食用、储存的陶器迅速发展起来;农业产生发展,使中原人逐渐进入定居生活,各类家畜、家禽都在裴李岗人和磁山人的居住地发展起来,使中原地区约在距今9000年前时,便从蒙昧和野蛮中走出,迈向文明的旅程。

第二节 仰韶时期

仰韶时期存续时间为距今 7000—5000 年。从考古发现的有关实物证据可知,仰韶时期,正是华夏族群入主中原,在中原这片沃土上创造华夏文明的时期。由此也证明了,中原是中华文明产生的核心区域。

一、仰韶时期概述

现代考古惊奇地发现,公元前 5000 年左右,即距今约 7000 年,中原地区的裴李岗文化和磁山文化相继消失,取而代之的是一支以彩陶为标志的新型文化类型。由于这一文化类型于 1921 年首先被发现于河南渑池县仰韶村,故在考古学上被称为"仰韶文化"。这一文化所存续的约 2000 年时间(前 5000—前 3000 年),即距今 7000—5000 年的历史时段,也被相应地称为"仰韶时期"。

从仰韶文化自西向东的发展历程和更大范围的考古发现,结合种种历史传说可知,其主体人群为原生活于甘肃天水一带的古羌人一支——华夏族群。

根据古羌人早期生活地域甘肃天水一带的考古发现,华夏族群所在的古羌人中,在距今约 12000 年时便开始了农耕活动,这个时间与中东两河流域开始农耕活动的时间大致相同。到距今 10000—8000 年时,华夏先人们经过数千年的探索和发展,已经进入比较成熟的农耕社会,其大部分人开始固定地居住下来,把种植和农耕活动作为主要营生和食物来源。

在那个时候,男女也有了比较固定的分工,男人主要负责农田的耕种和粮食的收获,石器和陶器工具及各种实用器的制作,以及外出渔猎等需要体力和速度的工作;女人除了生育繁衍后代,主要是进行粮食的加工、兽皮的加工缝制,以及随后出现的家畜饲养和毛纺等家务性工作。这些,都为天水大地湾一带的考古发现所证实。

随着农耕时代的开始和发展,华夏文明就像朝阳从东方地平线冉冉升起,开始照耀这片沉睡已久的大陆。

从事农耕活动就必须掌握季节的变化。根据记载,古埃及人在进入农业社会的时候,是通过观测尼罗河河水涨落的变化来掌握天时季节的。而作为华夏祖先的古羌人,则是通过立杆测影的"卦"活动,最先确定日影最长和日影最短的"阴""阳"两极开始,逐步掌握天时季节的变化。在农耕活动的促进下,华夏先人在陶器的制作、烧造等方面都有了长足的进展,开始走向文明的旅程。

仰韶时期所指的是距今7000年(即公元前5000年)的这个起点,最初只是根据位于中原地区的渑池仰韶村及相同文化类型遗址,其出土器物所测定的最初年代标定的,但不经意间,这一时间却与后来发现的裴李岗文化、磁山文化在中原的消失时间惊人的一致。其所揭示的,正是伏羲率领华夏人入主中原,融合裴李岗人和磁山人的鲜活历程。从这一意义上说,仰韶时期标志着,由华夏人控驭中原大地的一个崭新的历史时代从此开始了。

二、中原人口的繁衍

从流传的各种远古传说看,仰韶时期在时间上,与传说中的"三皇"时期较为吻合。综合关于"三皇"的各种传说,"三皇"所指基本为伏羲、女娲、神农三人。

考证和追究"三皇"到底是指哪三个人并没有多少实际意义,而从中体会出那个时期的时代特征和所关注的重点事项,却是这些传说的重要历史价值所在。

"三皇"传说较全面地体现了这个时期的特征,即说明这个时期的开创者是以伏羲为代表的一代华夏人,而这个时期自华夏完成对中原地区的控驭之后,所注重的始终是两件事,一是繁衍人口(崇尚女娲),二是发展农耕(崇尚神农)。

根据传说,伏羲是带领华夏人东出潼关来到河南中原地区的首领。他高举着华夏兽头蛇身的龙图腾,率领华夏人先后战胜和融合了裴李岗人和磁山人,建立了14个华夏原始部落,并逐步控驭了整个中原地区。

伏羲不但是带领华夏人入主中原的统帅人物,也是华夏族群中受人敬仰的智者。传说,他在华夏传统的阴阳两仪和四象等文明成果基础上,根据自

然变化之理,推演出"八卦"学说,并创造了"河图""洛书"等。

据说伏羲之后,在黄河中下游中原大地上形成的10多个华夏原始部落中,女娲曾一度成为华夏部落联盟的盟主。

当时的14个华夏部落,充其量不过数千人而已,相对于广阔的黄河中下游中原大地来说,人口实在是太少了,所以鼓励生育繁衍就成了当时的第一要务。

由于古羌华夏人、古苗裴李岗人和古越磁山人当时在中原地区相融合的缘故,血缘关系的多元化和择偶范围的扩大,形成了当时中原地区人口繁衍的独特优势,加之农业发达形成的丰富食物资源和相对稳定的生活环境,使得当时中原地区人口繁衍的效率空前提高,只经过了约1000年的时间,处于黄河中下游的中原地区,就成为当时全中国乃至整个东亚地区人口最稠密的区域。

从这个意义上说,当时把女娲作为"三皇"之一进行崇拜祭祀,所表达的是人们对于这一时期在广阔中原大地上,华夏人繁衍壮大过程中立下至伟功勋的所有母亲的崇敬之情。

三、中原农耕的发展

人口的繁衍与农耕生产的发展是相辅相成的。由于裴李岗人和磁山人前期的农耕活动,为中原地区全面发展农业生产创造了良好的基础。这些基础首先表现在对于这一地区土质和耕作特点的把握上,这方面,华夏人不用再从头做起了;其次是在这里从事农耕所需要的工具已经在当时的技术水平下成熟和定型,特别是裴李岗人所发明的石质和蚌质锯齿镰等,使得庄稼收割的效率大为提高;再者是中原地区适宜种植庄稼的品种,以及优质种子的来源等,裴李岗人和磁山人,特别是磁山人已经提供了现成的经验和实物。

华夏人对于裴李岗人、磁山人的文明继承,从稻子在中原地区种植的发展可见一斑。前仰韶时期,裴李岗人的稻作物种植,仅限于淮河上游的信阳至郑州一线。而到仰韶时期,不但郑州以北的黄河下游地区有了稻作物种植,而且考古发现,当时在地处黄河中游的洛阳、三门峡等地,以及陕西关中的华县一带,也都有了稻作物种植。

在前人文明成果的基础上,加上华夏人原有的农耕经验,以及后来这三支古老族群在这里融合后所形成的中原华夏人的勤劳,使得中原地区的农业生产在仰韶时代到来之后迅猛异常地发展起来。

所以当时的人们把农耕能手作为崇拜的偶像,即将"神农"作为祭奠的"三皇"之一应该是件很自然的事情。

总之,在7000年前开始的仰韶时期,经过数百年的发展后,中原地区无论是人口数量、农耕规模、富庶程度还是文明程度,都要远高于全中国及东亚的其他地方。

华夏中原文明之所以能够在仰韶时代发展为高于其他地域的文明,成为灿烂而辉煌的中华文明的基石,其根本的原因就在于,中原文明早于其他地域,最先融合了中国三支古老族群——古苗、古越和古羌的远古文明。而作为后来控驭中原的华夏人,其可贵之处在于,他们没有简单地排斥外来的先进文明,而是采取了虚心学习和接纳的态度,使三支古老族群的文明成果的融合和升华在中原大地上得以实现。

在仰韶时期的早期阶段,三支古老族群融合所形成的中原华夏人用了大约800年的时间,通过加速人口繁衍和全面发展农耕生产,从而构建了一个以黄河中下游为主体区域的大中原农业格局。

这个大中原区域,基本包括了今天除豫东部分地区及汉水流域以外的河南全境、山西西南部地区和陕西关中地区,以及冀南部分地区。从流域上说,主要是黄河中游地区的渭、汾流域,黄河下游部分地区和流域,淮河中上游地区及有关流域。把一片八万多平方公里的广大平原地区,变成了一个人口稠密、田畴相连,农业已占绝对优势的区域。其农业地域之广阔,不仅在当时的中国和东亚地区独占鳌头,在当时的全世界也是屈指可数的。

四、中原的彩陶文化

中原华夏地区在大规模先进农业的支撑下,建筑、制陶,特别是彩陶的制作等,也在仰韶时期有了长足的发展,并强烈地影响到当时周边的各地域文明。同时,各地域文明成果也由此向中原地区汇聚,使中原华夏文明逐渐成为当时中国域内各个地域文明的核心。

20世纪80年代,阿尔温·托夫勒所著的《第三次浪潮》风靡一时,其对人类进入电子信息时代后,在政治、经济、社会及生活等各方面可能遇到的冲击进行了生动的预测和描述。

应该指出,当人类从渔猎时代进入农耕时代时,在社会、生产、生活等方面所经受的冲击要比这"第三次浪潮"冲击强烈得多,意义也远比这"第三次浪潮"冲击重大深远得多,因为它最终促使人类走出蒙昧,走向文明。

农耕时代的到来,不但促使华夏先人们观测天象、掌握季节,而且在其所使用的工具、居住的方式、食物的加工以及进食的方法等各个方面,都引起了前所未有的巨大变革。

比如,在渔猎时代,包括后来一些族群进入的游牧时代,用来盛放食物的碗、盆、罐,以及用来辅助进食的勺、叉、筷子之类,几乎都是多余的东西。但是,进入农耕时代以后,当粮食成为人类的主要食物时,这一切就改变了。

开始时,帮助进食的勺、叉、筷子之类的东西,似乎还可以省去,但盛放粮食以及盛煮熟食的器皿便成为必需的。但自然界中还没有现成可以盛放粮食的东西,在把"生"的粮食做成"熟"的食物的过程中,必须有一个既能够盛放粮食,又能够耐住火的高温的器皿,由此就催生了"陶"。

进入并控驭中原地区的华夏人,由于对器皿的应用更加广泛,所以在继承古羌人以及裴李岗人、石羊山人制陶技艺的基础上,使陶的制作更迅猛地发展起来。与其他地域文明的陶相比较,仰韶时期的华夏人创造出了一种很具特色的陶——彩陶。

彩陶是最具华夏文化特色的传统作品。仰韶早期的半坡彩陶,以黑彩和鱼形象生物为主体,已经达到相当高的艺术水平。例如,西安半坡出土的一件菱形鱼纹折腹圜底钵上,用鱼形变化的菱形图案,巧妙地组织了两条相对游动的鱼形图画,在两个鱼头中的小方块里,可以看到鱼张着的嘴、炯炯有神的双眼,使人感到这两条鱼正在扑面游来。

而三门峡庙底沟的彩陶,在继承半坡和史家彩陶艺术的基础上,无论是制作的工艺技术,还是艺术上的表现手法和审美理念,都有了长足的发展。

从质地上看,庙底沟的彩陶采用了磨光红陶或橙黄陶,相比于半坡有了很大进步,绘于其上的各种彩陶纹饰图案更加细腻、光彩夺目。

从器形上看,庙底沟的彩陶出现了不少新的种类,主要增加了敛口曲腹的钵、碗、罐和翻沿曲腹的盆等多种样式。整体数量也比半坡彩陶有了非常大的增加。

从色彩上看,庙底沟彩陶虽然仍如半坡彩陶以黑彩纹饰为主,但与半坡彩陶不同的是,庙底沟彩陶已经部分采用了白色陶衣衬底,使得黑彩纹饰更为醒目,装饰的艺术效果也更为强烈。后来又发展出在白色陶衣上兼用红、黑两种色彩的纹饰,使得庙底沟的彩陶更丰富多彩。

从花纹式样及种类上看,庙底沟彩陶更为丰富多样和自然流畅。一是与半坡彩陶相比,像生形象有了很大的不同,其以像生性鸟纹为主的动物纹,代替了半坡彩陶以鱼纹为主的动物纹,其像生的种类和形态也更加丰富和生动;二是以大量的曲线和弧线代替了半坡彩陶的直线和折线,纹饰主要有花瓣纹、钩叶纹、三角涡纹以及曲线组成的带状纹饰,整体上更为流畅生动;三是善于以凹边三角或者加圆点与细线组成几何形图案。此外,还有像生性蛙纹、垂幛纹、豆荚纹、花瓣纹和圆点纹、平行线纹、网纹等多种纹样。

从艺术构图上看,庙底沟彩陶较典型的是以连续的钩叶、圆点组成的带状图案,大都装饰在器物外表最突出的部位。与半坡彩陶的几何形图案相比,其更为复杂和富于变化。初看似乎无规律可循的纹饰,仔细辨识可以看出它们都是极工整、极有规律的带状装饰图案。用钩叶和圆点组成的图案,一般都是以两方或三方连续的形式,呈带状地环绕器壁一周。特别是由于器物大小的差别,在环绕器壁一周出现装饰图案多余或不足的部分时,又以钩叶、圆点或凹边三角巧妙地加以填补连接,充分显示出娴熟的装饰技巧。

从纹饰构图上看,庙底沟彩陶采用了原底露形的表现方式。从原底露形看,它们像叶状的蔷薇花或玫瑰花;如果从不断变化的彩纹本身看,它们又是极为工整的连续带状几何图案。这种装饰艺术上的双关和多效装饰法把图案的对称性、平衡性和生动性等艺术效果完美地表现了出来。同时再衬以醒目的白陶衣,虚实相间,黑白互衬,使之具有极高的审美价值。从中可以看出,这时的华夏人已经掌握了多种不同的装饰艺术手法,使中国原始装饰艺术达到相当高的水平。

仰韶中期,庙底沟彩陶中蕴含的华夏文化达到了巅峰。也就是从这时

起,彩陶作为华夏文化和文明的一种象征,开始向中原以外的中国广大地域大规模地传播和扩散。

考古证明,在距今约6000年时,中原的彩陶文化已经向南传播影响到长江上游的大溪文化和中下游的湖北、江西、江苏等地,向东扩散影响到当时的大汶口文化,向北传播影响到当时的红山文化,向西传播扩散产生了马家窑文化类型。

仰韶时期,中原彩陶文化传播影响区域之广、辐射面积之大,是当时中国及东亚大陆的其他各地域性文明都无法比拟的。

第三节　五帝时期(后仰韶时期)

五帝时期(后仰韶时期)存续时间为距今4500—4000年,其间中原地区经历了华夏人与海岱地区东夷人之间进行的数百年战争。最后,以中原华夏部落首领黄帝,融合中原华夏人和海岱东夷人,建立华夏部落联盟为终结。所谓"五帝",是指以黄帝为首,及其后担任华夏部落联盟盟主中较有作为的颛顼、帝喾、唐尧、虞舜四人。

一、黄帝时期

中原与以沂泰山系为主体的海岱地区,是相距最近的两个文化体系。6000多年以前,由于黄河流过今郑州一带后,便分别向东北、东南两个方向漫流进入渤海和黄海,从而在中原和海岱之间形成了一条窄则数十里、宽则数百里的水域和沼泽地带,阻隔着两地的人员交往和文化交流。这种情况一直延续到后仰韶时期,即海岱大汶口文化早期。

数百年后,当海岱东夷地区通过武力征战基本完成了内部的部落兼并后,便逐步开始了向中原地区的扩张。一路以太昊为首,侵占今豫东广大地区后,又曾一度占据了今郑州以及洛伊平原、嵩山以南等地区;另一路则在首领蚩尤率领下,占据今濮阳等地后,又从今滑县、新乡一带渡过黄河,一路向西打到晋西南的运城一带。

面对东夷人的入侵扩张,中原地区的华夏人奋起反抗。当时居住于今郑州一带的有熊氏中有一位名叫"轩辕"的年轻人,在当地组织了一支武装,配合当时的华夏首领炎帝抗击东夷的入侵。

在著名的涿鹿之战中,轩辕战胜东夷武装,并斩杀东夷首领蚩尤。此后,在广大华夏人的拥戴下,轩辕取代炎帝成为华夏的新首领,称"黄帝"。

斩杀蚩尤后,黄帝乘胜追击,先后经过数百场战斗,将黄河南北两岸的东夷人全部逐出中原地区,并建立起包括整个海岱地区在内的华夏部落联盟,亲自担任首任盟主。华夏国家的雏形,由此形成。

二、颛顼、帝喾时期

各种迹象表明,黄帝所创建的华夏部落联盟,并非唯我独尊,完全排斥东夷人当政的部落联盟,而是一个约定由中原和东夷两地区首领轮流担当盟主的联盟。

黄帝去世后,部落联盟的盟主先是由东夷首领少昊接替,其间发生了原蚩尤所属的九黎部落的叛乱。事态严重,少昊急命生活于今郑州一带原属黄帝部落的高阳氏首领颛顼率部平叛。

颛顼率领部队赴濮阳平叛成功,其后便接替少昊成为华夏部落联盟的新一任盟主,并定都蚩尤时期由九黎部落占据的濮阳。

颛顼定都濮阳并继任华夏部落联盟盟主,引起濮阳西部的共工氏部落强烈不满,于是起兵驱逐颛顼并争夺盟主。颛顼借助原九黎部落民众与共工氏部落战斗,并最终取得胜利。

在借助原九黎部落民众战胜共工氏部落的过程中,颛顼深深体会到宗教力量在影响民众行为中的巨大作用,从而借鉴东夷地区的有关传统,对整个华夏联盟进行宗教改革,全部实行政教合一的体制,使华夏部落联盟的盟主,也同时成了最高等级的宗教主,为其后的"君权神授"等学说奠定了制度基础。

颛顼之后由帝喾继为华夏部落联盟盟主。帝喾原居商丘一带,属东夷少昊的"高辛氏"部族。相传少年时就由其部落推荐到当时的帝都濮阳,由颛顼精心培养。在帝喾的传说中,最引人注目的是关于帝喾的几个妃子及其后

代。大妃姜嫄,相传踏大人足而生弃,弃为周王朝的始祖;二妃简狄,相传吞鸟蛋而生契,契为商王朝的始祖;三妃庆都,传说其梦见与一条赤龙交合而生尧,即后来的帝尧;四妃常仪,生挚。

前三妃所生的儿子均赫赫有名,但都各有传说,说明与帝喾无关。只有四妃所生的儿子挚无传说,说明其真为帝喾之子。后来帝喾传位于四妃所生的挚,也证明了这一点。

但那个时候,人们对于盟主之位父子相承构成"家天下"是很反感的,并且不能容忍,所以挚担任盟主时间不长就被推下了台,并推举尧成为继任的华夏部落联盟盟主。

三、尧、舜时期

帝尧,原名祁放勋。"祁"是黄帝系统最初得姓的十二氏族之一。祁放勋依母系伊祁氏族的姓氏,并在母亲氏族中长大,被封为陶唐氏族的首领,所以后人一直称其为"陶唐氏"。

当帝喾将华夏盟主之位传给儿子挚引起天下不满,挚被推下台的时候,祁放勋在其母系氏族的助力下,由当时华夏联盟多个氏族方国推举成为华夏盟主,称为帝尧。

尧时黄河泛滥,河济之间的濮阳地势低下,人们难以生存,帝尧便带领附近的各氏族开始了寻求高地的长途迁徙。先是西渡黄河,来到太行山东麓的高坡上,即今河北唐县一带;后又率领族众翻越太行山来到山西的腹地,最终在汾河谷地,今临汾一带落脚定都。

常年跋涉迁徙,使尧养成了勤奋节俭、能够吃苦的良好品质,虽然他不像有的帝王那样睿智远谋,甚至有些憨厚愚钝,但其仁厚朴实的处世风格,使其在当时的民众中享有较高的声望。

除了为避水患多年迁徙奔波外,尧当政期间主要做了两件大事。

其一是开始了华夏又一轮向南的开疆拓土。

仰韶时期,华夏向南的扩张基本到达整个汉江下游及长江北岸,但龙山时期中原式微,到尧时,被当时称为苗蛮的屈家岭后人占据了伏牛山南麓的南阳盆地。尧居阳城后,亲自率军对苗蛮作战,一直打到南阳盆地的西南隅丹江一带。《吕氏春秋·召类篇》记载:"尧战于丹水之浦,以服南蛮。"

尧所做的第二件大事是治水。

尧迁徙到山西并建都平阳之后,洪水不但未见减弱,反而范围越来越大,黄河中下游地区几乎成了一片泽国。尧都所在的汾河流域原本地势较高,但同样受到了洪水的威胁。

按照"水来土掩"的道理,帝尧命积土筑城的专家鲧来治水。但由于洪水太大,用传统的积土掩水方法难以阻挡洪水,导致治水失败。

在洪水持续发生的第九年,姚重华取代帝尧祁放勋成为华夏的新一代盟主,史称帝舜。

姚重华出自有虞氏族,长得一表人才,聪明且有心计。起先,尧把两个女儿娥皇和女英都嫁给了他,后又将其选定为自己的接班人,并在自己的垂暮之年,将华夏部落联盟的盟主之位传于他,史称"尧舜禅让",但也有史书说是舜"囚尧"而自立。

为了显示自己的权威,帝舜上台后的第一件事便是大开杀戒,相继杀了治水失败的鲧、不听话的共工氏首领等所谓"四凶",以震慑世人。同时令鲧的儿子姒文命子承父业,继续治水。

舜在位时,继承了帝尧向南扩张的战略,率军南征苗蛮,沉重打击了长江流域特别是长江以北地区的苗蛮势力。

四、大禹治水

大禹本名姒文命,是崇山(即嵩山)伯鲧的儿子。舜因鲧治水不力而将其斩杀后,便命禹继续治水。相传,大禹治水先从山陕间黄河东岸的碛口开始,向南一路疏通黄河,先后打开壶口、孟门,开凿龙门、三门峡等黄河中游险段,促使黄河下泄。

疏通黄河中游的洪水后,大禹又开始了黄河下游的洪水治理,将呈漫流之势的黄河下游,分两路疏导,一路向南,一路向北。向南的一路与淮河相通,经淮河入黄海;向北的一路,经今武陟、新乡、滑县等地,向北入邢台一带的大陆泽,然后继续向东北,在今天的天津一带入渤海,后世将这一黄河流路称为"禹河"。

　　为排除沿途有关部落为保全自身利益干扰治水，大禹在治水过程中逐步建立起一支武装队伍，以保证疏导黄河顺利进行。随着这支队伍的日益扩大，治理洪水日渐成功，大禹治理天下的雄心也渐渐显露出来。他将中原大地和治水过程中新扩张的地域划分为"青、兖、徐、冀、豫、扬、荆、雍、梁"九州，统一管辖，统一收取贡赋。就连各地贡赋的等级和输贡的路线，都规定得清清楚楚。

　　当时还为华夏部落联盟盟主的帝舜，对大禹的这些举动心生恐惧，便独自向南"出巡"，一直渡过长江、越过洞庭，跑到湘江的源头九嶷山上。当他确认自己跑出了大禹所控制的荆州之地，心安下来时，却永远地长眠在了那里。

　　其后，大禹如愿以偿地做了华夏部落联盟的首领。去世时，又扶持自己的儿子姒启在中原的嵩山一带建立起我国第一个家天下王朝——夏王朝。

第二章

中原文化的发展

中华自夏商开始的4000多年文明历史进程中,中原有3000多年都处于中华文明发展兴盛的核心区域,而且中原文化的兴衰,往往是中华文明及文化兴衰的显著标志。夏商周时期,中原是中华文明形成、发展、兴盛的核心区域;秦汉以后,以中原为中心,中华文明远播四方;唐宋时期,中华文明同样以中原为中心,达到雄视世界的顶峰。

第一节　夏商周时期的中原文化

夏商周三代,是中华文明起始的三个朝代。自夏朝建立(约前2070年)至周朝结束(前256年),夏商周三代共计约1810年。这三个朝代的都城,除个别时段外,绝大多数年代里均建在中原地区。所以司马迁说:"昔三代之居,皆在河洛之间。"可以说,中原既是孕育中华文明的摇篮,也是中华文明最先生长发育的地方。

一、夏王朝时期

夏王朝约于公元前2070年由大禹的儿子姒启所建立,是中华文明史开始的第一个王朝。

夏王朝最初的都城在中原的禹城、登封、新密、偃师一带。统治的核心区为西起河南省西部、山西省西南部,东至河南省、山东省和安徽省三省交界处一带,南达湖北省北部,北及河北省南部。所统治地域大约为禹当年所划分的青、兖、徐、冀、豫、扬、荆、雍、梁九州。

在夏王朝所经历的400多年中,初步完善了中华国家政治制度,形成了较完善的官制和贵族等级制度。《尚书·夏书》中有关于设官分职过程的专门表述,如设置的被称为"正"的官吏,作为掌管具体事务的官吏之通称。

所属的军队、官吏和监狱等,是维系国家政权的支柱。夏朝初步形成常备军队的组织形式,并在军队中设置了六卿、六事等职,以及根据车战的需要,设置了专门的"左、右、御"等战士称谓。这些在姒启讨伐有扈氏时,于甘地誓师所作的誓词中,均可略见端倪。

夏朝还制定了初步的刑罚制度,即初步的刑法。其基本内容是以制裁违法犯罪行为的刑事法律性质的习惯法为主。制定了《禹刑》,这是中国历史上第一部正规的法典。夏朝已初步形成五刑,并有一些罪名及定罪量刑的基本原则。除了《禹刑》外,还有《政典》,设置了关押犯人的监狱等。

在夏朝,农业文明有了较大的发展。《论语·泰伯》载禹"尽力乎沟洫",即变水灾为水利,服务农耕。为了适应农业生产的需要,夏朝设有历法官探索农事季节的规律。流传至今的《夏小正》,已经被现代天文学者证实,是春秋时经过修订的原夏朝历法典籍。书中除十一与十二月外,每月都载有确定季节的星象(主要是拱极星象与黄道星象)以指导务农生产,另外亦有记载当月植物之生长形态、动物之活动习性以及各月的祭祀内容等。在农业文明发展到较高程度的同时,夏朝畜牧业也有一定发展。

夏朝农业经济的发展,除促进了畜禽的养殖外,还促进了手工业和科技的发展。烧制陶器,琢磨石器,制作骨器、蚌器,冶铸青铜器和制作木器等各种手工业,形成了明确分工,有了长足发展。

二、商王朝时期

商王朝是中华文明史中的第二个王朝,也是在中原地区建都的第二个王朝,其建立于约公元前1600年,最早的都城位置是在今偃师二里头遗址旁边的商城遗址,史称"西亳",后又迁都至今郑州,史称"亳都"。在商王朝存续的500多年中,共有7次较大的迁都,但都基本围绕在当时的黄河中下游两岸的中原地区,其中在郑州商城(亳都)、安阳(殷墟)建都时间较久、都城规模最大。

从文献记载可知,商代已经建立起比较完备的国家机构,有各种职官、常备的武装(左、中、右三师),有典章制度、刑法法规等。商代实行世官制度,即某一官职由相应的某一家族世代承袭,以官职为姓的习俗也由此而来。

商王朝的政治理念是崇尚先祖神权,即"尚鬼""尊神"。所奉行的最高政治原则,是依据上天和鬼神的意志治理国家。

商朝的法治思想在夏朝奉"天"罚罪的基础上有了进一步发展,更加强调"神"尤其是祖先神的作用。

在王权神授观下,商朝的法律也都是以"天"与"神"的名义制定的。例如,"有夏多罪,天命殛之",以天的名义对夏王朝进行讨伐。

军事方面,商朝人口 500 万~700 万,军队 12 万~15 万人。商王是最高军事统帅,有时亲自出征。高级军事领导职务由贵族大臣和方国首领担任,他们平时治民,战时领兵。商王朝除王室拥有强大的军队外,各宗族或各方国也都掌握着相当数量的军队。这些宗族或方国的军队须听从商王的调遣。

商王朝是当时世界上最大的国家,在经济、文化、政治等方面都处于世界领先水平。

商朝手工业方面已相当先进。手工业全部由官府管理,分工细、规模巨、产量大、种类多、工艺水平高。青铜器的铸造技术发展到高峰,成为商朝文明的象征;商朝人已经发明了原始瓷器,洁白细腻的白陶颇具水平;商朝的玉石器也表现出当时玉工的高超技艺,其造型逼真、刻功精细;丝织物则有平纹的纨、绞纱组织的纱罗、千纹绉纱的縠,这些均说明商朝的技工已经掌握了提花技术。

商朝农业和手工业的进步促进了商品交换的长足发展,出现了许多驾乘牛车和乘船从事长途贩运的商贾。到商代后期,都邑里出现了专门从事各种交易的商贩,如吕尚就曾在朝歌以宰牛为业,还曾在孟津卖过饭。

由于农牧业和手工业的发展,青铜冶铸达到很高的水平,从而使乐器的制作水平产生飞跃,商朝的音乐歌舞艺术等也达到了当时世界的顶级水平。乐舞成为宫廷娱乐的主要形式,可考证的有《桑林》《大护》,相传为商汤的乐舞,为大臣伊尹所作。

商朝中期,文字的使用已经相当普遍。商朝甲骨文表现出象形、会意、形声、假借、指事等多种造字方法,已经是成熟的文字。甲骨文因刻写材料坚硬,故字体为方形,而同时的金文,因系铸造,故字体为圆形。

科学技术方面,商朝日历已经有大小月之分,规定 365 天为一个周期,并用年终置闰来调整朔望月和回归年的长度。商朝甲骨文中有多次日食、月食和新星的记录。在数学上,商朝甲骨文中有大致表示的三万数字,明确的十进制数制,以及奇数、偶数和倍数的概念,并有了初步的回头乘除计算能力。光学知识在很早就得到应用,如商朝出土的微凸面镜,能在较小的镜面上映

照出一个人的整个面容。

三、周王朝时期

周王朝(前1046—前256年)是中国历史上继商朝之后的第三个王朝。共传国君32代37王,享国共计790年,是我国历史上存续时间最久的一个王朝。

周朝由周武王姬发创建,定都镐京(今陕西西安)。第二代国君周成王时便营建成周洛邑(今河南洛阳),控驭中原。

公元前770年镐京陷落,西周灭亡。周平王姬宜臼东迁,定都成周洛邑,是为东周。

周王朝近800年的历程说明,虽然其前期建都陕西,但统治和关注的重点始终在中原地区。在东周以后的500多年间,更是成为一个完全的中原王朝,拥有对全国的宗主权,任由八方诸侯逐鹿中原,使中原再次成为名副其实的政治、经济和文化中心。

周王朝实行大封建,构建了以周天子为宗主的宗法分封体系。周王朝建立了较完整的"礼制"。西周和春秋时代所讲究的"礼",是贵族根据原始社会末期父系氏族制阶段的风俗习惯加以发展和改造,用以巩固和调整贵族内部关系的一种手段,目的在于维护其宗法制度和君权、族权、夫权、神权,具有维护贵族的世袭制、等级制和加强统治的作用。当时许多经济和政治典章制度,常常贯穿在各种礼的实行中,依靠各种礼的实行来加以确立和维护。到春秋后期,出现"礼崩乐坏"的局面,实际是指这些卿大夫在夺取国君权力的同时,僭用诸侯之礼,甚至僭用天子之礼的种种乱象。

晚周时期工商业有了相当的发展,一个重要的标志是在不同的诸侯国出现了不同的、有固定价值的金属货币,先后出现了子贡、陶朱公、吕不韦等巨商大贾。

到春秋后期,以中原各诸侯国为主体,各类文化人物纷纷走上历史舞台,在中华大地兴起百家争鸣之风。其代表主要有:

儒家,代表人物为孔子、孟子、荀子等,作品有《春秋》《孟子》《荀子》等。儒家以春秋时孔子为代表,以六艺为法,崇尚"仁义",提倡"忠恕"和不偏不倚的

"中庸"之道,主张"仁治"和"仁政",重视道德伦理教育和人的自身修养。

道家,代表人物为老子、庄子、杨朱等,作品有《道德经》《庄子》等。道家以老子关于"道"的学说作为理论基础,以"道"说明宇宙万物的本质、本源、构成和变化,认为天道无为,万物自然化生,否认鬼神主宰一切,主张道法自然,"无为而治"。

墨家,代表人物为墨子。墨家以"兼相爱,交相利"作为学说的基础,政治上主张尚贤、尚同和非攻,经济上主张强本节用,思想上提出尊天事鬼,同时提出"非命"的主张,强调靠自身的强力从事。

法家,代表人物为管仲、商鞅、韩非,作品有《管子》《商君书》《韩非子》等。法家主张以法治国,"不别亲疏,不殊贵贱,一断于法",故称为法家。春秋时期,管仲、子产即是法家的先驱。战国初期,李悝、商鞅、申不害、慎到等开创了法家学派。至战国末期,韩非综合商鞅的"法"、慎到的"势"和申不害的"术",以集法家思想学说之大成。

周王朝是中原地区和中国历史上青铜文化最为鼎盛的时期。

这个时期的青铜器主要分为礼乐器、兵器及杂器。乐器主要用在宗庙祭祀活动中。礼器是在礼仪中使用的,或陈于庙堂,或用于宴饮、盥洗,还有一些是专门做殉葬的明器。所有青铜器中,礼器数量最多,制作也最精美。周朝礼乐器可以代表中国青铜器制作工艺的最高水平。

四、中原文化是中华文明的源头

(一)制度文化的创立地

从前述的华夏历史进程可知,早在黄帝时代,轩辕黄帝通过融合中原和海岱两地区的部族和文化,建立了统一的华夏部落联盟,形成了中华民族国家的雏形,从而在中原地区草创了国家的行政体制和军事体制。

夏王朝先后在阳城、斟寻、帝丘、西河等地建都,在中原地区形成了相对统一的国家政权,建立起了一套相对完备的国家制度,并对后世产生了重要影响。例如,夏朝建立了被称为"百吏"的官吏制度,这一制度到周以后被继承下来,演变为历代沿袭的"三公"制度。夏朝时期,军队的编制除保留了黄

帝时的"师"编制外,还创建了"旅"编制,如记载流亡中的少康尚"有众一旅"。而且,夏时已经制定了刑法,即"夏有乱政,而作《禹刑》",还有了专门关押犯人的监狱,称"夏台"。

同时,在夏王朝时,尊卑贵贱的等级制度已经形成,并有相当完备的贡赋制度。《史记·夏本纪》就说:"自虞夏时,贡赋备焉。"与尊卑贵贱相应的礼制在夏代也已经形成,孔子说"夏礼吾能言之",大量出土的反映身份等级的礼器和用于战争的兵器等都说明了这一点。

(二)姓氏文化的发源地

姓的起源非常久远,大约与人类实行"族外婚"制同时,即每个人有了"姓"之后,在男女实施婚配行为时就会避开和必须避开自己的同"姓"人。由于当时处于母系社会,所以"姓"以母系为准,同一个母系氏族出生的人为同"姓",所以"姓"字从女从生。

后来,随着原始社会的瓦解,母系社会向父系社会过渡,又产生了"氏"。在原始社会后,一些男人取得了较高的社会地位,如部落、方国或部落联盟的首领,或占有较多财富的人,既为自我的显耀,也为把自己的地位和财富传给自己的后代,就自立为"氏"。

所以古人对姓和氏的总结是"姓以别婚姻,氏以别贵贱"。而当母系社会向父系社会的过渡完成后,即"姓"已经与母系完全没有关系之后,姓、氏又合而为一了。

从现有的考古发现看,我国姓氏产生的年代,即母系氏族社会开始向父系氏族社会过渡的时期,大约在距今5000多年的仰韶晚期,中原地区则自炎黄时期起,到以禹传位给自己后代,建立家天下的夏代为标志,基本完成了这种过渡。

由于这段时间,特别是黄帝之后的五帝时期,华夏联盟的主要活动区域在中原地区,以及后来又产生了大量姓氏的夏商周时期,各朝代的主要活动地域也在中原地区,所以现存中华的姓氏中,除少部分产生于海岱地区(如嬴姓等)、个别产生于少数民族外,绝大多数的姓氏都来源于中原地区。

（三）农耕文化的兴盛地

中原地区所在的黄淮海平原，是中国农耕文化最早的发源地之一，同时也是史前和夏商周时期，中国和全世界面积最大的农耕区域。

考古学也证实，早在距今10000—4000年的新石器时代，中原地区就出现了先进的农业文化。在新郑裴李岗遗址中，就发现了8000多年前的稻粒，以及石磨盘、石磨棒、石镰刀、石斧、石铲等农业生产工具。磁山文化遗址中，发现了堆积厚度达2米多的粮食窖穴，并发现了大量的石制农业劳动工具，以及大量的马、牛、羊、鸡、狗等动物骨骸。

龙山文化时期，中原农耕文化进一步发展，主要表现在农业工具的种类和数量的增加，大型家具增多，且制作更加精良、锐利和钻孔的家具增多。窖藏更大，家畜饲养量增多。例如，河南三门峡市陕州区庙底沟二期的26个灰坑中，出土的家畜骨骸数量远远超过当地仰韶时期168个灰坑内出土的家畜遗骨数总和。

伴随着农业的发展，中原地区的人口数量迅猛发展，聚落数量呈几何级数增长。

（四）汉字文化的发源地

文字的产生是人类告别蛮荒走向文明的标志。

关于汉字的起源，有结绳说、八卦说、仓颉造字说等。其中，结绳说和八卦说均与华夏人文始祖伏羲有关。《周易·系辞传》称："古者包栖氏之王天下也，仰则观象于天，俯则观法于地，观鸟兽之文，与地之宜，近取诸身，远取诸物，于是始作八卦，以通神明，以类万物之情。"包栖即伏羲，是率领华夏人入主中原、融合原居住于中原地区的裴李岗人和磁山人的华夏始祖，也是"三皇"之首。传说伏羲率领华夏人入主中原后在此发明了文字，这表明中原地区可能是中华文字的起源地之一。

还有传说称，黄帝时的史官仓颉在中原发明了汉字。清《河南通志》称"黄帝时神龟出于永宁元洛水，仓颉则其文以制字"，并说当地有造字台遗址，"造字台在永宁县西阳虚山，相传仓颉造字处"。

其实,文字的产生是一个漫长的过程,8000多年前的贾湖遗址中,就已经发现了与殷墟甲骨文极为相似的契刻符号,河南登封王城岗龙山遗址和偃师二里头遗址均发现了一些刻在陶器上的符号,特别是王城岗发现的3个符号,其形体与甲骨文极为相似。在郑州二里岗、南关外等遗址发现有商代前期的陶器符号30多种,与偃师二里头遗址所见陶器符号,具有明显的递承关系。商代前期的文字资料虽然比较零碎,但已被公认为文字,应是甲骨文的源头所在,说明中原地区最有可能是汉字起源的地方。

我国现已发现并被世界公认为最早的中国汉字——甲骨文,出现在中原地区。甲骨文中不但有象形字,而且有指事字、会意字和形声字,其造字方式与现今汉字已相差无几。这说明殷墟甲骨文已经有了比较系统的造字理论,在字体结构上已经具备后代汉字的某些规律,已经是一种成熟的文字。

(五)青铜文化的标志地

青铜的发现和使用,是人类文明开始的一个显著标志。根据古文献记载,"黄帝曾采首山之铜,铸鼎于荆山下"。这里所说"荆山",在今河南灵宝境内,此处发现有大规模仰韶文化遗址,也是传说的黄帝升天处。在与传说黄帝铸鼎的荆山相距不远的陕西临潼姜寨遗址中,曾出土有铜片;在河南龙山文化时期遗址中,也有冶炼的铜渣出土。

到了夏代,中原地区的青铜制造业有了长足发展。古代文献上有夏代初期,禹铸九鼎的传说。《史记·封禅书》载:"禹收九牧之金(即铜),铸九鼎。"在"禹都阳城"的所在地河南登封王城岗遗址,曾发现了公元前1900年(夏代初期)的一块长5.5厘米、宽5厘米、厚0.11~0.55厘米、重35克,表面有绿色及黑褐色锈,呈弧状,下部有转折的金属片。经北京科技大学进行电子显微镜扫描和金相分析,其是含锡7%的青铜制品。

现代考古还在相当于夏代晚期及商代初期的河南偃师二里头遗址中,发现了青铜鼎、爵、斝、盉、戈、铃等器物约190件,其中属于夏代的青铜器物就有104件。这些青铜器不但类型丰富,而且纹饰精美、工艺精良,具有极高的文物价值。在临近的古伊洛河高地上,还发现了一处大型青铜器冶铸作坊遗址,面积约1万平方米,包括浇铸工场、陶范烘烤工房和陶窑等,这是迄今发现的中国最早的青铜器铸造作坊。

(六)诸子文化的争鸣地

随着民族心性的成熟和文化学术活动的深入,至春秋晚期之后的数百年间,我国迎来了思想和学术创造的爆发期,其间陆续产生了阐释自然、评判社会、治理国家、引导人们思想和行为的各类学术流派,史称"诸子百家"。而这些学术流派绝大多数产生于中原地区。

儒家思想孕育于中原。儒家创始人孔子,一生主要活动区域也在中原。曾周游周(今洛阳)、卫(今安阳)、陈(今周口)、宋(今商丘)、郑(今郑州)、蔡(今驻马店)等诸侯国。《史记》记载,孔子曾四次前往河南洛阳问礼于老子,并对弟子这样说道:"鸟,吾知其能飞;鱼,吾知其能游;兽,吾知其能走。走者可以为罔,游者可以为纶,飞者可以为矰。至于龙,吾不能知其乘风云而上天。吾今日见老子,其犹龙邪!"对老子的敬仰之情溢于言表。孔子一生讲学游说的主要活动地域在河南境内,其七十二得意门生中,最著名的子贡、子张、子夏等也都是河南人,他们在儒家学说的形成、丰富和发展过程中,都发挥了重要作用。

道家学说形成于中原。道家鼻祖老子生于苦县曲仁里(今河南周口鹿邑太清宫镇),曾在东周王室任守藏室史,负责管理王室图书。晚年辞官西行,至函谷关(今河南灵宝函谷关镇),为关令尹喜强留,乃著《老子》一书,即《道德经》。老子学说中包含着丰富的哲学理念和辩证思想,在政治上老子主张无为而治,不言而教。老子之后,战国时期宋国蒙(今河南商丘东北)人庄子,继承和发展了他的学说,两人被后世并称为"老庄"。道家学说对后世产生了非常深远的影响,魏晋玄学、宋明理学等,都是糅合了道家思想发展而成的。佛教传入中国后,也受到道家思想的深刻影响,其中的禅宗就在诸多方面受到了庄子常说的启发。

墨家创始于中原。墨家学派创始人墨翟,河南鲁山人,一说宋国(河南商丘)人,有《墨子》一书传世。针对战国时期群雄争战、生灵涂炭的残酷现实,墨家学派提出兼爱、非攻、尚贤、尚同、天志、明鬼、非乐、非命、节用、节葬等十大主张。其中,"兼爱"是墨子的思想核心,他认为天下兼相爱则治,交相恶则

乱,反对儒家的礼义仁政。墨子思想对当时社会产生了重大影响,《孟子·滕文公》中说:"杨朱、墨翟之言盈天下,天下之言,不归于杨,即归墨。"

法家集大成于中原。在法家思想形成过程中,中原人起到了关键作用。法家思想的先驱子产,实际创始人李悝、商鞅、申不害,以及法家思想的集大成者韩非都是中原河南人。李悝,战国时魏国人,任魏文侯相,集诸国刑律编成中国古代第一部较为完整的法典——《法经》,其重农与法治相结合的思想,对商鞅、韩非等人影响极大。商鞅,战国时卫国人,通过变法改革将秦国改造成为一个富裕强大的国家,为秦国后来统一天下打下了重要的经济和制度基础。韩非,战国末期韩国人,总结前期法家的学说和经验,形成了以法为中心的法、术、势相结合的政治思想体系,被称为法家学说的集大成者,其法家思想和学说,不但在当时起到重要作用,对于后世也有深远影响。

纵横家源于中原。纵横家的鼻祖鬼谷子,春秋时人,名王诩,常入云梦山采药修道,因隐居清溪之鬼谷,著书教授生徒而被称为鬼谷先生,有《鬼谷子》一书传世。其内容十分丰富,涉及政治、军事、外交等领域,主要讲述有关谋略的理论。后世的纵横家苏秦、张仪都是鬼谷子杰出弟子,两人也都是河南人。苏秦,东周洛阳人,张仪,魏(今河南开封)人,两人在战国后期秦对六国的战争中,分别主张合纵和连横,成为当时为各国出谋划策的风云人物。

因此,居于文化高地的中原,自然就成了诸子百家的争鸣地。

第二节　秦汉时期的中原文化

秦统一六国,废除分封,设置郡县,首创大一统的中央集权政治体制。虽然秦朝二世而亡,仅存续不足 20 年,但其开创的制度却被后来的汉朝及各代所继承。汉朝前后约 420 年,其间,虽然控制的疆域有很大的扩展,但其核心区域始终在中原地区,使中原文化进一步发扬光大。

一、秦代

公元前 221 年,秦国在统一六国后,以所统治的中原地区为主体,废除分封,设置郡县,建立全国一统的中央集权国家。与之相适应,在全国着力推行"车同轨""书同文"和统一度量衡等举措,从而开创了我国天下一统的大文化格局。

(一)废分封,置郡县

秦统一后,秦始皇废除了商周及以往的封邦建国制度,将战国后期已实行的郡县制推行到全国,分天下为36郡,后增至40余郡(京畿不设郡,设内史以别于其他诸郡)。郡设郡守掌行政和军事,郡尉掌军事,监御史掌监察。郡下设县,长官为县令或县长,县丞辅佐处理政务,县尉掌管军事。郡县直属中央,长官由中央任命,不能世袭,并定期上计。县下有乡,乡设三老,掌教化;啬夫,负责征收租税和征发徭役;游徼,负责地方治安。乡之下有里,另有亭、邮等,构成了一套严密的地方机构。

(二)书同文

战国时期各国文字的异形和混乱,妨碍了政令的执行,也影响着经济、文化的发展。秦统一后,秦始皇命令丞相李斯、中车府令赵高、太史令胡毋敬等整理文字,"罢其不与秦文合者",李斯等作《仓颉篇》《爰历篇》《博学篇》,将小篆作为标准文字,通用于公文法令。后来程邈又整理出更为简便的新书体——隶书,作为日常所用文字在全国范围内推广。"书同文"统一了文字,对巩固国家统一,促进经济、文化的发展,起到了巨大的作用。

(三)统一货币、车轨、度量衡

秦统一前,货币种类繁杂,各国货币的形状、大小、轻重都不相同,计算单位也很不一致。秦始皇统一后以秦国货币为标准,统一了全国货币。具体措施是规定货币为两等,上等为黄金,以镒为单位;下等为铜币,圆形,重半两,上有"半两"二字。新币制的实行和货币的统一,克服了以前货币混乱的局面,便利了各地商品交流,促进了商业的发展。

针对六国时期,各国车轨宽窄不一,造成全国统一后严重交通阻碍的现状,对全国道路和车辆实行统一轨距,使原来属于不同国家的道路,可以无阻碍畅通。

秦代的度量衡制度是中国第一套完整的度量衡制度,它规定了重量、长度等各种度量衡单位,并规定了应用这些单位的方法。度量衡制度可以分为重量度量衡和长度度量衡两大部分:重量度量衡以"斤"为基本单位,把重量分成16个等级,最小的一等是"六斤",最大的一等是"千斤",每一等之间的重量差别是"六斤"。长度度量衡以"尺"为基本单位,把长度分成10个等级,最小的一等是"一尺",最大的一等是"十尺",每一等之间的长度差别是"一尺"。

(四)中原著名人物

1.商鞅

商鞅(约前395—前338年),战国时期政治家、改革家、思想家、军事家,法家代表人物,卫国(今河南内黄县)人,卫国国君的后裔,姬姓公孙氏,故又称卫鞅。后因在河西之战中为秦立功获封商於十五邑,号为商君,故称之为商鞅。

商鞅通过变法使秦国成为富裕强大的国家,史称"商鞅变法"。政治上,商鞅改革了秦国户籍、军功爵位、土地、行政区划、税收、度量衡以及民风民俗等制度,并制定了严酷的法律;经济上,商鞅主张重农抑商、奖励耕织;军事上,商鞅作为统帅率领秦军收复了河西;思想上,商鞅在变法之争时提到的"圣人苟可以强国,不法其故;苟可以利民,不循其礼"成了秦国政治的指导原则,使秦国领先于其余六国。商鞅执法不避权贵、刑上大夫表明他坚决贯彻了法家这一主张。法家还有一个共性,就是和商鞅一样,抱着"明法"的态度和精神来推行政治改革,让百姓知晓法律。

2.李斯

李斯(?—前208年),战国末楚国上蔡(今河南省上蔡县芦岗乡李斯楼村)人,秦朝著名政治家、文学家和书法家。

少为郡吏,曾从荀卿学。战国末年入秦国,初为秦相吕不韦舍人,后被任命为郎。旋任长史,拜客卿。秦王政十年(前237年)下逐客令时,李斯上书力谏客不可逐,为秦王采纳。又为秦并六国谋划,建议先攻取韩国,再逐一消灭各诸侯国,完成统一大业。

李斯的一生,绝大部分时间是在实践法家思想。他重新受到秦王政的重用后,以卓越的政治才能和远见,辅助秦王完成了统一六国的大业,顺应了历史发展的趋势。秦朝建立以后,李斯升任丞相。他继续辅佐秦始皇巩固秦朝政权,维护国家统一。他建议秦始皇废除分封制,实行郡县制,又提出了统一文字的建议,之后又在统一法律、货币、度量衡和车轨等方面付出了巨大努力。这些措施,都是以法家的加强中央集权和君主专制为指导的。

二、汉代

汉代分为西汉和东汉。西汉由刘邦建立,自公元前206年至公元25年,是继秦之后的又一个强大的中央王朝。其建都长安,主要控制区域为以中原为中心的黄淮海地区和长江、珠江流域,后向西发展,到达河西走廊以西地区。东汉由南阳的刘邦后人刘秀所建立,自公元25年至220年,建都洛阳,为继西汉之后的又一中原王朝。两汉400多年间,由于长时期的政治稳定,经济发展,代表着中华文明发展标志和最高水平的中原文化及科技,在这一时期也得到了长足的发展。

(一)汉代的思想学说

1.汉初的黄老思想

汉初经济凋敝,社会残破,高祖君臣多起自布衣,颇知民瘼,他们吸取了秦末农民战争的教训,除秦苛政,与民休息,采取黄老思想指导下的"无为而治"的统治政策。黄老之学适应了希望安宁、清静的普遍社会心理,促进了封建统治秩序的巩固,为社会生产的恢复创造了条件。

2.董仲舒的儒家思想

为了适应西汉中期统治者的需要,汉武帝时,董仲舒(前179—前104年)以公羊学为基础,吸收糅合道家、法家、阴阳家等学说,把专制制度的理论系统化,形成了一套完整的思想体系,其主要思想主张有:

(1)大一统思想。董仲舒阐发了"春秋之大一统"之旨,指出"春秋之大一统者,天地之常经,古今之通谊也"。以此适应政治大一统,作为加强中央集权的理论基础。

(2)三纲五常。董仲舒把神权、君权、父权、夫权贯串在一起,提出了"三

纲""五常"的伦理规范。三纲即君为臣纲,父为子纲,夫为妻纲;五常即仁、义、礼、智、信。

(3)天人感应说。董仲舒认为天是自然界与人世间至高无上的主宰,是有意志的,天能干预人事,人的行为也能感应上天。人君是受命于天来进行统治的。"天人感应"对君权神授、君主专制进行了理论论证,也对无限君权进行了限制。

汉武帝刘彻时,逐步放弃汉初以来的黄老学说,转而极力推崇董仲舒的儒家学说。后代对儒家学说逐步强化,最终形成中国两千年封建历史中"罢黜百家,独尊儒术"的局面。

(二)汉代的文学艺术

1.《说文解字》

《说文解字》由东汉汝南召陵(今河南省漯河市召陵区姬石镇许庄村)人许慎编著。《说文解字》是许慎一生最经心之作,其中对古代汉字的形体和结构进行了详细考证,对每个字的义理和用法进行了详细阐述。由于许慎对文字学作出的不朽贡献,后人尊称他为"字圣"。

2.汉赋

赋是散文韵文并用、体物写志的一种文体,直接从骚体演变而来,与战国诸子的散文也有重要关系。西汉早期的赋为骚体赋,如贾谊的《吊屈原赋》《鵩鸟赋》等,都是借物抒怀,文辞朴实。枚乘的《七发》,开汉武帝时散体大赋的先河。汉武帝之世,是赋的成熟时期,有名的赋家有司马相如、东方朔等,其中以司马相如最负盛名。西汉后期,最著名的赋家是扬雄。东汉时期,赋家以班固、张衡最有名。南阳人张衡的《思玄赋》《归田赋》、赵壹的《刺世疾邪赋》等,都表达了作者对当时社会的不满,揭露了官场的黑暗腐朽。

3.诗歌

《乐府》也叫作《乐府诗》,是汉武帝时期由乐府采集民间诗歌选编配乐而成的诗集,形式以五言诗为主,也有杂言。内容丰富多样,有贵族祭祀的颂歌、军乐、民歌等,善于叙事,反映了当时社会生活的各个方面。其中《战城南》《十五从军征》《思悲翁》《陌上桑》等,分别反映了当时人民的悲惨遭遇,对繁重徭役的不满,妇女不幸的命运及其坚强不屈的性格等。古诗是对汉末流传的一批五言诗的统称。南梁昭明太子萧统编纂《文选》时选出19首载入书中,冠以《古诗十九首》。其语言精练、朴实而生动,表现手法细腻,结构严谨。《古诗十九首》标志着我国文人五言诗的成熟。

4.散文

散文创作在西汉呈现繁荣之势,以贾谊作品为代表的政论散文更是大放异彩。贾谊,河南雒阳(今河南洛阳)人,为汉初政论家和文学家。他的政论散文如《过秦论》《陈政事疏》和《论积贮疏》等,敢于直面社会现实,抓住当时的重大社会政治问题,用辛辣的文锋针砭时弊,对促进汉初的政治革新有积极作用。

西汉晁错的政论散文也很具代表性。晁错,颍川(今河南禹州)人,景帝时任御史大夫,推行重农抑商的政策,著有《论贵粟疏》《守边劝农书》《论募民徙塞下书》《言兵事书》《贤良对策》等。《论贵粟疏》表现了晁错"重农抑商"的经济思想。鲁迅在评论贾、晁两人的政论散文时认为,"为文皆疏直激切,尽所欲言""皆为西汉鸿文,沾溉后人,其泽甚远",充分肯定了贾、晁政论文对后世政论文的深远影响。

5.绘画

两汉时期的绘画艺术很发达。宫廷府寺的墙壁上,贵族、官僚、地主宅第的墙壁、墓壁上,盛行以绘画装饰,其中最有代表性的是汉景帝子鲁恭王在曲阜修建的灵光殿。

6.雕塑

西汉的石刻最有代表性的是霍去病墓前的石刻群,其中的"马踏匈奴"刻石是为纪念霍去病的战功而刻的,形象生动逼真,最为著名。东汉时期主要用于垒砌墓葬的画像石(砖),也是一种很有价值的雕刻艺术。画像多用单线阴刻或阳刻技法,是我国最早的浮雕艺术。

(三)汉代的科学技术

1.天文历法

在先秦时期古代天文学发展的基础上,两汉时期的天文学在历法编制、

天文仪器制造和天象观测、宇宙理论模式等方面都形成了独具特色的体系，影响到后世中国天文学的发展。天文学的发展给历法的进步提供了很好的条件。汉初，沿用秦的《颛顼历》，到汉武帝时已出现了"朔晦月见，弦望满亏"的错乱现象。于是汉武帝令邓平等改《颛顼历》而作《太初历》，以正月为岁首，采用有利于农时的二十四节气，调整了太阳周天与阴历纪月不相合的矛盾，使朔望晦弦较为准确。这是我国历法上一个划时代的进步。成帝时，刘歆又依据《太初历》作《三统历》。

2. 算术著作

汉代成书两部重要的算术著作《周髀算经》和《九章算术》。

《周髀算经》约成书于西汉中期，是我国古代的第一部算学著作。在数学方面，使用了相当复杂的分数算法和开平方法，还运用勾股定理，用竿标测日影以求日高，是我国现存文献中最早引用勾股定理的著作；此书同时也解释了盖天说，并详尽描述了我国古代测量岁时长度、二十四节气、天文南北线、太阳半径、北极四游、二十八宿距离的方法。《周髀算经》在我国数学史和天文学史上均占有重要地位，是研究我国古代数学、天文学的重要资料。

《九章算术》约成书于东汉前期，全书共分9章，搜集了246个数学问题的解法，系统总结了战国、秦、汉时期的数学成就。书中记载了当时世界上最先进的分数四则和比例算法，还有各种面积、体积的算法和利用勾股定理进行测量的问题，以及开平方、开立方的方法，特别是在世界数学史上第一次记载了负数概念和正负数的加减法运算法则。这部书对中国古代数学的发展所产生的影响是巨大的，标志着我国古代数学完整体系的形成。

3. 纸的发明

造纸术的发明和应用是世界科技史上的一件大事。先秦以来，书写材料或用竹简、木简以绳联册成编，或用绢帛曲而为卷，但是简编笨重、绢帛价贵，都不能充分适应文化发展的需要。西汉时期，开始用麻等植物纤维造纸。

东汉和帝时，宦官蔡伦进一步改进造纸术，用树皮、麻头、破布、渔网之类低成本原料造纸成功，价格低廉且宜于书写。到东晋末，纸的使用已完全普及，并逐步传至周边各国，在世界范围内为文化发展作出了贡献。

（四）中原的著名人物

1.张良

张良（？—前186年），字子房，颍川城父（今河南郏县）人。秦末汉初杰出谋臣，西汉开国功臣，政治家，与韩信、萧何并称为"汉初三杰"。秦灭韩后，他在博浪沙行刺秦始皇未中，后聚众归刘邦，为其主要智囊。楚汉战争中，提出不立六国后代、联结英布、彭越，重用韩信等策略，又主张追击项羽，歼灭楚军，为刘邦完成统一大业奠定了坚实基础，刘邦称他"运筹策帷帐之中，决胜于千里之外"的这一名句，也随着张良的机智谋划而流传百世。汉朝建立时封留侯，后功成身退，千古流芳。

2.张衡

张衡(78—139年)，南阳西鄂(今河南南阳)人，东汉杰出的科学家、文学家。张衡是浑天说的代表，其《灵宪》一文，系统完整地描述了天地万物的生成变化发展过程，探索了五大行星的运动快慢及其与地球运动的关系。他依据浑天说理论，以漏水为原动力，通过转轮系统的转动，制造出水运浑天仪，近似正确地把天象演示出来。同时还制造了地动仪。地动仪是用精铜制造的，圆径八尺，形似酒樽，内置机关，在八个方向各安一个龙头，口衔铜丸一枚。哪个方向发生地震，同方向的龙头就口吐铜丸，发出警报。

3.张仲景

张仲景（约150—154年至约215—219年），名机，字仲景，南阳涅阳县(今河南省邓州市穰东镇张寨村)人。东汉末年著名医学家，被后人尊称为"医圣"。张仲景广泛收集医方，写出了传世巨著《伤寒杂病论》。他确立的"辨证论治"原则，是中医临床的基本原则，是中医的灵魂所在。

第三节　魏晋南北朝时期的中原文化

魏晋南北朝(220—589年)是我国历史上一个以分裂、分治为主的特殊时期，起于东汉末年，先是魏、蜀、吴鼎立的三国时期，继而三家归晋，形成短暂

的统一。东晋之后,由于北方多个游牧民族纷纷南下,而形成南北分治的南北朝时期。其中,南朝(420—589年)是由汉族所建立的王朝,有宋、齐、梁、陈四朝,简称宋齐梁陈,均以建康(今江苏南京)为都;北朝(386—581年)承自十六国,由鲜卑族建立,先后有北魏、东魏、西魏、北齐和北周五朝,北魏分裂为东魏、西魏,北齐取代东魏,北周取代西魏,北周灭北齐。

一、魏晋南北朝时期中原地区的历史演变

东汉末年,皇室衰微。先是农民起义频起,引来各路豪强以匡扶汉室为名逐鹿中原,使整个中原地区陷入战乱。曹操在军阀混战中势力逐渐增强,并控制了东汉朝廷,最终由其子曹丕建立魏国,与占据长江中下游地区的蜀、吴政权形成三足鼎立之势,是为"三国"。

其后,出于曹魏中的司马氏家族,取曹氏而代之,并先后消灭蜀、吴两国,于265年建立晋朝,史称西晋。

由于当时东亚气候变冷,北方游牧民族纷纷南下中原。加之西晋王朝建立后,皇族间残酷争斗不断,无暇顾及外患,故很快被南下中原的游牧民族所推翻。其后,司马氏家族的另一支南下江南,于317年在建康(今南京)建立东晋。中原士族大家及文人们,追随东晋王朝,纷纷移居江南,史称"衣冠南渡"。

一方面,中原士族文人南渡江南,给江南带去了中原文化,并在其后的东晋及南朝时期,使中原文化在江南发扬光大;另一方面,南下中原的各游牧民族也虚心学习和接受中原文化,其中以鲜卑孝文帝最为典型,其占据中原地区建立北魏政权后,在本民族内大力推行汉化运动,在皇族中提倡讲汉话、穿汉服、行汉礼,并把国都从边地大同迁至中原腹地洛阳,把鲜卑民众的姓氏都改为汉姓,实行彻底的汉化政策。北方游牧民族在接受中原汉文化的同时,也为中原地区带来英勇豪强之气,一改中原地区渐趋文弱的民风,给中华民族带来新的生气。

二、魏晋南北朝时期的思想

(一)魏晋玄学

玄学是魏晋时期出现的一种崇尚老庄的哲学思潮。"玄"取自《老子》中

"玄之又玄,众妙之门"一语,意为深奥神秘,玄奇难测。魏晋玄学将《老子》《庄子》《周易》三部书称为"三玄",尊奉其为最高经典,把老庄思想和儒家经义相融合,构造出具有高度抽象性和思辨性的理论体系,以取代汉代神秘化的儒学体系。

(二)儒学的发展

曹魏后期以迄西晋,洛阳及其周围地区兴起玄学之风,士人以研究《老子》《庄子》《易经》为时髦。儒学逐渐衰退,但并未断绝。例如,弘农人董景道,字文博,《春秋三传》《京氏易》《马氏尚书》《韩诗》皆精究大义。他专尊郑学,撰《佛通论》非驳诸儒,深广郑著。荥阳郡开封人郑冲,博究儒术及百家言,曾为高贵乡公曹髦讲授《尚书》,与孙邕、曹羲、荀顗、何晏等共集《论语》诸家训诂之善者,记其姓名,因从其义,有不妥者辄加改易,名曰《论语集解》。奏上朝廷,流传后世。

东晋十六国时期中原战乱频发,民不聊生,儒学的传播受到影响。北朝魏时有河内温县人常爽,置馆温水之右,教授门徒700余人,有《六经略注》行于世,号称儒林先生。其子常文通及孙常景,亦善儒学,成为世家。又有河南洛阳人元善,通儒学,尤明《左氏传》。陈郡(今河南淮阳)人袁躍,亦潜研儒学,有文集行世。

三、魏晋南北朝时期的文化

(一)文学

1.建安文学

建安(196—220年)是东汉献帝的年号。这一时期的文学之风兴盛,在曹操父子的参与和支持下,以孔融、陈琳、王粲、徐幹、阮瑀、应场、刘桢等为骨干,形成"建安文学"。建安文学继承现实主义的文学传统,以当时的社会动乱和人民的苦难为题材,形成了富于忧国之思、志在建功立业,悲凉慷慨、平实质直的风格。这就是所谓的"建安风骨"。建安诗人的代表有曹操父子、建安七子和蔡琰等,代表作品有曹操的《蒿里行》、曹丕的《燕歌行》(这是我国现

存最早最完整的七言诗)、王粲的《七哀诗》、蔡琰的《悲愤诗》。

2.山水田园诗

东晋时期山水田园诗产生并有所发展。陶渊明的作品是田园诗的代表，主要作品有《归园田居》。山水诗派的开创者是谢灵运，代表作有《山居赋》。

3.骈文

南北朝时期骈文盛行。最初的骈文主要是句法整齐，兼有疏散，偶有用典，对声律和对偶还不是很讲究。经颜延之等人的提倡，强调用典和对偶，于是俳体逐渐形成。南朝梁沈约提倡声律，诗文又逐渐向律体转变。南朝末期，徐陵、庾信等人把骈文发展到高峰，他们专讲形式上的技巧，缺乏实际内容，时称"徐庾体"。骈文造成南朝一代靡丽的文风。

4.志怪小说

由于佛、道的广泛流传，神话和志怪小说也开始兴起。著名的有东晋葛洪的《神仙传》、干宝的《搜神记》和梁吴均的《续齐谐记》。刘义庆的《世说新语》，内容则属文人轶事小说，较全面地反映了当时士族的思想、生活和清谈之风气，语言精练含蓄，词意隽永多味，有很高的文学、文献与文化价值。

5.正始诗歌

曹魏正始年间(240—249年)，中原地区诗歌的内容已从反映人民疾苦、追求建功立业，变为揭露社会政治的黑暗恐怖和抒发"忧生嗟时"之情，积极进取的精神也为否定现实、韬晦遗世的消极反抗思想所取代，对黑暗的社会现实不满与反抗成为当时作品的主要倾向。正始年间的中原诗坛，以"竹林七贤"中的阮籍和嵇康等人为代表。

此外，还有西晋太康、元康年间的"太康诗歌"，因全国实现了统一，社会出现了小康局面，士族阶层志得意满，歌咏升平、形式主义的诗风得以发展；南北朝时期的"南北朝诗"，以谢灵运、谢朓为代表，笔法细腻，语言富丽精巧，多有佳句；魏晋南北朝的"民歌"，以十六国北朝为盛，生活气息浓厚，与文人之诗作大不相同，其中以《木兰辞》成就最高。

(二)艺术

魏晋南北朝时期的艺术异彩纷呈。雕塑、绘画、书法都有突出的成就，代表了这一时期艺术的最高水平。

1. 绘画

绘画方面,这一时期的绘画名家辈出,绘画理论也有了相应的发展。孙吴的曹不兴,西晋的卫协、张墨,都是有名的画家。萧梁时张僧繇常画佛寺壁画,在运用佛教绘画色彩和晕染法作画的过程中,创造了"没骨画法"。随着绘画的发展,南齐谢赫撰著绘画理论著作《古画品录》,提出绘画六法:气韵生动、骨法用笔、应物象形、随类赋彩、经营位置、传移模写。这是绘画经验的总结。

这一时期绘画艺术中成就最大的是东晋的顾恺之。顾恺之擅长人物画,所画人物有一定比例,他不仅重视人物的气韵、骨法,而且重视象形、位置。他认为画人物最重要的是画好眼睛,因为眼睛是传神之处。现存顾恺之的《女史箴图卷》,相传是后人摹写的,但也保存了真迹的遗风。

2. 书法

书法方面,从东汉起书法逐渐成为一种专门艺术。汉末,蔡邕用八分体写石经。刘德升首创行书体,介于草书与真书之间。钟繇创立真书(楷书),独享盛名于一时。汉末张芝,将原来字字分离的章草,改为上下牵连富于变化的新写法,具有独创性,有"草圣"之称。东晋王羲之吸收汉魏诸家之精华,集书法之大成,兼善隶、草、真、行,被称为"书圣"。其子王献之的书法成就不逊其父,人称"小圣",父子合称"二王"。北朝的书法也有很大的成就,其特点是结构严谨,气势雄厚,现存魏碑多是这种字体。

魏晋时期,中原地区的书法技艺在东汉的基础上有了新的进展。曹魏书法家有钟繇、胡昭、邯郸淳以及卫觊、韦诞等。

十六国北朝时期的中原地区书法,延续了钟繇、卫瓘等人的旧书体,与东晋南朝宗王的真书相比,具有古雅端庄的独特风格。北朝中原地区书法艺术,多见于写经真迹与墓志、碑刻塔铭造像题记。这种书体结构扁方,构架紧密,方笔折角,骨力雄劲,人称"魏碑体"。

3. 石窟艺术

石窟艺术是绘画和雕塑艺术的结合。佛教石窟是佛教在东传过程中逐渐开凿的,从西域到中原沿途都有,比较著名的有山西大同的云冈石窟、河南

洛阳的龙门石窟和甘肃敦煌的莫高窟等。

四、魏晋南北朝时期的科技发展

(一)天文历法

虞喜的岁差。东晋虞喜著有《安天论》,他的重要贡献是发现"岁差",他观察到太阳从第一年冬至运行到第二年冬至,没有回到原来的位置上,并计算出每50年向西移动1度,岁岁有差,因此称之为岁差。他的这一发现当时并未受到重视,直到祖冲之运用岁差制定出了新的历法。

祖冲之的《大明历》。祖冲之证实了岁差的存在,并把它应用到自己所制定的《大明历》中。根据计算,《大明历》规定一年为365.24281481天,与近代科学测量的日数相差不到50秒。《大明历》的另一重要改革是对闰法做了新的调整,将古法19年7闰改为391年144闰。《大明历》是当时最先进的历法,从梁天监九年(510年)开始采用,到隋开皇九年(589年)废止,共使用了80年。

(二)算学

南朝宋齐时数学家祖冲之应用刘徽的割圆术,在刘徽计算的基础上继续推算圆周率 π,他首次将圆周率准确数值推算到小数点后第七位,这是当时全世界推算圆周率的最高成就。

(三)农学

北魏末年贾思勰的《齐民要术》是一部农业生产技术的总结性著作。全书共10卷,92篇,内容十分丰富,包括土壤整治、肥料施用、精耕细作、防旱保墒、选种育种、粮食和蔬菜的栽培、果树的培植和嫁接、畜禽的饲养和医治等。其所引农书众多,保存了现已亡佚的《氾胜之书》《四民月令》等农书的部分内容。《齐民要术》系统总结了秦汉以来的农业科技知识,反映了当时北方的农业技术水平,是中国现存最早、最完整的农业著作。

第四节 隋唐宋时期的中原文化

从东汉末年起,经过魏晋南北朝 300 多年的战乱和分治,中国终于在 6 世纪晚期又一次实现了全国的统一,迎来了中华文化,特别是中原文化又一个发展高峰。

一、隋朝的政治文化变革

589 年,在经历东汉末年以来 300 多年的内乱和分治后,由杨坚父子再次统一中国,在中原地区建立了又一个中央集权的大帝国。虽然这个帝国只存在了 38 年就被另一个强大帝国所替代,但就如建国短暂的秦朝一样,其所进行的政治文化变革,却深深影响中国的政治、文化走向 1300 多年。

(一)改革中央行政体制

隋朝建立后,借鉴南北朝时期中央行政制度的设置,将真正负责国家政务的部门设置为尚书、内史、门下三省,并在负责行政的尚书省下,设置吏、户、礼、兵、刑、工六部。吏部,负责考核、任免四品以下官员;户部,负责财政、国库;礼部,负责贡举、祭祀、典礼;兵部,负责军事;刑部,负责司法、审计事务;工部,负责工程建设。这一中央行政制度的部门设置,完善了中央王朝的行政功能。这一制度由唐朝完全继承,至宋以后一直到清代,1000 多年间被各朝代承袭。

(二)改革地方官员选任僚佐制度

自秦实行中央集权的郡县制度以来,中央对于地方官员的选拔和任免,只到郡守、县令,而郡守机关的所有其他官员,和县令机关的所有其他官员,即所谓郡守、县令的"僚属",均由所在地的郡守、县令本人选拔任命,而中央无权干涉。隋朝建立后,吸取秦汉以来的经验教训,规定九品以上四品以下的地方官吏均由中央的吏部选拔任免,地方官每年年终到中央"上考课"(称

为"朝集")。州、县佐吏三年必须更换,不得连任,且不许用本地人,必须用外地人。这一变革,改变了秦汉以来地方官自聘僚属的惯例,防止了本地豪强地主垄断地方政权,进一步加强了中央对地方的控制。此法为后代各朝所沿袭。

(三)创立科举制

自秦建立中央集权大一统的官僚体制后,如何选官历来是困扰着各代统治者的大问题。秦代建立中央集权的官僚体制之初,以军功选任官员,但并非长久之计。汉以后,又以"举孝廉"选官。东汉及魏晋南北朝时期,选官体制是以九品中正制为考核、品评机制,在州郡设置中正、小中正等,专司品评人才,向朝廷推荐。由于中正官均由本州郡的世家大族贵族官僚垄断,九品中正制遂成了门阀士族把持选举的工具。

隋文帝即位后,废除九品中正制,选官不问门第。令诸州每岁贡士3人,参加秀才、明经等科的考试,合格者录用为官。隋炀帝即位后,创立进士科,这标志着科举制的产生。科举即分科取士之意。

科举制的产生,是古代选官制度的重大变革。从此,选拔官吏之权从世家大族手中收归中央政府,从制度上限制了世家大族把持政治大权,为庶族地主参与政权开辟了道路,进一步扩大了封建统治的阶级基础。

二、隋唐的思想、科技

(一)思想

隋唐时期是继秦汉之后我国封建社会发展的又一高峰。中原地处隋唐王朝腹地,交通便利,人文丰厚。政治的先进与经济的稳步发展带来了学术的繁荣。各种思潮流派荟萃于此,互相碰撞冲击,形成了独具特色的文化,与关中地区共同成为全国的文化中心。

中原思想界的代表人物主要有:

韩愈(768—824年),字退之,河南河阳(今河南孟州)人,因祖辈曾居昌黎,故称韩昌黎。他是唐代著名的文学家、思想家、古文运动的领导者,也是一个对宋明理学有重大影响的哲学家。在唐代反佛教的斗争中,他也持积极态度。因而后人称他"文起八代之衰,道济天下之溺"。

刘禹锡(772—842年),字梦得,河南洛阳人,他是唐代著名的文学家、思想家、哲学家。刘禹锡的《天论》,继承了先秦以来的思想传统,补充了柳宗元《天说》的思想,对有神论展开了批判。刘禹锡给"天"以唯物的解释:"天,有形之大者也;人,动物之尤者也。"他批判了佛教和玄学家把"空"或"无"当作世界本体的观点,认为"所谓无形者,非空乎?空者,形之希微者也。为体也不妨乎物,而为用也恒资乎有,必依于物而后形焉"。

(二)科学技术

1.天文历法

隋朝在天文历法方面有很多成就。仁寿四年(604年),刘焯撰成《皇极历》,这是一部很精密的历法,它确定岁差为75年差1度,已接近准确值。在制定此历时,刘焯吸取北齐张子信有关太阳视运动不均匀的成果,发明了等间距二次内插法,来推算每天的太阳视运动速度。

唐朝最杰出的天文学家是僧人一行。他是世界上第一次发现了恒星移动现象的人,比英国人哈雷发现恒星移动几乎要早一千年。他又倡议测量子午线的长短,根据在河南实际测量的结果,算出子午线每一度长351里80步。这个数字虽不很准确,却是世界上第一次实测子午线的记录。他还同梁令瓒合作,制成水运浑天铜仪。这不仅是表示天象的仪器,也是计时的仪器,是世界上最早运用机械转动的天文钟。他编成的《大衍历》是一部比较准确的历法,其编写体例结构亦为后世所沿用。

2.雕版印刷术

雕版印刷术发明于隋末唐初。唐太宗曾下令印制长孙皇后的《女则》,玄奘也曾印刷佛像,但当时还不普及,唐中叶以后才逐渐推广。唐朝末年,成都已大批印书,成为全国印书业的中心。现存最早的雕版印刷品是印于咸通九年(868年)的《金刚经》,现藏英国大英博物馆。

三、唐代中原著名人物

(一) 玄奘

玄奘(602—664 年),唐代高僧,我国汉传佛教四大佛经翻译家之一,中国汉传佛教唯识宗创始人。玄奘本姓陈,名祎,河南洛阳缑氏(今河南偃师缑氏镇)人;13 岁出家,21 岁受具足戒;曾游历各地,参访名师,学习《涅槃经》《摄大乘论》《杂阿毗昙心论》《俱舍论》等经论。

(二) 杜甫

杜甫(712—770 年),字子美,河南巩县(今河南巩义)人,自号少陵野老,史称"诗圣",是唐代伟大的现实主义诗人,与李白合称"李杜"。杜甫在中国古典诗歌中的影响非常深远,被后人称为"诗圣",他的诗被称为"诗史"。后世称其杜拾遗、杜工部,也称他杜少陵、杜草堂。杜甫创作了《春望》《北征》"三吏""三别"等名作。杜甫虽然在世时名声并不显赫,但后来声名远播,对中国文学和日本文学都产生了深远的影响。杜甫共有约 1500 首诗歌被保留了下来,大多集于《杜工部集》。

(三) 韩愈

韩愈(768—824 年),河南河阳(今河南孟州)人,世居颍川,唐宋八大家之一,自称"郡望昌黎",世称"韩昌黎""昌黎先生",唐代中期官员,文学家、哲学家、思想家、古文运动的领导者。韩愈是唐代古文运动的倡导者,被后人尊为"唐宋八大家"之首,与柳宗元并称"韩柳",有"文章巨公"和"百代文宗"之名。韩愈所倡导的古文运动,开辟了唐以来古文的发展道路。韩诗力求新奇,重气势,有独创之功。韩愈以文为诗,把新的古文语言、章法、技巧引入诗坛,增强了诗的表达功能,扩大了诗的领域。

(四) 李商隐

李商隐(约 813—858 年),原籍河南焦作沁阳,祖辈迁郑州荥阳市,与杜牧合称"小李杜",与温庭筠合称"温李"。李商隐是晚唐乃至整个唐代为数不多的刻意追求诗美的诗人,擅长诗歌写作,骈文文学价值颇高。其诗构思新奇、风格秾丽,尤其是一些爱情诗和无题诗写得缠绵悱恻、优美动人。

四、北宋的思想、文化、科技

北宋(960—1127年),是中国历史上继唐和五代十国之后的朝代。其定都开封(东京),主要统治地区为黄河中下游的中原地区和长江、珠江流域等,为中国历史上又一个典型的中原王朝。

宋朝政治体制大体沿袭唐朝,采用分化事权方式,使各职相互制约,难以专权。北宋是中国古代历史上经济文化最繁荣的时代,文人深受尊重,儒学得到复兴,科技发展迅猛,政治也较开明。

(一)北宋时期的思想学说

1.宋学

从北宋中期起,儒学领域出现了新的现象,主要表现为对以贞观年间钦定的《五经正义》为代表的经学旧说产生怀疑,废弃唐代学者专事经学笺注的传统,群儒奋起,开创了以己意解经的新时代,逐渐形成了带有两宋鲜明时代特征的新儒学——包括各种儒家学派在内的宋学。

2."二程"洛学

"二程"是程颢、程颐兄弟二人的合称。程颢,字伯淳,世称"明道先生"。程颐,字正叔,世称"伊川先生"。二人受业于周敦颐,因是洛阳人,故其学说也被称作"洛学"。

(二)北宋时期的文学艺术

1.散文八大家

北宋欧阳修等人继承唐朝后期的古文运动,他们以平易晓畅、便于表达思想的新体散文来反对和取代六朝以来浮华艳丽的骈文,使诗文面貌焕然一新,并创作了一大批优秀的散文。欧阳修、曾巩、王安石、苏洵、苏轼、苏辙与韩愈、柳宗元并称古文创作的"唐宋八大家"。

2.宋词

如同唐诗一样,宋词是我国古代文学又一座至今难以超越的艺术高峰,也是宋朝文学最突出的成就。词是一种音乐文学,起源于唐中叶,本是搭配乐曲的歌词,后成为独立的文学体裁,有词调和词牌,句子长短不一,又名长短句或曲子词。

进入宋代,词的创作逐步蔚为大观,产生了大批成就突出的词人,名篇佳作层出不穷,并出现了各种风格、流派。《全宋词》共收录1330多位词人的词作将近两万首,从这一数字可以推想当时创作的盛况。因此后人便把词看作宋代最有代表性的文学,将其与唐代诗歌并列,而有了所谓"唐诗、宋词"的说法。

3.绘画

宋朝在都城设立翰林图画院,成为一时的创作中心,培养了一批绘画人才。在北宋,绘画也是文人士大夫,甚至皇家子弟必备的文化修养和技艺。例如,宋徽宗赵佶就是一名出色的画家和艺术鉴赏家。

张择端的《清明上河图》现存于北京故宫博物院,为绢本设色长卷,作于北宋晚期。《清明上河图》以长卷形式,采用散点透视构图法,描绘了东京汴梁(今河南开封)的城市面貌,是中国古代风俗画的杰作,是研究宋朝城市史、社会生活史的珍贵资料。

(三)北宋时期的科技成果

1.印刷术

据《梦溪笔谈》记载,北宋仁宗庆历年间毕昇在雕版印刷术的基础上发明了活字印刷术,即以胶泥刻字,一字一印,用火烧硬后,便成活字。活字印刷术具有一字多用、重复使用等优点,但泥活字并不是理想的印刷工具,故在宋代并没有被普遍应用。至元代,又改进为用木制活字。明代时,又出现铜活字和铅活字印刷。活字印刷术的发明,开辟了印刷史的新纪元。后传入朝鲜、日本以及欧洲的部分国家,对世界文化的发展作出了重大贡献。

2.指南针

北宋时,已知道用磁石磨成针以指示方向,这就是指南针。指南针已普遍用于航海等方面。后来又进一步将磁化的钢针支撑放在一个刻有方位的盘中,这便是罗盘针。沈括是发现磁偏角的第一人。

3.火药

火药在宋代已经得到广泛的应用,特别是在军事上的应用更具有重要的意义。北宋在开封设有专门制造火药和火器的官营手工业作坊。仁宗时,曾公亮等编的《武经总要》中,记有火药武器的名称、用法和三种制造火药的配方。

第五节　元明清时期的中原文化

自靖康之变(1127年)北宋灭亡以后,中原地区的经济文化逐渐衰落。这一过程先后经历了南宋、元、明、清等多个朝代,持续了800多年,直到20世纪中期才逐渐恢复。

一、元朝

元朝(1271—1368年),是中国历史上首次由少数民族建立的大一统王朝,传5世11帝,历时98年。

虽从历史记载看,开国皇帝忽必烈于1271年建立大元,但蒙古统治中原的历史则早在1235年便开始了,即1234年蒙古联宋灭金,次年便开始了进攻南宋的战争,并于当年,即1235年占据了包括中原在内的整个北方地区。

尽管在整个元朝统治期间,不少地方都带有蒙古游牧民族的习性和特点,但从整体看,元朝的蒙古统治者还是承继了中原文化的主要传统,如元朝的国号,就是依据中原文化而确定的。元朝前身是成吉思汗所建立的"大蒙古国"。元世祖忽必烈鉴于本朝"舆图之广,历古所无",像汉唐那样以初起之地或始封之邑为名,都不足以显示其盛大,于是在1271年发布《建国号诏》,取《易经》"大哉乾元"之义,以"大元"为国号。

在政治制度方面,元朝保留了唐宋以来所设置的中书省、御史台,以及吏、户、礼、工、刑、兵六部的建制,并在加强以中书省为行政中枢的过程中,形

成了影响至今的"行省"制度。从现在中原地区所保留下来的南阳府衙、内乡县衙等遗址看,元代政治统治在操作层面与唐宋时期基本一脉相承。

在文学艺术方面,元代值得一提的是可与唐诗、宋词比肩的元曲。虽然元曲盛行于北方,但被称为元散曲四大名家的关汉卿、马致远、张可久、乔吉和元杂剧五大名家的关汉卿、马致远、白朴、王实甫、郑光祖均不出自中原地区,这与唐宋时期中原地区人才辈出的景象形成鲜明对照。此时中原地区文化的衰落状况也可由此略见一斑。

二、明朝

明朝(1368—1644年),由明太祖朱元璋所建立,初期建都于南京,明成祖朱棣时期迁都北京,传16帝,共计276年。

明朝是由其开国皇帝朱元璋通过农民起义,推翻蒙古人的元朝统治所恢复建立的汉人政权。但为加强皇权统治,朱元璋于明朝初年就废除了在中国实行了两千多年的丞相制度,改由皇帝亲自行政。

由于元朝后期的连年征战,以及中原地区河患频发,到明朝初年,中原地区人口数量锐减,达到十室九空的地步。为解决中原人口稀少,土地大量荒芜的问题,明朝当政者一是实行军队屯田,二是从人口相对稠密的山西及湖南、江西等地向中原移民。至今,中原地区的多数村庄和家族均自称是明代从山西"大槐树"移民迁徙而来的。因此,明朝时期中原文化的持续衰落已呈不可避免之势。

三、清朝

1644年,驻守山海关的明将吴三桂降清,多尔衮率领清兵入关。其后20年时间里,平定大顺、大西、南明等政权,后又平定三藩之乱,完成全国统一。康雍乾三朝走向鼎盛,在此期间,中国的传统社会取得了前所未有的发展成就。土地增垦,物产丰盈,小农经济的社会生活繁荣稳定,综合国力远胜于汉唐。鸦片战争后多遭列强入侵,进行了洋务运动和戊戌变法等近代化的探索和改革,但衰落终不可逆转。1912年清帝溥仪逊位,清朝从此结束。

虽然清代前期也有康雍乾三世100多年的稳定发展,但文化衰落和社会固化的形态并未从根本上改变,而在总体上与世界先进国家的距离越来越大。虽然,其中也有几次挽救失败,中兴图强的机会,如洋务运动、戊戌变法等,但这些不是被传统习惯所扭曲,就是被内部的固化势力所扼杀。因此,旧文化、旧制度的灭亡已经不可避免。

第三章 中原传统哲学

中原文化在中华文明起源多元一体化过程中,占据了核心地位。中原传统哲学是中原文化的重要组成部分,同样也是中华文明的重要组成部分。

第一节　先秦时期的中原哲学

司马迁在《史记》中,把先秦时期的学派归结为六家,即儒、道、法、名、墨和阴阳家。班固根据刘歆的分类,在六家的基础上增加了纵横家、农家和杂家,称为九派。各家各派在中原都有它的代表人物。道家有老聃、庄周、列御寇、宋钘、杨朱、魏牟等人;法家有邓析、李悝、申不害、商鞅、吴起、韩非、李斯等人;名家的惠施,墨家的墨翟,纵横家的苏秦、张仪,儒家的子贡、子夏,杂家的吕不韦等,这些学派的创造者或著名代表,都出生于中原地区,还有许多诸子百家中的知名人物,如白圭、范蠡、尉缭等,也都是中原人。中原地区的先秦诸子在百家争鸣中,作出了卓越的贡献。他们留下的高文典册,是我国文化遗产宝库中的精华。

一、先秦时期中原哲学的主要发展阶段

(一)萌芽时期

哲学的萌芽是同原始宗教相联系的,主要表现为相信灵魂不死和崇拜自然物的自发观念。在殷商奴隶社会就出现了上帝神权观念,周朝时期出现了天命主宰一切,以及"敬德保民""以德配天"的思想。以《易经》和《洪范》为代表的早期阴阳、五行观念尚未完全摆脱宗教神学的束缚,表现了科学思维的萌芽同宗教、神话幻想的一种联系。

(二)发生时期

诸子前哲学发生在西周末至春秋时期,奴隶主阶级的统治出现了危机,天命神权也发生了动摇。在《诗经》中出现了疑天、责天的思想,以及原始的阴阳、五行观念,对自然界的变化作了某些唯物主义的解释,表现出无神论的

倾向,同时发展了朴素辩证法的思想。用阴阳学说基本的理论框架去阐释《周易》,正是沿着孔子解《易》的发轫而构建了"新儒学"的"天人合一"的哲学体系。梁启超先生曾评论说:"阴阳五行说,为2000年来,迷信之大本营。直至今日,在社会上犹有莫大势力。"阴阳五行作为周代的"原初哲学",被诸子解构后落实在古代文化哲学的系统之中,成为一种对人们认识世界有着重要影响的世界观和方法论。

(三)形成时期

诸子哲学大致形成于春秋末年,那时候孔子创立儒家学派,中国哲学也由此进入诸子百家之学的开端。春秋战国时期(前770—前256年)社会处于大的变革当中,先后出现儒、墨、道、法、名、阴阳、杂、农、纵横家等重要学派,围绕着天人之际和古今之变以及名实、礼法等问题展开了激烈的哲学论辩,学派之间既互相斗争又互相吸取,每个学派内部也不断分化和发展,使这个时期的思想斗争呈现出错综复杂的情况,从而促进了哲学的繁荣。

二、中原地区先秦诸子的哲学思想

先秦哲学是中国哲学的发端,是形成学派和建立哲学体系的重要历史时期,在这个社会大变革期,为适应社会的发展形式,百家之学说应运而生,"九流""十家"异说纷呈,下面主要介绍先秦时期中原地区诸子中的代表人物和他们的哲学思想。

(一)"老庄"

老子,姓李名耳,字聃,一字伯阳,春秋末期人,生卒年不详,出生于春秋时期陈国,但目前学界对老子籍贯多有争议。他是中国古代思想家、哲学家、文学家和史学家,道家学派创始人和主要代表人物,后被道教尊为始祖,很多神话小说中称之为"太上老君"。在唐朝,老子被追认为李姓始祖,曾被列为世界文化名人,世界百位历史名人之一。

庄子,名周,战国时期宋国蒙(今河南商丘)人。他是战国中期道家学派的代表人物,思想家、哲学家、文学家,庄学的创立者,与老子并称"老庄"。

老子曾担任周朝史官,以博学而闻名,孔子曾入周向他问礼。春秋末年天下大乱,老子欲弃官归隐,遂骑青牛西行。到灵宝函谷关时,受关令尹喜之请著《道德经》(又称《老子》)。老子思想对中国哲学发展具有深刻影响,其思想核心是朴素的辩证法。在政治上,主张无为而治、不言之教。在权术上,讲究物极必反之理。在修身方面,讲究虚心实腹、不与人争的修持,是道家性命双修的始祖。根据联合国教科文组织统计,老子传世作品《道德经》,是除了圣经以外,在世界各国经典名著当中被译成外国文字,发行量最多的经典著作。

庄子因崇尚自由而不应楚威王之聘,仅担任过宋国地方的漆园吏,史称"漆园傲吏",被誉为地方官吏之楷模。最早提出的"内圣外王"思想对儒家影响深远。洞悉易理,指出"《易》以道阴阳",其"三籁"思想与《易经》三才之道相合。其文想象丰富奇特,语言运用自如,灵活多变,能把微妙难言的哲理说得引人入胜,被称为"文学的哲学,哲学的文学"。其作品收录于《庄子》一书,代表作有《逍遥游》《齐物论》《养生主》等。

(二)子产

子产,春秋时期郑国(今河南郑州)人,姬姓,公孙氏,名侨,字子产,又字子美,谥成子,历史典籍以"子产"为通称,亦称"公孙侨""公孙成子""国侨"等,杰出的政治家和思想家。他是郑穆公之孙、公子发之子,公元前554年为卿,公元前543年执政,先后辅佐郑简公、郑定公,卒于公元前522年。

子产在哲学思想领域有丰富的建树。在天道观上,子产坚持"天道远,人道迩",天道与人道各有其运行的范围和特点而互不干涉,这是中国哲学史上对天人关系的初步探讨。基于这种观点,他两次拒绝裨灶用瓘、斝、玉瓒祭祀的请求,亦不祭龙,并对因旱灾而乱伐树木的官员予以处罚。这些体现出他的人本主义思想,也反映出朴素的唯物论倾向。虽然他也有过"吾从天所与"的表态,但其含义是在良驷之争中保持中立,等双方分出胜负时再出面收拾残局,属于政治权变。不过,子产也论及鬼神。杨伯峻先生认为有些"鬼神详梦"之类的内容有后世妄加之嫌,其他研究者有的以为即使在这些地方子产仍持"敬鬼神而远之"的态度,也有的以为这恰恰显示出子产作为生活在过

渡、变革时期的人物的思想特征。

子产也对人性问题展开探讨。子产曾论述小人之性。在阐述"赂伯石"之缘由时,他又论及一般的人性,说:"无欲实难。"子产意识到人性好利,故以利赏之以成其事。至于告诫子太叔时所说的"夫火烈,民望而畏之,故鲜死焉",则体现其认识到人性"恶害"的一面。这里也体现出了一定的法家色彩。他提出的这种人性观念,认为"夫小人之性,衅于勇,啬于祸,以足其性而求名焉者",成为中国哲学史上探讨人性问题的开端。

在生态观方面,子产注意保护林木。《吕氏春秋》记载子产相郑期间,种植并严格管理行道树,"桃李之垂于行者,莫之援也"。而子产处罚乱伐树木的官员,有时也被解读为是保护生态环境,不过也有说法是被砍伐的树木系人工种植的桑林,故为子产所不容。

在道德修养上,子产强调节俭戒贪,他不贪图个人享受,不污染奢靡风气,不贪功,不贪赏。此外,后人所解读的子产思想还包括廉政文化、奉行薄葬等内容。

(三)列子

列子,名御寇,亦作"周寇""寇",是战国时郑国人,据推测大约生活于公元前516年至公元前398年期间,是东周著名的思想家、哲学家、文学家、教育家,道家学派的杰出代表人物。

《列子》一书的一个核心概念是"化"。它具有多重义项,但主要可以分为3个层次:宇宙生成系统中的"生化",认识论和境界层面上的"物化",以及政治和社会理论层面上的"教化"。列子的哲学思想主要有以下几大特征。

1. 批判思维

《列子》对社会的不公平,对人心的险恶,实实在在地嘲弄了一番。首先,《杨朱》篇明确地否定君臣纲常、礼义教条,并明确指出应该让君臣之道止息,认为礼义是伪名,不过是追逐个人名利的遮羞布。以讽喻的手法先提出"厚味、美服、好色、音声"是获得公民保障的前提,并称之为"达乎生生之趣",然后反戈一击,抨击侯王为寿、为名、为位、为货的行为,倡导人与人的关系应该是"公天下之身,公天下之物"。其次,认为正确的生活态度应该是"不违自然所好",只有抱着这种生活态度和这样处理人际关系,才能保持人的天性,进而达到做人的理想境界。再者,指出名声是虚伪的,并以古讽今,对子产准备私授其弟以禄位的丑恶现实表示厌恶,极具批判锋芒。"今有名则尊荣,亡名则卑辱",对于社会不公平,对于人心险恶,作出了犀利的揭露和批判。这就是要求儒家侯王放弃名利和各种私欲,做到返璞归真。

2."贵虚"

虚者,有无(空)皆忘,万异冥一,故谓之虚。《管子·心术上》:"君子之处也若无知,言至虚也;其应物也若偶之,言时适也;若影之象形,响之应声也。故物至则应,过则舍矣。舍矣者,言复所于虚也。"《文子·精诚》:"若夫圣人之游也,即动乎至虚,游心乎太无,驰于方外,行于无门,听于无声,视于无形,不拘于世,不系于俗。""贵"这个词不是列子本人所取,而是战国时的学者概括列子其说的总结。列子认为虚无贵可言,一言贵就已经是有而不是无了。真正的无,需要有无(空)皆忘,差别消融,而这正是虚的意义。虚一旦彻底,也就无所谓贵贱有无(空)了。

3.以道为本

列子"贵虚",其根本义旨与老庄思想接近,关涉的是精神境界问题,属于养生治身的学问。虚即道,表示冲虚自然,不执不为之义。它既是宇宙生成的起源,即万物存在变化的根据,又是养生治身所当奉行的根本准则。《列子》的根本精神,就是要消解种种执着,上达于虚无之境,实现心灵的自由和完善生命的存在。这一以"贵虚"为要旨的根本精神,大体包括以道为本、齐物为一、体道求真、无心之境、安命处顺等几个方面的内容。

4.齐物为一

如何达于理想之境,获得心灵的自由,《列子》归之于认识上的转变。人生所面对的是一个充满矛盾和差别的世界。人们往往执着于这些矛盾和差别,以此为是,以彼为非,故安于此而不能安于彼,这就是人生痛苦的根源所在。照《列子》的看法,事物本质上是没有差别的,因此,执于物我、内外之分是没有意义的。人们只要齐物为一,即可以从痛苦中解脱出来。

另外,列子的哲学思想主张还具有"体道合真""无心之境""力命"等特征。

（四）"申商"

申不害（前385—前337年），亦称申子，嵩山东麓的郑国京（今荥阳东南）人，战国晚期法家的代表人物，思想家、政治家、改革家。公元前351年，韩昭侯灭郑后，任申不害为相，主持改革。改革使韩国实力得到显著增强，出现了"终申子之身，国治兵强，无侵韩者"的局面。公元前337年，申不害卒于韩都。

商鞅（约前390—前338年），姬姓，公孙氏，名鞅，卫国人，战国时期政治家、改革家、思想家、军事家，法家代表人物，卫国国君后代。商鞅辅佐秦孝公，积极实行变法，使秦国成为富裕强大的国家，史称"商鞅变法"。后被秦孝公赐予商於十五邑，号为"商君"。

商鞅和申不害的思想主张，被后世称为"申商之术"，其核心是"法"与"术"。

1. 商鞅重法

首先，商鞅主张全农的经济政策，为此他颁布了《垦草令》，制定出20种重农和开垦荒地的办法。一方面直接或间接地刺激农业发展，另一方面打压工商业。其次，商鞅主张重刑厚赏。商鞅认为人的本性是趋利畏罪的，只要重刑厚赏，就可以很好地治理人民，使国家安定。为此商鞅一方面制定严酷的刑法治理人民，另一方面重赏立信。再次，商鞅主张重战尚武，具有军事主义思想。最后，商鞅主张国家应统一民众的心智，制定统一的制度，实现统一的目标。

2. 申不害重术

申不害主"术"，但他所说的"术"，是在执行法的前提下使用的，而"法"又是用来巩固君主统治权的。因此他并不是不讲"法"与"势"的。关于君主的权势，申不害认识得很清楚。在战国诸侯争霸的情形下，君主专制是最能集中全国力量的政权形式，也是争霸和自卫的最佳组织形式。他说："君之所以尊者，令也，令不行，是无君也，故明君慎令。"令是权力的表现，是一种由上而下的"势"能。"权势"是君主的本钱。申不害提出"君必有明法正义，若悬权衡以称轻重"。为了说明"法"，他提出"正名责实"的理论。

(五)韩非子

韩非(约前 280—前 233 年),战国末期韩国(今河南新郑)人,韩国公子,师从荀子,是中国古代著名法家思想的集大成者,后世称"韩子"或"韩非子",是战国时期著名法家思想的代表,法家学派最具代表性的人物和封建法治理论的奠基人。韩非创立的法家学说,为中国第一个统一专制的中央集权制国家的诞生提供了理论依据。他著有《孤愤》《五蠹》《内储说》《外储说》《说林》《说难》等文章,后人收集其作品整理编纂成《韩非子》一书。

韩非在认识论方面很注重唯物主义的"参验论"。他认为认识是人的一种天然属性,必须依赖人的感觉器官和思维器官,这是一种含有朴素唯物主义的见解。他充分肯定人的认识能力,主张"缘道理"办事,指出"缘道理以从事者,无不能成"(《解老》),反之,就必然失败。他认为人的认识活动都是有目的的,因而人的言行必须讲求实际功效。他说"夫言行者,以功用为之的彀者也"(《问辩》),指出"不以功用为之的彀,言虽至察,行虽至坚,则妄发之说也"(《问辩》)。他还着重提出要用"参验"之说作为检验是非的标准,"参"是比较研究,"验"是证实。他说:"循名实而定是非,因参验而审言辞。"(《奸劫弑臣》)意思是必须考察名称和实际是否相符才能判断是非,只有通过比较检验才能判断言辞是否正确。他还说:"无参验而必之者,愚也;弗能必而据之者,诬也。"意思是不经过比较验证就作出肯定的判断是愚;不能作出肯定的判断就拿来作为根据,是欺骗。韩非把他带有朴素唯物主义的"参验"论运用到政治生活中,一方面用来抨击儒家等学说,说他们祖述先王的言论是未经参验的虚妄之谈;另一方面又用来考核臣下,要求臣下在言、事、功三方面应该做到完全一致,言论、工作、功效完全相符的就给予奖赏,否则就予以惩罚。

(六)墨子

墨子(生卒年不详),名翟,战国初期宋国人,生前曾担任宋国大夫。他是墨家学派的创始人,也是战国时期著名的思想家、教育家、科学家、军事家。墨子是中国历史上唯一一个农民出身的哲学家。墨子创立了墨家学说,墨家在先秦时期影响很大,与儒家并称"显学"。在当时的百家争鸣中有"非儒即

墨"之称。墨子死后,墨家分为相里氏之墨、相夫氏之墨、邓陵氏之墨三个学派。其弟子根据墨子生平事迹,收集其语录,完成了《墨子》一书。

墨子的哲学建树,以认识论和逻辑学最为突出。

1.认识论

墨子哲学思想的主要贡献是在认识论方面。他以"耳目之实"的直接感觉经验为认识的唯一来源,他认为,判断事物的有与无,不能凭个人的臆想,而要以大家所看到的和所听到的为依据。墨子从这一朴素唯物主义经验论出发,提出了检验认识真伪的标准——三表,即"上本之于古者圣王之事""下原察百姓耳目之实""废(发)以为刑政,观其中国家百姓人民之利"。墨子把"事""实""利"综合起来,以间接经验、直接经验和社会效果为准绳,努力排除个人的主观成见。在名实关系上,他提出"非以其名也,以其取也"的命题,主张以实正名,名副其实。墨子强调感觉经验的真实性的认识论也有很大的局限性,他曾以有人"尝见鬼神之物,闻鬼神之声"为理由,得出"鬼神之有"的结论。但墨子并没有忽视理性认识的作用。他认为,人的知识来源可分为三个方面,即闻知、说知和亲知。墨子把知识来源的三个方面有机地联系在一起,在认识论领域中独树一帜。

2.逻辑学

墨子是中国古代逻辑思想体系的重要开拓者之一。墨辩和印度因明学、古希腊逻辑学并称世界三大逻辑学。他比较自觉地、大量地运用了逻辑推论的方法,以建立或论证自己的政治、伦理思想。墨子在中国逻辑史上第一次提出了"辩、类、故"等逻辑概念,并要求将"辩"作为一种专门知识来学习。墨子的"辩"虽然统指辩论技术,但却是建立在知类(事物之类)、明故(根据、理由)基础上的,因而属于逻辑类推或论证的范畴。墨子所说的"三表"既是言谈的思想标准,也包含有推理论证的因素。墨子还善于运用类推的方法揭露论敌的自相矛盾。由于墨子的倡导和启蒙,墨家养成了重逻辑的传统,并建立了第一个中国古代逻辑学的体系。

第二节　两汉时期的中原哲学

西汉时期,中原地区出现过贾谊这样的"新法家";东汉时期则有王充的唯物主义哲学和张衡的无神论思想。

一、贾谊的哲学思想

贾谊(前200—前168年),河南雒阳(今河南洛阳)人,西汉初年政论家、文学家,世称贾生。他少有才名,18岁时以善文为郡人所称。汉文帝时任博士,迁太中大夫,受大臣周勃、灌婴排挤,谪为长沙王太傅,故后世亦称贾长沙、贾太傅。3年后被召回长安,为梁怀王太傅。梁怀王坠马而死,贾谊深自歉疚,抑郁而亡,时仅33岁。司马迁对屈原、贾谊都寄予同情,为二人写了一篇合传,后世因而往往把贾谊与屈原并称为"屈贾"。

贾谊著作主要有散文和辞赋两类。其政论文评论时政,风格朴实峻拔,议论酣畅,鲁迅称之为"西汉鸿文"。其代表作有《过秦论》《论积贮疏》《陈政事疏》等。其辞赋皆为骚体,形式趋于散体化,是汉赋发展的先声,以《吊屈原赋》《鵩鸟赋》最为著名。

秦王朝的灭亡使地主阶级感到十分恐慌,他们开始认真考虑秦王朝迅速灭亡的主要原因,都希望能够从中吸取教训,然后再想方设法地维护地主阶级的统治。可以说,贾谊就是身处汉初推行"黄老之术"期间认真考虑过这一问题的大思想家。

贾谊的哲学世界观,主要集中在他年轻时撰写的《道德论》中所提出的"德有六理",亦即有道、德、性、神、明、命的思想。在思想方法方面,贾谊已经敏锐地觉察到新兴地主阶级政权所面临的各种内外矛盾和社会危机,他不仅全面地继承了老子的朴素辩证法思想,对问题进行了认真分析,而且还虚拟了一个所谓"造化"的存在,并以炉、炭、铜为物质原料,生动形象地铸造了一个包含万物的客观世界。在社会历史领域,贾谊在总结了秦王朝兴亡的历史经验的基础上,仔细地考察了汉初的各种社会矛盾和基本形势,提出了"可为

痛哭者一"(主要矛盾),"可为流涕者二"(重要矛盾),"可为长太息者六"等一系列矛盾,论证了以民为"万世之本"的光辉民本思想。

二、张衡的"无神论"

张衡(78—139年),南阳西鄂(今河南南阳)人,生于一个官僚家庭,少年入京师游太学,通五经、六艺,其后不事荐举,不应征辟,专门潜心研究天文、历算之学。他从扬雄的《太玄经》中得到启发,充分发挥了创造精神,写成《灵宪》一书,这是我国第一部天文学理论著作。张衡在天文和数学方面作出了卓越贡献。

张衡的世界观继承了先秦以来中原哲学史上的唯物主义思想传统。他在《灵宪》一书中,提出了天体形成与运行的规律,作为他的世界观的基础。张衡把宇宙开始形成的阶段称为"太素"。在此以前是什么呢?太素之前是虚无,他说:"太素之前……寂寞冥然……其中唯虚,其外唯无。"但这虚无并不等于什么也没有,他说:"如是者永久焉,斯为溟涬,盖乃道之根也。"(《灵宪》)既然有了"其中""其外",就有了空间,既然具有"永"和"久",就有了时间;空间和时间,是物质及运动存在的最基本的形式,"乃道之根",即宇宙万物生生之道的条件和根据。张衡还对时间和空间做了进一步的分析,他说:"宇之表无极,宙之端无穷。"他深刻认识到时间绵延和空间无限,以及两者不可分离的辩证关系。张衡把"从无生有"这一古老的哲学命题,作了唯物主义的解释,从而否定了唯心主义对于世界起源的种种奇谈。

张衡说:"道根既建,自无生有,太素始萌。"他说太素是一团混沌的元气,它作为道的躯干,"道干既有,万物成体"。张衡以时间和空间阐述宇宙形成的本质,又以太素即元气作为万物起源的基础。他认为,由于元气运动,刚柔始分、清浊异位,才形成万物。他还认为,宇宙形成之后,有象可效,有形可度,但没有文明和文化,而文明和文化要经过人类创造性的活动才能产生。"于是人之精者作圣,实始纪纲而经纬之。"这种认为只有人的力量才能创造出历史文明,强调人类在宇宙间的地位和作用的观点,是很富有积极意义的。

第三节　六朝隋唐时期的中原哲学

中原哲学发展到六朝（魏晋南北朝）隋唐时期，主要有两大特征：一是唯物主义哲学思想继续向前发展，其主要代表人物是范缜和韩愈。二是在唯物主义哲学发展的同时，佛教哲学异军突起，达到鼎盛时期，这一时期佛教哲学主要代表人物为大名鼎鼎的玄奘。

一、范缜哲学思想

范缜（约450—515年），字子真，河南顺阳（今河南省淅川县李官桥镇一带）人，南北朝时期著名的唯物主义思想家、哲学家、政治家、文学家，杰出的无神论者。他出身寒门，幼年丧父，拜名儒刘瓛为师。他性格直爽，常发表一些不畏权势的言论。

（一）神灭论的提出

范缜所生活的年代，朝代更迭迅速，社会异常动荡。在这样的社会环境下，佛教迅速普及开来。自佛教传入中国后，就与中国传统思想进行相互融合，并逐渐成为封建社会意识形态的重要组成部分。佛教的极大盛行使得当时的社会阶级矛盾日益突出，最初反对佛教是从维护中国封建统治者的绝对权威入手的，随着反对佛教斗争的逐渐深入，批判的矛头就指向了佛教理论方面的相关内容。

范缜就是抓住了作为佛教神学理论基础的"神不灭"理论，提出了他的"神灭论"思想，作为与佛教理论展开斗争的武器。因此范缜的"神灭论"思想具有鲜明的战斗性特征。现存范缜的著作有《神灭论》和《答曹舍人》两本，他的著作可以说是中国古代无神论思想的不朽著作。

（二）反对佛教因果报应论

范缜反对佛教神学的斗争，是从反对因果报应开始的。范缜在回答南齐

宰相萧子良"君不信因果,何得富贵贫贱"的问题时说:"人生如树花同发,随风而堕。自有拂帘幌坠于茵席之上;自有关篱墙落于粪溷之中。坠茵席者,殿下是也;落粪溷者,下官是也。贵贱虽复殊途,因果竟在何处?"也就是说,人的命运就像树叶和花朵一样一起开放,随风被吹到地上,它们中有的落到了精美的垫子或席子之上,有的却被吹到了粪坑中。殿下你就是被吹到垫子上的花朵,而我就是落在粪坑中的花。贵贱虽然截然不同,但是哪有什么因果报应呢。这也就是说,一个人的贫富贵贱完全是偶然的遭遇,与因果报应毫无关系。范缜用自然的偶然性反对佛教的因果论具有一定的理论作用,但用来解释人们贫富贵贱的差别则是犯了根本性错误。

(三)形质神用论

范缜进一步用"形质神用"的观点来论证他的"神灭论"的形神一元论思想,也是对他"形即神也,神即形也"思想的补充。在这一观点中明确了形神的关系,批判了佛教"神不灭"理论中的"形神不共亡"的世界观。

范缜指出:"形者神之质,神者形之用;是则形称其质,神言其用;形之与神,不得相异。"在这里,"质"的意思指的是主体、实体,而"用"指的是作用。这句话也就是说,形是神的主体,神是形的作用。二者不是不相同的东西,而是一个统一体的两个方面。精神从属于形体,是由形体派生出来的。因此,人的形体消亡了,其精神的作用也就没有了,"形存则神存,形谢则神灭"。范缜的这一思想克服了以往的无神论者把形神看作"精粗一气",两种不同物质的理论缺陷,填补了佛教倡导的神可离形而独立存在的理论漏洞。

(四)人之质有知,木之质无知

范缜提出"人之质有知,木之质无知"的观点来驳斥佛教徒提出的"质同""用异"的诡辩。人与木的质是不同的,所以才会有有知与无知之分。有知(精神)是人之质所具有的特定属性,而不是其他所有事物都具有的质。绝对不能因为人有知而木无知就认为精神可以脱离形体而独立存在。在此基础上,范缜为了反驳佛教徒认为的人的形体有知觉作用,那么人死后,形体依旧存在所以也还会有知觉,可见灵魂不会随着形体的死亡而消失,灵魂是永远存在的这一问题，又区分了活人的质和死人的质，他说："生形之非死形,死形之非生形。"活人与死人的形体是有质的区别的,活人死后不能复生,"死者有如木之质,而无异木之知;生者有异木之质,而无如木之知"。也就是说,死去的人的骨骼犹如木头的质一样,所以和木头没有区别,都是无知的;而活着的人的质有别于木头,是有知的。范缜在这里把精神活动规定为只有生者的形体才具有的特定的质,这从理论上击垮了佛教所宣扬的轮回、报应等迷信思想,是中国古代朴素唯物主义的卓越成就。

（五）知虑各有其本

范缜用"知虑各有其本"的观点来反驳佛教"形伤而神不害"的诡辩。神不灭者认为："今人或断手足、残肌肤,而智思不乱。"而范缜认为精神活动必须依赖主体。范缜把精神活动分为两类：一类是能感觉痛痒的能力,即"知"（感觉、知觉）;另一类是能判断是非的能力,即"虑"（思维）。范缜认为"浅则为知,深则为虑",二者具有深浅程度上的不同。他进一步区别了二者程度上的差别："手等能有痛痒之知,而无是非之虑,是非之虑,心器所主。"但是,这里虽然区分了知和虑的区别,但并不是说二者在本质上有区别,只是作用上的不同而已,就像眼睛和耳朵,眼睛只能看不能听,耳朵只能听不能看,但是眼睛和耳朵都是人的身体器官,只是各自所起的作用不同罢了。但由于科学水平的限制,范缜只能将"虑"简单地理解为由心脏器官进行的活动,在对这一理论的阐述上是朴素的。

二、韩愈的哲学思想

韩愈（768—824年）,字退之,河南河阳（今河南孟州）人,祖籍河北昌黎,自称"郡望昌黎",世称"韩昌黎""昌黎先生";晚年任吏部侍郎,又称"韩吏部";谥号"文",又称韩文公;唐代文学家、哲学家、思想家,古文运动的领袖,在中国散文发展史上地位崇高。

韩愈的思想对中国哲学的发展产生了较大影响,反佛是韩愈的一项重要政治任务,他一生的思想可以从他的反佛主张中体现出来。由于受到生活环境的限制,韩愈的反佛主张还不够彻底。

(一)韩愈的反佛主张

佛教在最初传入中国时,便受到儒学思想家的抵制。韩愈所处的朝代是佛学发展的鼎盛期,当时儒学传统文化不被重视。韩愈从小受儒学思想的熏陶,在坚持复兴儒学思想的同时,将打击佛教作为自身的一项重要政治任务。韩愈在打击佛教时,运用了极其激烈的言辞,甚至主张使用极致的手段消除佛教,避免佛教对后人的影响。韩愈当时在抵制佛教时采取了相关的手段,但由于他的方法非常野蛮,故不能落实到实际行动中。从韩愈的《论佛骨表》中可以看出,韩愈主张将历代皇帝供奉的佛骨进行烧毁;对于佛教的因果报应说,韩愈也极力反对,并表明如果真有报应的话,就全降临在自己身上,由此可见韩愈抵制佛教的强悍态度。同时,韩愈对佛法在中国的广泛传播带来的后果表示严重的担忧,在佛教盛行时期,大量的劳动力被寺院收纳,一定程度上减缓了社会的发展,并且在建造寺院方面消耗了大量资源和劳动力,对当时的国计民生造成了极其不利的影响。

(二)韩愈反佛主张不彻底的原因

佛教刚传入中国时,就存在大量反对佛教的人,但是在佛教兴盛时期,韩愈仍敢于将反对佛教用犀利的文笔表达出来。韩愈的反佛主张主要从儒家思想出发,以佛法与儒家思想相违背为依据,其反佛主张主要体现在外在形式上,不具备自身的实际意义。佛教将世间的一切安排归结于佛的能力,而韩愈从小受到儒学的影响,在他的思想世界里不存在主宰一切的佛,他认为实际的权威是天,并将这个观点作为反对佛教的依据,但这样的理论并不能对反佛起到实质性的作用。

韩愈反佛不彻底的原因主要体现在三个方面:

第一,由于中国文化发展趋势的影响。佛教刚传入中国时,由于其理论过于复杂,不能被大多数人了解,而随着历史的发展,佛教逐渐改变以往周密的理论论证,使其理论更贴近普通百姓,并且让普通百姓相信只要本性善良就可以成佛,因此更多人愿意接受佛教理论从而促进了佛教理论的传播。

第二,儒学在发展过程中曾受到重创,在儒家思想对人们行为约束作用减弱的时候,其他宗教的出现会带给儒学一定程度的打击。

第三,韩愈处在佛教盛行的时代潮流中,在反对佛教的同时也会受到佛教的影响,并且反对佛教也需要了解佛教,因此韩愈在反佛的同时,会不自觉地吸收佛教理论。

三、玄奘的哲学思想

玄奘(602—664年),俗名陈祎,河南洛阳缑氏(今河南偃师缑氏镇)人,唐代高僧,翻译家、旅行家,也是我国历史上伟大的思想家、哲学家、外交家。他以唐僧、唐三藏之名而闻名于世,是汉传佛教史上最伟大的译经师,唯识宗创始人。玄奘一生笔耕不辍,译著甚丰,从贞观十九年(645年)开始,约20年间,先后译出大小乘经论共75部1335卷,其中主要有《大般若经》《解深密经》《大菩萨藏经》《瑜伽师地论》《大毗婆沙论》《成唯识论》《俱舍论》等。他还曾把《老子》和《大乘起信论》译为梵文,传入印度;将入印路途见闻撰写成《大唐西域记》12卷。

玄奘创立了唐代第一个佛教宗派唯识宗。唯识宗学说,内容繁博,包含甚广,但概括而言,是以"五法""三自性""八识""五种姓"等为总纲,以"转依"(转识成智)为宗旨。

第四节 宋元时期的中原哲学

中原哲学的历史发展,有两个历史时期受到学术界的普遍关注:其一是先秦时期,其二是北宋时期。程颢、程颐被视为北宋时期创建宋明理学的主要代表人物,他们兄弟二人,被后人合称为"二程"。二程的学说也被称为"洛学",与同时代的张载所创的"关学"颇有渊源,二者理学思想对后世有较大影响,南宋朱熹正是继承和发展了他们的学说。

"二程"被认为是北宋理学的实际开创者。他们的学说,以"心传之奥"奠定了道学的基础,更以"理"为最高的范畴,因此亦称作理学。二程的学说,特别是其核心观点——"存天理,去人欲",后来被朱熹所继承和发展,世称"程

朱学派"。

就"二程"的学说主旨而言,兄弟俩并无二致;但在义理的具体延伸、阐发及个人性情方面,他俩却有着较大差别。诚如黄宗羲在《宋元学案》中说:"大程德行宽宏,规模阔广,以光风霁月为怀。小程气质刚方,文理密察,以削壁孤峰为体。其道虽同,而造德各有所殊。"

程颢提出"天者理也"的命题。他把理作为宇宙的本原。就天道的内容来说,程颢形容它是"生",谓世界生生不已,充满生意,提出"天只是以生为道",故"天地之大德曰生"。他认为生是天道,是天地之心,于是称天道为仁。按程颢的说法,在生生不已的天道之下,通过阴阳二气的絪缊化生,产生天地万物,人只不过是得天地中正之气,故"人与天地一物也"。

因此对于人来说,要学道,首先要认识天地万物本来就与"我"一体的这个道理。人能明白这个道理,达到这种精神境界,即为"仁者",故说"仁者浑然与万物同体"。他并不重视观察外物,认为人心自有"明觉",具有良知良能,故自己可以凭直觉体会真理。

程颢哲学的主要内容是关于道德修养的学说。他追求所谓浑然一体的精神境界,在方法上是通过直觉领会,达到所谓物我合一。程颢是主观唯心主义心学(陆王学派)的发轫者,他的"识仁""定性",对后来的理学,尤其对陆王心学,影响很大。

程颢的哲学专门著作不多,主要哲学代表作有他的学生吕大临所记关于"识仁"的一段语录,后人称《识仁篇》;他与张载讨论"定性"问题的《答横渠先生书》,后人称《定性书》。他的哲学思想多散见于语录、诗文中。明末徐必达将他与程颐的著作汇编为《二程全书》。

把客观精神的"理"和主观精神的"心"共同看作是世界的本原,这无疑是唯心主义的心理观。在人性论方面,他们对告子的生之谓性,孟子的性善论和韩愈、李翱的性品类说进行了综合改造,并袭用了张载关于"天命之性"和"气质之性"的区分。

他们认为,天命之性就是所谓"天理",包括仁、义、礼、智、信等道德内容,是一切人固有的先天本性,也是人区别于禽兽的根本特点,产生了"气质之性"。由于气禀的清浊偏正不同,也就造成了人的贤智愚不肖乃至柔缓刚急等心理差异。

他们对人类和动物的本能进行了比较:"万物皆有良能,如平常禽鸟中,做得窠子,极有巧妙处,是他良能,不待学也。人初生,只有吃乳一事不是学,其他皆是学。"(《遗书》卷十九)他们对思维问题也有精辟见解,认为"感悟"是思维的结果:"思虑久后,睿自然生。"

在哲学上,程颐与程颢以"理"为最高范畴,以"理"为世界本原。程颐认为,理是创造万事万物的根源,它在事物之中,又在事物之上。他认为,道即理,是形而上的,阴阳之气则是形而下的。离开阴阳就无道,但道不等于是阴阳,而是阴阳之所以然,"所以阴阳者,是道也"。他明确区分了形而上与形而下,以形而上之理为形而下之器存在的根据。

他又从体用关系论证了理和事物的关系,认为理是"体",而事物是"用"。程颐承认事事物物都有其规律,天之所以高,地之所以深,万事万物之所以然,都有其理。他进一步认为,"一物之理即万物之理",天地间只有一个理,这理是永恒长存的。这样,他就把事物的规律抽象化、绝对化,使之成为独立的实体。程颐承认每一事物发展到一定限度,即向反面转化。他说:"物极必反,其理须如此。"

他还提出格物即是穷理,即穷究事物之理;最终达到所谓豁然贯通,就可以直接体悟天理。他所讲的穷理方法主要是读书、论古今人物、应事接物等。关于知、行关系问题,程颐主张以知为本,先知后行,能知即能行,行是知的结果。程颐的哲学,提出一些新的概念、命题,对宋明哲学产生了很大影响。

元朝时期中原哲学继续发展,其主要代表人物为许衡。许衡(1209—1281年),字仲平,号鲁斋,世称"鲁斋先生",金元时期怀庆路河内县(今河南省焦作市河内县)人,金末元初著名理学家、教育家、思想家,著有《读易私言》《鲁斋遗书》等,是金元之际南方理学北传的倡导人物之一,也是张载人性论在元代最精深的继承者和创新者。元代有人赞扬他道:"继往圣,开来学,功不在文公(朱熹)下。"这和"横渠四句"中的"为往圣继绝学"有着不谋而合的一脉渊源。

许衡在承接张载人性论的同时,还对其作出了许多精确的诠释。许衡认同张载的人之本性是在"天地之性"和"气质之性"之间相互转换,人的禀赋天

理即天命之性原本是善的体现,是本然之性。还提出心与天同的"天人合一"论,强调"反身而诚""尊德行"等自省自思的认识和修养方法,认为如此就可以尽心、知性、知天。他所精研的内容并不拘于程朱理学,他还提出了著名的"治生论"。

第五节 明清时期的中原哲学

明清时期中原哲学的主要成就依然集中在理学方面,其主要代表人物为明代大儒学家曹端。曹端(1376—1434年),字正夫,号月川,明代思想家、教育家,河南渑池人。曹端一生潜心于理学,学宗周敦颐、张载、"二程"和朱熹等前儒,以"倡明绝学"为目标,对理学诸多重要命题都有所推展,并开以后薛瑄之先河。又因其学强调在心上做功夫,被学者称为"事心之学"。曹端的理学思想主要体现在以下几个方面。

一、本体论——曹端对"太极"的诠释

曹端在继承宋代理学思想,特别是"程朱"理学的主要观点的基础上,构建了以"太极"为最高范畴的理学体系。曹端认为,作为"理"的别名的"太极",是最高层次的本体范畴,是宇宙万物生成变化的本原。

(一)太极理气

"理"与"气"是中国哲学史上的一对极其重要的哲学范畴,特别是宋以后,理气关系问题得到了凸显,成为宋明理学的基本问题。张载在理气关系问题上坚持的是气一元论的观点,理只是从属于气的范畴,他认为,理是作为气运动变化的必然性和秩序性存在的。

将理气关系问题作为中心问题来进行研究的是理学集大成者朱熹,他在解释理气关系时认为,"理"与"气"是相即而不相离的。朱熹通过"理"和"气"两个范畴将整个世界区分为形上、形下两个层次,"理""气"作为解释宇宙万物的基本范畴,相互依存,相互作用,无理则无气,无气则无理,两者缺一

不可。曹端在理气关系上则在继承了宋儒学说的同时,则提出了与朱熹不同的观点。

(二)太极动静

关于太极动静的学说早在北宋时期就已经形成,理学鼻祖周敦颐用太极的动静变化来解释宇宙万物的生成变化过程,初步解决了宇宙万物生成发展这一理论问题。

在曹端看来,太极作为宇宙万物的终极根基,自身是可以动静的。曹端认为太极自身能动静,这跟朱熹的太极自身不会动静的观点截然不同,这也从根本上导致了曹端理学跟"程朱"理学的分道扬镳。他不认同朱熹关于"太极动静"的看法,专门写了《辨戾》一篇,阐发自己的观点,认为太极自会动静,反对将"理乘气"比喻成"人乘马"。

曹端的太极动静学说是对前儒学说的继承和发展,曹端以其严谨的治学态度,对前儒的太极动静学说进行了新的诠释,推动了中国古代诠释学的发展,是诠释学理论发展中的一个新的高峰,传承了宋明理学,并影响了薛瑄、罗钦顺等一代后学。

二、心性论——曹端对心、性的诠释

在宋明理学中,作为理学核心的心性论,是工夫论的基础。而心性论中最基本的核心范畴就是"心"与"性"。理学家的工夫论多由此而阐发。曹端对于"心"的重视,与朱熹截然不同,这也是曹端"事心之学"的理论基础。

(一)人心即太极

曹端认为心是人体的主宰,起支配作用,犹如三军的统帅,一身耳目口体都听命于心。

虽然人和物一样,生成都是遵循理,遵循太极之道的,但是人所禀受的是阴阳五行之气,得灵秀之气而生,独得了阴阳五行之秀,所以人的心是最为灵明的,能禀受太极之全。因为人心保有了全部的天性,所以人心的状态便是本然的天性状态,人心保有的便是天地之理,是太极。

人心最本然的状态是充满天理的,天理就是"太极",是道,所以保有本然状态的人心便是太极。人心保有了天地之性的全部,能"全其性",不被物欲所遮蔽,就是天地之心,就是太极。

(二)性即理也

从万物来看,一物具有一太极,万物都具有其性,在天地化生万物的过程中,万物禀受了太极之理,万物各自都体现出了太极之理,便是天地之性,性也存于万物之中。性与太极是同一层次的范畴。在曹端看来,"人心即太极""性即太极也""太极,理之别名耳"。同时又认为"性即理也""天下无性外之物"。所以在曹端这里,"太极""理""人心""性"都是等同的,内涵一致,属于同一个层次的范畴,同为宇宙本体。

(三)天地之性与气质之性

曹端继承了张载、程颢的性善说,既说天命之性,又说气质之性,只是内涵与前儒略有不同。还明确将"五常"作为人性,涵盖其中。对于这两个命题,曹端认为,太极至纯至善,人和物都禀受此理而存在,形成的天命之性,也是至纯至善的,但由于禀受气的不同或者是被物欲所遮蔽,人性有善有恶,即气质之性。

曹端则将心学引入理学,并且在不背弃"程朱"理学的基础上,改变了理学的发展方向,成为"程朱"理学向心学转向的开端。

第六节　近现代时期的中原哲学

1919年到1949年,是现代中国历史发展的一个重要阶段,同时也是100多年来中华民族大变革的风云激荡时代。这一时期,从中原地区走出来的哲学家,如冯友兰、嵇文甫、赵纪彬等,他们在这样一个不同寻常的时期,克艰攻难,上下求索,从思想学术上为现代中国哲学和哲学史的发展作出了自己的贡献。本节主要就三人在哲学领域取得的巨大成就做一简要概述。

一、冯友兰

冯友兰,字芝生,汉族,1895年12月4日生于河南省唐河县祁仪镇的一个书香世家。冯友兰的学术活动有两个方面:一是哲学;二是哲学史。他以哲学为主,以哲学史为辅,二者互为促进,相得益彰。冯友兰的哲学活动,可以分为4个时期:第一个时期是从1919年到1926年,其代表作是《人生哲学》;第二个时期是从1926年到1935年,其代表作是《中国哲学史》;第三个时期是从1936年至1948年,其代表作是《贞元六书》;第四个时期是从1949年到他去世,其代表作是《中国哲学史新编》(一至七册)。冯友兰的哲学成就主要概括如下。

(一)创立中国哲学史典范

冯友兰曾说他"三史述古今"。这"三史"就是指他的《中国哲学史》(上、下卷,1931—1934年)、《中国哲学简史》(1948年)、《中国哲学史新编》(一至七册,1982—1990年)。其中20世纪二三十年代两卷本《中国哲学史》既是冯友兰个人的成名之作,也是我国现代意义上的中国哲学史学科奠基之作,在世界各国都有很大影响。冯友兰的两卷本《中国哲学史》堪称20世纪中国学术界中国哲学史研究的"典范性"之作。冯友兰将整个中国哲学史的发展分为3个阶段(这与中国通史的发展是相适应的),而他的哲学史只讲前两个阶段,即"子学时代"和"经学时代"。

就冯友兰《中国哲学史》这部书的内容来说,有两点创新。第一点,认为先秦的名家分两派,一派主张"合同异",一派主张"离坚白";前者以惠施为首领,后者以公孙龙为首领。第二点,认为程颢和程颐两兄弟的哲学思想是不同的,"故本书谓明道乃以后心学之先驱,而伊川乃以后理学之先驱也。兄弟二人开一代思想之两大派,亦可谓罕有者矣"。这两点也是他自认为都是发前人之所未发,而后来也不能改变的。《中国哲学史》这部书也存在两点不足:第一点,讲佛学失于肤浅;第二点,讲明清时代失于简略。

(二)创立新理学哲学体系

冯友兰曾说他"六书纪贞元"。在近10年的颠沛流离生活中,他以"为天地立心,为生民立命,为往圣继绝学,为万世开太平"的精神,写出了被称为"贞元六书"的六部大书,即《新理学》《新事论》《新世训》《新原人》《新原道》《新知言》,创立了具有近代意义的哲学体系——新理学哲学体系。

冯友兰在完成了《中国哲学史》后,不满于做一个哲学史家,而是立志要做一个哲学家。他不仅仅是"照着"以往的哲学讲,还会创新地"接着"讲。他所写的6部书,其实是一部大书的6个章节:《新理学》这部书就是第一章总纲,也就是新理学哲学体系的总纲,主要是讲这个体系的"最哲学的哲学"部分,即"形上学";《新事论》《新世训》《新原人》是新理学的形上学在文化和人生方面的应用;《新原道》《新知言》则是讲新理学在中国哲学史上的地位及其方法在现代世界哲学的意义。

(三)创新文化哲学

冯友兰所处的时代,是一个古今、中西文化矛盾冲突的时代。他要回答的问题就是如何理解这种矛盾冲突的性质,如何适当地处理、解决这种矛盾等。冯友兰在探索中形成的文化哲学经历了3个阶段的发展:第一个阶段是用地理区域来解释文化差别,即文化差别是东方与西方的差别;第二个阶段是用历史时代来解释文化差别,即文化差别是古代与近代的差别;第三个阶段是用社会发展来解释文化差别,即文化差别是社会类型的差别。

1921年,冯友兰在美国读研究生时,发表了《为什么中国没有科学》的文章,主张文化的差别就是东方与西方的差别。这也是当时流行的见解。1934年出版的两卷本《中国哲学史》,没有按照传统的方法把历史划分为古代、中古、近代等3个时代,而代之以另外一种方法,即把中国哲学史划分为两个时代,即"子学时代"和"经学时代",相当于西方哲学史中的古代、中古时代。这部书断言:严格地说,在中国还未曾有过近代哲学,但是一旦实现了近代化,就会有近代中国哲学。其实,这里包含着这样一个观点,即所谓东西文化的差别,实际上就是中古和近代的差别。1940年,冯友兰出版的《新事论》,认识到中古和近代的差别实际上就是社会类型的差别:就西方来说,产业革命以前,生产是以家庭为本位;产业革命以后,采用机器生产,以社会为本位。而中国所要实现的近代化、现代化,就是要实现产业革命,实现工业化,实现由以家庭为本位到以社会为本位的转变。冯友兰的这些思想显然也受到了马克思唯物史观的深刻影响。冯友兰《新事论》所提出的文化哲学,为中国从传统社会迈向现代社会奠定了坚实的理论基础。

二、嵇文甫

嵇文甫,本名明,字文甫,1895年12月17日生于河南汲县(今河南卫辉)一个小手工业者家庭,主要著作有《先秦诸子政治社会思想述要》(1932年)、《左派王学》(1934年)、《船山哲学》(1936年)、《晚明思想史论》(1944年)等。嵇文甫的哲学成就主要表现在如下几个方面。

(一)先秦诸子研究

嵇文甫于1929年所写的《周末社会之蜕变与儒法两家思想上的斗争》,特别是于1931—1932年所写的《先秦诸子政治社会思想述要》,乃是我国较早以马克思主义为指导研究中国哲学思想史的著述。他遵循马克思主义的唯物史观,通过对先秦诸子的系统研究,得出了这样的结论:儒家学说就是当时日渐衰落的贵族思想的反映,法家学说就是当时新兴自由思想的反映,墨家学说就是当时社会下层劳动者思想的反映,道家学说就是当时小农思想的反映等。

嵇文甫认为,孔子儒家学说是人文主义的。在《先秦诸子政治社会思想述要》中,他明确指出:"孔子不是实利主义者(如法家、墨家甚至道家),不是军国主义者(如法家),不是自然主义者(如道家),不是鬼神主义者(如墨家),而是人文主义者。"孔子思想的核心究竟是"仁"还是"礼"?他在所著《"仁"的观念之社会史的考察》(1930年)、《先秦诸子与古代社会》(讲义,1934年)等专著和论文中,都曾谈到这个问题。他认为,孔子的中心思想是以"仁"讲"礼",从而赋予"礼"以新意,"仁"是孔子的一个中心概念,而孔子的进步方面和保守方面都可以从这里看出来。从嵇文甫所提出的这些观点,

就可以看出他对先秦诸子研究所具有的唯物史观的眼光和创新思想。

(二) 王船山研究

嵇文甫从1920年写《王船山的人道主义》一文起,40多年矢志不渝地从事王船山思想的探索与研究,孜孜以求,其学术成就也最为辉煌。嵇文甫认为,王船山的思想体系是一座博大精深的思想宝库,是我国旧唯物论辩证法发展的高峰。他不仅正确评价了王船山的历史作用,而且指出其历史的局限性。在1936年的《船山哲学》中,嵇文甫说船山的哲学:宗师横渠,修正程朱,反对陆王。这个12字的判断是很精当的,可以说嵇文甫是20世纪最早的对王船山思想研究最有成绩的学者。

(三) 左派王学研究

嵇文甫对左派王学的研究更是独树一帜。他肯定王阳明是宋明五百年道学史上"一位极有光辉的大人物。由他所领导起来的一种学术运动,是一种道学革新运动,也是一种反朱学运动"。诚然,王学分左右两派之别,前贤已有论说,但是嵇文甫用马克思主义的唯物史观研究左派王学却属首开先河之举。嵇文甫从当时的社会生活特别是经济上商业资本的扩大、都市的繁荣,由此带来的政治运动、社会运动和思想运动,看出自由解放就是当时的时代精神;而王阳明的道学革新运动就代表了那个时代的精神。

他在《左派王学》(1934年)中第一次用唯物史观系统地研究王学左派,也是第一次明确地建立起公安派和王学左派的联系。1936年,他又在《文哲月刊》上发表了一篇题为《公安三袁与左派王学》的专论,较详细地论证了中郎兄弟与王学左派思想的关系,尤其是三袁与李卓吾的联系得以建立。此前虽也有人(如任访秋)提到李卓吾,然其间联系尚不明晰,嵇文甫此论一出,脉络大明。诚如嵇文甫自己所说,他的表彰、提倡左派王学,"对于研究王学者,研究明代思想史者,研究明代社会史者,乃至研究历史方法论者,能够提供一些颇有意义的暗示"。

嵇文甫是运用历史唯物主义的基本观点建设我国新史学的少数几位先驱者和奠基者之一,而在中国哲学思想史的研究中,尤有其卓越和独特的贡献。

三、赵纪彬

赵纪彬,原名济焱,字象离,笔名向林冰、纪玄冰,于 1905 年出生于河南省内黄县一个读书人家。下面将赵纪彬的哲学成就做三方面概述。

(一)开拓马克思主义中国哲学史研究

1939 年由生活书店出版的《中国哲学史纲要》,是赵纪彬计划要写的《大中国哲学史》著作的一个节缩本。他在该书序言一开头就说:"中国唯物论史的写作,以本书为第一次。"在该书"序论:一般的哲学发展法则与中国哲学的特质"中,他阐明了中国唯物论史的方法论。他从哲学的根本问题,即思维和存在的关系问题出发,不仅把历史上的哲学归结为唯物论与唯心论,而且把哲学的发展过程看成是唯物论、辩证法要素的发展过程。他说:"哲学的本质就是辩证法、唯物论,如果没有辩证法、唯物论,便没有哲学。"他还从哲学意识形态出发,把唯物论、辩证法归为变革阶级的哲学,而把唯心论归结为保守阶级的哲学。

(二)成就卓著的合著《中国思想通史》

抗战胜利后,赵纪彬在任教东吴大学(上海)和山东大学(青岛)期间,与侯外庐、杜国庠等马克思主义学者合著了《中国思想通史》(第一、二、三卷),并于 1957—1959 年参与了《中国思想通史》第四卷的写作。

《中国思想通史》第二卷、第三卷(秦汉、魏晋南北朝)的写作是在极度艰苦的条件下完成的。在赵纪彬所承担的章节中,侯外庐特别表彰了他所写的魏晋南北朝范缜以前唯物主义和无神论战斗传统以及范缜神灭论唯物主义体系两章,认为他写得非常好。从第二章至第四章,赵纪彬所写的董仲舒章、两汉之际的思想章、王充章、范缜章、吕才章、柳宗元与刘禹锡章、叶适章等,都是他的力作,而且从内容上看,他对中国唯物主义思想传统的发掘,无论在深度上抑或广度上,成就都蔚为大观。

(三)独具特色的《古代儒家哲学批判》

赵纪彬在1950年出版的《古代儒家哲学批判》的上部"历史证件"中有最初《论语杂考》的3篇:"其一,'释人民'篇,分析春秋末叶社会之阶级构成,指明'人'与'民'是当时社会之主要两大阶级;其二,'君子小人辨'篇,分析'人'之阶级内部之派别分裂,指明'君子'与'小人'是'人'之阶级内部维新与革命两大对立派别;其三,'原贫富'篇,指明所谓春秋时代乃财产制度由公有向私有转化之起点,并在此转化中,指明'人''民'阶级构成,及'君子''小人'派别对立之经济基础。"显然,赵纪彬是自觉地运用自己所掌握的马克思主义的唯物史观来分析和把握中国哲学史的。该书认为:"《论语》所说的'人'和'民',相当于一般古代社会的两大阶级:'民'是奴隶,'人'是奴隶所有者。"这一基本观点贯穿以后几个版本的始终。此书最初的3篇,第一篇"释人民"是对"人"与"民"作阶级分析,第二篇"君子小人辨"是对"人"之内部的"君子"与"小人"作派别分析,第三篇"原贫富"是论证当时阶级对立和派别分裂的经济基础。

第四章 中原传统教育

中原传统教育不仅承载着千百年来智慧的传承,还塑造了无数代人的道德品质和社会价值观念。从孔子的儒家思想到老子的道家哲学,从《弟子规》到《三字经》,中原传统教育一直是中华传统文化的支柱,也是世界文化的一部分。

中原传统教育在现代社会中仍然具有很大的现代价值,它可以帮助人们更好地理解和适应现代社会,更好地应对挑战和机遇。通过对中原传统教育的探讨,我们不仅可以更好地理解中国传统文化和教育体系,还可以从中获得启发,以应对当今全球教育领域的挑战。让我们一同踏上这段富有历史和现代价值的探索之旅,深入地了解中原传统教育的精髓,以及它在塑造人们的思想和行为上所起的作用。

第一节 中原传统教育的历史渊源

教育是伴随着人类的诞生而产生的一种社会现象,本节主要从远古时代开始到商周、秦汉、唐宋等朝代的教育制度和教育思想入手,通过从中原地区传统教育的特点和影响两方面介绍中原传统教育的历史渊源。

教育作为文化的一个重要组成部分,从来就是与文化联系在一起的,同时也正是有了教育,有了育才的学校,才使得某一特定的民族文化传统和精神得以传播、弘扬、发展和更新。与悠久的中华文明相对应,中国古代很早就产生了学校,先后出现了官学和私学两种办学形式。在历史发展过程中,这两种基本办学形式有时此消彼长,更多的时候则是相互补充、协调发展。无论是官学,还是私学,它们在长期的办学实践中都积累了许多丰富的教育经验。

距今约 70 万年至 20 万年的"北京人"已经知道如何制作简单的石器工具,并懂得用火去烧熟食物。为了使年轻一代能够更好地生存下去,长辈很自然地把如何制造石器和运用火种的知识告诉给晚辈,这就渐渐地产生了最初形式的教育活动。古书记载"(燧人氏)钻燧取火,教民熟食""伏羲氏之世,天下多兽,故教民以猎""神农……教民农作",等等,都属此类教育活动。这

种教育由于没有固定场所和特定对象,教育内容也只是根据一时一地的生产和生活需要而定,具有很大的随意性,实为简单的生产或生活教育。

只有当人类文明和语言文字发展到一定程度,社会从第一次畜牧业与农业的大分工进入到农业和手工业的大分工,特别是社会劳动产品有了相当的剩余,使得一部分人可以脱离体力劳动成为脑力劳动者,而这部分人又觉得有必要将某些专门知识和经验有目的、有计划地传授给下一代时,这时候才有可能出现专门的教育机构——学校。

据古籍载,距今4000多年的夏朝,已经出现了学校。《孟子·滕文公上》记载道:"夏曰校。"《礼记·王制》称:"夏后氏养国老于东序,养庶老于西序。"商朝时,我国奴隶制社会在政治、经济和文化等方面都有了进一步的发展。商朝的学校名称,除"庠""校""序"以外,还出现"学""大学""瞽宗"等称谓。由此证明当时已具备了学校的基本形态。

西周时,学校制度初具规模。西周学校包括国学和乡学两个系统。国学是中央官学,设在王城和诸侯国都里;乡学则是地方官学,设在郊外的乡、州、党、闾等地方行政区域之中。国学中的教师由大司乐、乐师、师氏、保氏、大胥、小胥、大师、小师、龠师等官吏担任;乡学中的教师由大师徒、乡师、乡大夫、州长、党正、父师、少师等官吏担任。由于集二任于一身,他们不光是把学校作为教学的场所,也时常在国学的辟雍举行祭神祀祖、军事会议、献俘庆功、练武奏乐等社会活动;而乡学既是学校教学之地,又具议政和教化的功能。这种"政教合一"的办学模式对后代社会产生了重要的影响。

西周时期形成了以"六艺"为核心的教学内容。礼、乐、射、御、书、数的"六艺"教育萌芽于原始社会末期,商朝时已有初步发展,至西周则达到较为完备的形态。"礼"是政治伦理课,体现了宗法等级制度下的伦理政治规范,包括吉礼、凶礼、宾礼、军礼、嘉礼诸项。"乐"是综合艺术课,包括音乐、诗歌和舞蹈。"射""御"则是军事训练课。"书""数"是作为基础文化课进行学习的。"六艺"是西周官学的基本内容,国学、乡学都必须学习,仅在要求上有一定的层次差别而已。

在中国封建社会2000多年漫长的历史长河中,中国人民创造了许多辉煌灿烂的民族文化和文明成果,并善于通过学校不断传播、发展和更新。此时学校已有官学、私学和书院。

一、官学

随着统一的封建帝国逐步成型,一种带有新质的官学也在母体中开始孕育着。齐国在稷下所办的稷下学宫,可以说是一次很好的新官学尝试,它并没有固守三代官学的窠臼,而是主动吸收了当时私学自由办学的某些优点并加以创新,这对后来封建官学的发展产生了十分深远的影响。秦始皇虽然统一了中国,但他崇尚"以法为教",无论是官学还是私学都受到排斥。中国封建官学制度的初步形成当从汉武帝兴学时算起,经历代王朝的不断发展而趋于完善。

汉代太学盛行的是经师大班讲课与学生课外自修相结合的教学形式。当时经师大班集体教学,称"大都授";学生则须在"正业"外,自觉养成"居学",即课外自修习惯。宋代官学在教育实践中又推出新的教学形式——分科教学,使"好尚经术者、好谈兵战者、好文艺者、好尚节义者"等不同爱好者"以类群居讲习"。这种新的教学形式由于考虑到学生个性特点,颇受学生欢迎,培养了许多"明体达用"的人才。明代国子监的"历事制",实际上也是一种教学制度,即让监生经过一段时间的校内学习后,到政府去实习3个月或半年,然后经考试分上、中、下三等,上等者选用,中、下等者继续实习,之后再次考试定夺,量才任用。上述各种官学教学形式都各具特色,对提高教学质量和培养人才具有重要的意义。

二、私学

私学是在奴隶制官学衰朽过程中脱颖而出的新兴办学形式。它的出现不仅繁荣了学术文化,形成"百家争鸣"的局面,而且培养了许多杰出人才,为中央集权封建王朝的最终形成立下了汗马功劳。此后,历代封建王朝主政者虽然热衷于官学建设,但对私学基本上也不予禁绝,使私学在2000多年的历史长河中得以绵延和发展,形成了与官学不同的办学特色,并在一定程度上减轻了封建王朝国家办学的压力。

私学的特色有两个方面:

第一,形成了相对自由的办学方针和独特的教学风格,推动了中国封建社会学术思想和科技文教事业的综合发展。

私学,在办学方针、内容和方式上往往有相对的灵活性和自由独立性。这种情况在先秦诸子私学中表现得尤为突出。私学大师孔子即是以博大的胸怀,提出"有教无类"的办学方针,体现了广收精选、诲人不倦的大教育家风范。墨子进而提出了"主动往教"的流动教育形式,以扩大自己学术教育思想的影响层面。一时孔墨显学传为私学佳话。

第二,私学承担了封建社会的启蒙教育任务,弥补了国家官方办学的不足,并在实践上取得了一些成绩和经验。

封建社会中、后期的地方官学也只能实行到州(府)、县,县以下的初级启蒙教育,官方已很难顾及,主要由私学承担,统称蒙学。蒙学作为封建教育的基础,历来为许多教育家所重视,他们在长期实践过程中逐渐摸索出一整套融知识性、伦理性和趣味性于一体的启蒙读物,并在教学、管理上进行了一些可贵的探索。

三、书院

书院是我国唐末以后逐渐兴起的具有独特办学形式的高等教育机构。起初,书院只是官方藏书、校书之所,如唐代的丽正书院和集贤书院。私人雅善其名,也常把自己的书房、书楼、书舍,别称书院。真正具有讲学性质的书院,至五代末期才基本形成。经北宋的初步发展和南宋的突飞猛进,一些著名书院,如白鹿洞书院、岳麓书院、崇山书院、石鼓书院、应天府书院等脱颖而出,形成了自己独特的办学风格,为当时的人才培养和学术繁荣作出了重要贡献。早期书院多属自由办学的私学性质,办出成绩后常受到政府嘉奖和帮助;元代以后的书院则多走向官学化,为官府所操纵。书院能够绵延1000多年,这本身也说明书院的某些优良传统始终是存在的,并由许多教育家所继承、弘扬和发展。中国书院既不同于官学,又与一般私学有所区别,是私学发展的高级形态,有其独到的办学特色。

第一,注重教学与学术研究的结合,形成了学术研究的自由争鸣风气。中国古代的学校教育是以儒家教育为主线,书院也离不开对儒家经典——

"四书""五经"的教学。但与官学不同,书院教师不只是一般地灌输经典知识,往往更强调在自己学术研究的基础上进行教学活动,而教学活动的广泛开展,又是其学术研究成果得以传播和深化的重要条件。因此,凡是学术研究发达的地方,一般也是书院兴盛之处,一时一地的学术带头人,也就很自然地成为该时该地的书院主持人。例如,宋代的福建武夷山、江西的庐山、湖南的岳麓山、浙江的婺源之所以成为学术研究中心,即是因为当时学术带头人朱熹、张栻、吕祖谦等理学大师在这些地方分别创建、修复或主持过众多书院,如沧州精舍、白鹿洞书院、岳麓书院、丽泽堂等。明中叶的书院复兴,可以说是与王守仁等人所进行的创造性心学研究密不可分。清代出现了一批训诂书院,则形象地反映了汉学家学术研究的巨大成就,许多汉学家就是书院的实际主持人。书院也基本形成了学术研究的自由争鸣风气。

第二,注重学生自修与教师指导的结合,着眼于学生独立研究能力的培养。从渊源上讲,自修与指导相结合的教学方式可追溯到先秦诸子百家的私学实践。《礼记·学记》总结说:"君子之于学也,藏焉修焉,息焉游焉。"汉代太学除经师大班讲学外,课外自修实为学生的本职。书院继承并发扬了这个宝贵的教学经验,并在实践上广泛应用。朱熹特别强调读书须有疑,有疑而自己深思未得者,即可去问询书院的教师,这就叫作"质疑问难"。朱熹在长期指导学生读书的书院教学中逐渐形成了自己独特的"读书法",其门人把它概括为"循序渐进""熟读精思""虚心涵泳""切己体察""著紧用力""居敬持志"6条,颇为后世读书人所推崇,产生了十分深远的影响。书院学生还在广泛读书过程中进行独立的学术研究,并形成论文或著作,由书院出资刻印。

第三,注重优美的自然环境(校园建设)与和谐的人文环境(师生关系)的结合,继承和发扬了中华民族尊师爱生的优良传统。中国古代的著名书院大多建在山水优美的宁静高远之处,如白鹿洞书院选择在江西庐山五老峰下,岳麓书院在湖南长沙岳麓山抱龙洞下,沧州精舍、竹林精舍和考亭书院在武夷山中,学海堂在越秀山,等等。除了优美的自然环境外,中国古代书院也十分重视和谐的人文环境,注意养成融洽的师生人际关系。早在先秦,孔子就为人们树立起"学而不厌""诲人不倦"的人师楷模,并在求"道"基础上与弟子们结成了深厚融洽的师生情谊。但后代的官学教育因过多地渗入世俗成

分,致使往日融洽的师生关系逐渐松弛以至消失,师生之间"漠然如行路人"(朱熹语)。但书院情形与之相反,师生之间以学问为重,真诚相待,常有情感交流和问学之乐。

综上所述,中国封建社会的学校制度基本上是官学、私学以及私学的高级形态——书院所组成。官学固然是封建社会学校的主渠道,但它时常因某一封建王朝的衰败而衰微,而此时私学反而有一个较好的发展;有时候官学因政治清明而兴盛,私学规模转而有所缩小;但更多的时候则是官学与私学相互补充、协调发展,构成了多样化的学校格局,共同承担中华民族人才培育的神圣使命。

第二节 中原传统教育的教育思想

中原传统教育的儒家教育思想,源于中国古代的儒家文化传统,是中国古代教育的主要思想之一。儒家教育思想强调道德修养和人格塑造,注重家庭和社会的教化,主张通过教育来促进社会的和谐与稳定。儒家教育思想的核心是"仁爱""礼仪""孝道""忠诚""诚信"等传统价值观念。在教育实践中,儒家教育强调师生关系的重要性,注重师者的道德修养和人格塑造,认为师者应该以身作则,成为学生的楷模和榜样。同时,儒家教育也注重知识的传授和学习方法的培养,强调"读书为先",认为通过阅读、思考和实践来增加知识和提高素养是非常重要的。在儒家教育中,教育是一种道德修养和人格塑造的过程,强调学生的全面发展和自我实现。通过教育,可以培养学生的人格、品德、能力和智慧,促进他们成为德、智、体、美全面发展的人才。

儒家教育的核心价值取向包括:

(1)仁爱,儒家教育追求的最高境界,即以仁爱之心待人处事,关心他人,注重人际关系,建立和谐社会。

(2)尊重,儒家强调尊重他人、尊重传统文化、尊重知识和智慧,在教育中,儒家主张要尊重学生的个性和价值观,引导他们自主发展。

(3)实用,儒家教育注重实用性,强调学以致用、知行合一,培养能够为社会作出贡献的人才。

(4)自我完善,儒家教育主张培养人的自我完善能力,通过自我修养、学习知识和实践经验,提高人的素质和境界。

(5)社会责任,儒家教育强调社会责任,认为教育的目的在于提高人的品德和修养,使其有能力和意愿为社会作出贡献。

道家的教育思想价值取向主要包括:

(1)尊重自然、顺应自然规律,追求"天人合一"的境界,体现了人与自然的和谐相处,强调了生态文明建设的重要性。

(2)强调自我修养和自由发展,体现了人的价值观和人的内在精神追求的重要性,有利于培养健康、自信、自主的人格。

(3)主张"清静无为",反对过度干预和指导,有利于培养学生自主、独立思考和创新精神。

(4)强调道德品质的培养,提倡"求道修身",有利于培养学生的道德修养,塑造积极向上的人生态度。

墨家的教育思想强调以德治国与平等教育。首先,墨家认为,德行高尚的人应该成为领袖,所以主张让人们学习道德和修养,而非仅仅是技能和知识。他们认为,只有德行高尚的人才能够领导国家,建立和谐社会。其次,墨家强调平等教育。他们认为,每个人都应该有机会接受教育,而不应该因为贫穷或出身低微而受到限制。墨家提倡普及教育,以便人们能够更好地了解社会和政治,提高自己的能力和智慧。墨家还主张教育应该注重实践,而不仅仅是理论,他们认为,只有通过实践才能真正掌握知识和技能。

中国古代教育源远流长,涌现了一大批举世闻名的教育家,这些教育家的教育生涯和思想又促进了教育的发展,并成为中国教育史乃至世界教育史的宝贵财富。

一、孔子

孔子,名丘,字仲尼,鲁国陬邑(今山东曲阜)人。祖辈是贵族,但到其父亲时家道中落。3岁丧父,家境贫寒,但孔母教育有方,使孔子从小养成勤奋好学的习惯。孔子一生从事教育活动40余年。他虽然不是私学教育的首创

者,但办学的规模却是最大的,影响也最为深远。据《史记》载,其弟子多达3000人,精通六艺者72人。所以孔子在政治上虽然不得志,但他对我国及世界教育史的卓越贡献,使他成为中国古代教育思想当之无愧的奠基人。孔子非常强调教育在人成长过程中的重要性:"性相近也,习相远也。"(《论语·阳货》)这就是说,人的本性本来都很接近,但由于后天的教育和学习使人性产生了差别。关于教育对象,孔子打破官学的等级限制,提出"有教无类"的主张,使那些愿意学习的人,无论贫富贵贱,不问国籍何地,一律享有同等的受教育的权利,这就为士民阶层创造了受教育的机会。而且,只要学生诚心求教,潜心求学,孔子都会热心教诲,不论其过去的经历如何,都是一视同仁。孔子相信教育的力量,相信教师能使各种人化恶为善,化愚为智。在教育内容上,孔子沿用传统的六艺,但使用的教材则是他自己花了多年心血整理加工而成的《诗》《书》《礼》《乐》《易》《春秋》等6部著作,这些著作也成为后世儒家供奉的经典。孔子还特别强调教学的双向互动,在他看来,教学过程不仅是教师教的过程,更重要的是学生学与习的过程。孔子把学生的学习过程概括为"学、思、行"三步。孔子还在教学过程中总结出许多教学原则,譬如,"因材施教""启发诱导""学思并重""温故知新"等。孔子在教学上的光辉成就以及他伟大的人格魅力,使他深受弟子及后人的敬仰。所以,他被后人尊为"至圣先师"。

二、孟子

孟子,名轲,今山东邹县人。孟子早年丧父,孟母贤惠。为改善孟子的教育环境,孟母曾三迁其居,而且为了让孟子明白学习的重要性,不惜引刀断织。孟子果然不负母望,终于成为著名的学者和教育家,被后世尊为"亚圣"。在教育思想上,孟子以性善论为基础。孟子认为:"恻隐之心,人皆有之;羞恶之心,人皆有之;恭敬之心,人皆有之;是非之心,人皆有之。"(《孟子·告子上》)"人皆可以为尧舜。"(《孟子·告子下》)孟子强调教育的作用在于存心养性。孟子还认为环境对人的品德有重要影响:"富岁,子弟多赖;凶岁,子弟多暴。"(《孟子·告子上》)孟子还是中国古代第一个提出人才教育的思想家。"得天下英才而教育之,三乐也。"(《孟子·尽心上》)在如何培养人才的问题上,孟子继承并发展了孔子"因材施教"的思想,提出"教亦多术"的思想:"君子所以教者五:有如时雨化之者,有成德者,有达财者,有答问者,有私淑艾者。"(《孟子·尽心上》)这亦即是说,最聪明的学生可以像时雨对草木,一点化就迅速成长;有些学生可以培养他们的德行和才能;有些学生只求解答其疑问;有些学生不能亲自面授施教,可以私自间接施教。此外,孟子还提出要处理好成才理想与兴趣爱好的关系。为此他主张为了理想,应放弃不适宜的兴趣与爱好。"人有不为也而后可以有为。"(《孟子·离娄下》)"人皆有所不为,达之于其所为,义也。"(《孟子·尽心下》)

三、荀子

荀子,名况,战国后期赵国人。他是孟子之后的又一位儒学大师。他对先秦的诸子百家学说进行了概括性的总结,尤其关于教育,荀子做过深入的研究。荀子可以说上承孔孟,下接易庸,旁收诸子,开启汉儒,他的教育思想蕴含许多朴素的辩证法和唯物主义观点。其中的《劝学》《礼论》《修身》《性恶》等都被后世奉为儒家教育的经典之作。荀子的教育思想是以其"性恶论"为基础的。荀子认为人与生俱来的本能是"性",后天学习所得是"伪"。人的本性是恶的,但人可以通过后天的学习成善,即"化性起伪"。荀子的教育观也蕴含了朴素的辩证法思想。他首先肯定"凡以知,人之性也;可以知,物之理也。"(《荀子·劝学》)这也就是说,人有认识客观事物的能力,而客观事物有被认知的可能。所以,荀子强调人类要有目的、有步骤地认识书本知识和客观真理。"故学数有终,若其义则不可须臾舍也。""君子之学也,入乎耳,着乎心,布乎四体,形乎动静。"(《荀子·劝学》)这与现代教学理论提倡的学习四阶段论已非常接近。"入乎耳"即感知教材阶段;"着乎心"即理解教材阶段;"布乎四体"即巩固知识阶段;"形乎动静"则是运用知识阶段。在学习方法上,荀子强调学思行的结合。在他的理解看来,学是思的基础,思是学的深入,行是学的目的。而且,荀子认为学习要锲而不舍:"锲而舍之,朽木不折;锲而不舍,金石可镂。"(《荀子·劝学》)荀子还特别强调教师在教学活动中的作用。荀子认为教师在教学中起决定性作用,应该拥有绝对的权威。"人有师法而知,则速通。""人无师法,则隆性矣;有师法,则隆积矣。"(《荀子·儒

效》)所以,在荀子看来,学生学习的捷径就是接受教师当面的指教。

四、墨子

墨子,名翟,战国初期宋国人。墨子出身微贱,做过车工,是名出色的工匠,造过许多兵器,他止楚攻宋的故事流传至今。墨子创立的墨家学派,重视科学教育和生产劳动,墨子也因此而成为我国古代科技教育的首创者。墨子及其弟子所著的《墨经》包括了力学、光学、几何学、军事学等许多内容。在教育思想史上,墨子反对不劳而获:"今有人于此,有子十人,一人耕而九人处,则耕者不可以不益急矣。何故?则食者众而耕者寡也。"(《墨子·贵义篇》)墨子也提倡道德教育,主张培养学生的"利他"观:"利人乎即为,不利人乎即止。"(《墨子·非乐上》)墨子认为教育的目的是培养"兼士",即"有力者疾以助人,有财者勉以分人,有道者劝以教人"(《墨子·尚贤下》)。教学方法上,墨子主张"扣则鸣,不扣必鸣"。教师不仅要教主动求学之人,还要主动去教不来求学之人。墨子还特别强调培养学生的逻辑思维能力,学会"察类""明故",即分辨是非和探求事物之间因果关系的能力,以便能"以往知来""以见知隐",从而对未来作出准确的预测,以减少盲目性。墨子的这一教育思想,对现代教育仍不无启示。

五、董仲舒

董仲舒,汉代著名的思想家、教育家。他自幼熟读儒家经典,中年时开始收徒讲学。汉景帝时被选任博士,汉武帝时任策问,后任皇族封国江都和胶西国相。60岁时以病告退,晚年致仕居家,史书记载他"终不治产业,以修学著书为事"(《汉书·董仲舒传》)。董仲舒和先秦儒家一样,从人性入手分析教育的作用。董仲舒综合继承了孔子的上智下愚观、孟子的性善观和荀子的性恶论,提出"性三品"的观点。在他看来,人性分上、中、下三等,即天生纯善的"圣人之性",天生有善恶之质的"中民之性",天生纯恶的"斗筲之性"。在他看来,圣人之性,情欲很少,不教也能善;中民之性,虽有情欲,但可善可恶,因而对这种人教育就显得特别重要;至于斗筲之性,由于情欲多、教也难以为善。董仲舒任汉朝官员时,推行了许多教育政策:他力主放弃汉初崇尚道家

"清静无为"的主张，提倡儒家的"仁政德治"，进而向统治者建议"罢黜百家，独尊儒术"。另外，他也主张养士和举士结合。"养士之大者，莫大乎太学。太学者，贤士之所关也，教氏之本原也。"汉武帝正是采纳了董仲舒的建议，在京师长安设立中央官学太学，在州郡则设地方官学。由于董仲舒品学出众，许多人慕名前来求学。弟子太多，董仲舒难以一一面授，提出了"弟子传以久次相授业"的办法，也就是让学习时间长、学业优秀的弟子去辅导初来学习的弟子。这实际上是让学有所成的学生成为教师的助手，参与教学实践。当时的教学实践就已证明，这不失为一种培养学生的好办法。

六、朱熹

朱熹，南宋著名的思想家和教育家。宋史记载，朱熹从小聪明好学。他5岁就读《孝经》，10岁开始学《大学》《中庸》《论语》《孟子》，18岁即以优异成绩"举建州乡贡"，20岁被"授泉州同安县主簿"，开始了他的仕途生涯。后因上谏被宋孝宗拒纳，才辞官全心投入教育活动和学术研究。他一生从教50年，积累了丰富的教学经验。在教育生活中，朱熹根据人的年龄、心理和思维特点，把学校划分为小学、大学两个阶段。他认为小学教育是基础，好比"打坯模"："古者，小学已自暗养成了，到长来，已自圣贤坯模，只就上面加光饰。"（朱熹《小学辑说》）由此，朱熹专门编写了适合儿童阅读的教材和读物。朱熹还特别重视道德教育。朱熹认为学生只有养成了较高的道德修养，才能使学得的知识发挥正当的作用。特别受后人推崇的是，在教学过程中，朱熹总结了许多读书方法，后人称为"朱子读书六法"，即"循序渐进""熟读精思""虚心涵泳""切己体察""著紧用力""居敬持志"。在这六法中，"循序渐进"强调的是读书要有计划、有秩序。

第三节　中原传统教育的制度

中原传统教育是指中国古代以中原地区为中心的传统教育，本节主要介绍中原传统教育制度的主要内容以及中原传统教育制度对中原文化的贡献。

中原传统教育制度主要包括:

(1)师徒制度,即传统教育以师传徒为主,师傅教授弟子知识,传授技艺,弟子则恭敬、侍奉师傅。

(2)科举制度,即中国古代选拔官员的考试制度,考试内容包括经史子集、诗词歌赋等。科举制度创始于隋朝,一直延续到清末。

(3)家塾制度,即私人创办的教育机构,通常由一位或几位先生负责授课,招收弟子学习儒家经典和文化知识。

(4)儒学传统,儒家思想是中原传统教育的核心,主要包括四书五经和注疏等经典,以及儒家文化的思想体系和价值观。

以上是中原传统教育的一些制度,这些制度一定程度上影响了中国古代的文化和社会发展。

一、师徒制度

中原传统教育的师徒制度是中国传统文化中一种重要的教育方式,它是一种长期传承的教育模式,通过师傅传授知识和技能,培养弟子的能力和素质,使弟子成为行家里手。在师徒制度中,师傅对弟子的教育方式主要是口传心授,即通过口述和示范的方式向弟子传授知识和技能,弟子则需要认真聆听和模仿,反复练习,直到掌握为止。除了技术方面的教育外,师傅还会传授道德规范、职业操守等方面的知识,培养弟子的品德和道德观念。在古代,师徒制度在许多职业中都有广泛应用,如医生、工匠、文人、武将等。这种制度不仅有助于知识和技术的传承,还有助于社会稳定。而在现代社会,师徒制度的应用也得到了一定的重视,尤其在手工艺、传统文化等领域,一些企业和组织也开始重视这种传统的教育方式,希望通过师徒制度来传承和发扬中华优秀传统文化。

二、科举制度

科举制度是中国古代的一种选拔官员的考试制度,该制度以考试为核心,通过选拔优秀的人才来选拔官员,从而推动了中国封建社会的政治、文化、教育等各个方面的发展。科举制度包括乡试、会试和殿试3个阶段,每个阶段都是一次选拔。首先是乡试，也称解试，由地方政府主持，在各省、直隶州府的县城举行，考试范围为经义、诗文等文化科目。通过乡试者可以称为举人，获得一定的社会地位和机会。接下来是会试，也称进士科，由朝廷主持，在京城举行，考试范围同乡试，但难度更大。通过会试者可以获得进士头衔，并且可以参加下一阶段的殿试。最后是殿试，由皇帝主持，在皇城举行，考试范围为政策、礼制等政治科目。殿试分三甲录取，一甲第一名为状元，第二名为榜眼，第三名为探花，可获得官职。

科举制度对中原文化产生了深远影响，同时在中国文化史上也扮演了关键角色：

（1）科举制度是中国古代选拔官员的主要方式，通过考试选拔出优秀的人才来担任政府职务。这有助于培养并吸引杰出的士人，推动政府有效管理和维护社会稳定。

（2）促进文化传承。科举考试涵盖了儒家经典和文学作品等多个领域的知识，有助于传承文化知识，弘扬儒家思想，维系了中国传统文化的连续性。

（3）强化儒学思想。科举制度强调了儒学思想的重要性，因为儒家经典是考试的主要内容之一。这有助于弘扬儒家文化价值观，促进中国文化的伦理和道德教化作用。

（4）促进社会流动性。科举制度为社会提供了一种相对公平的机会，使来自不同社会阶层的人有机会通过学习和考试提升自己的社会地位。这有助于社会流动性，减缓社会不平等问题。

（5）促进文化统一。科举考试标准一致，吸引了来自全国各地的学生前来参加考试。这有助于促进文化统一和文化交流，加强了中国的文化认同感。

三、家塾制度

家塾制度可以追溯到先秦时期。家塾是家庭教育的一种形式，也是中国古代教育的重要组成部分。家塾制度对中原文化以及中国文化的影响主要表现为：

（1）传承文化知识。家塾是中国古代教育体系的一部分，通过这一制度，家长或私人教师向学生传授知识、技能和文化。这有助于传承包括儒家经

典、文学、历史等方面的知识。

（2）个性化教育。家塾制度提供了一种个性化的教育方式，教师可以根据学生的特点和需求进行有针对性的教育。这有助于培养学生的个性和才能，推动多样化的学习和思考方式。

（3）儒学思想传播。家塾常以儒学经典为教材，如《论语》《大学》《中庸》等，这也使得儒家思想在这些私人教育中得到深入研究和传承。

（4）社会精英培养。家塾制度培养了许多杰出的士人和领袖人物，他们在政府、文化、社会领域都起到了重要作用，为中国社会的发展和进步作出了贡献。

（5）促进文化交流。家塾制度促进了文化交流，吸引了来自不同地区的学生前来学习。这有助于不同地区的文化互通互鉴，促进了文化多元性和融合。

四、儒学传统

中原传统教育的儒学传统对中原文化的贡献极为重要，儒学一直是中国文化的核心价值观和思想体系。其表现为：

（1）伦理道德的传承。儒学强调伦理道德、礼仪和道德规范的重要性。它教导人们如何正确规范自己的行为，因此促进了社会和谐。

（2）社会秩序的维护。儒学思想强调了社会层面的和谐与秩序，认为君子应该以德行来影响社会，倡导仁爱、忠诚和孝顺等美德，有助于维护社会的道德纪律和社会秩序。

（3）教育体系的建立。儒学传统促进了中国古代的教育体系建设，包括私塾、家庭教育和官学等。

（4）文化的传承。儒学重视文化传承，鼓励学习和传播古代文化经典。这有助于保持文化的连续性和传统价值观的传承。

（5）教育的普及。儒学强调知识的重要性，鼓励人们追求学问和知识。这促使了中国社会对教育的普及和推广，为更多人提供了接受教育的机会。

（6）政治哲学的贡献。儒学不仅涉及伦理和道德，还包括政治哲学方面的讨论。儒家思想为中国的政治体系提供了理论基础，为政治治理提供了重要的思想支持。

第四节　中原传统教育的现代价值

中原传统教育注重培养学生的品德修养,包括诚信、勤奋、恭敬、谦虚、孝顺等。这些品德与现代社会的职业道德和社会道德一致,是现代社会所需要的。中原传统教育,即古代中国的儒家教育,包括经典阅读、礼仪道德等方面。

一、经典阅读与思维训练

中原传统教育重视经典阅读,培养学生的文化素养和思维能力。这种思维能力在现代社会中仍然具有很重要的价值,能够帮助学生在复杂的信息世界中更好地提取信息、应对挑战。

(一)经典阅读

阅读中原文化中的经典,可以帮助个体拓展智慧、培养道德品质。

(1)儒家经典阅读:儒家经典,如《论语》《大学》《中庸》等,通过深入阅读这些经典论著,可以学习儒家的伦理观、道德原则和人际关系理念,思考其中的经典格言和故事,尝试理解并应用到日常生活中。

(2)道德哲学阅读:中原文化也包括道家和墨家等不同的哲学流派,阅读哲学经典文献,了解道家的思想或者研究墨家的理念,这有助于深化对中国传统哲学的理解。

(3)历史文献阅读:中原文化有着悠久的历史,研读古代历史文献,如《史记》《资治通鉴》等,可以有助于了解中国历史的发展和演变,从中汲取历史经验和智慧。

(4)文学作品阅读:文学作品,如《红楼梦》《三国演义》《西游记》等,通过阅读这些作品,可以领略中国文学的艺术和文化内涵。

(二)思维训练

如何通过经典阅读进行思维训练,以下是一些建议:

(1)选择经典文献。选择一些被广泛认可的经典文学作品、哲学著作、历史文献或其他领域的重要作品。这些经典作品通常有深刻的内涵和价值观,能够提供丰富的阅读和思考材料。

(2)主动阅读。阅读时要保持主动性。不要仅仅浏览文字,而是深入思考每一个观点、情节或论点。提出问题,尝试理解作者的意图和观点,并思考如何将其应用到现实生活中。

(3)使用笔记和标注。在阅读经典文献时,使用笔记和标注来记录重要的想法、名言、关键概念等,这有助于巩固你的理解,并在以后的讨论和思考中提供便捷的参考资料。

(4)反复阅读。经典文献通常非常丰富,多次阅读同一篇文献可以帮助你更好地理解和吸收其中的知识,每次阅读时,尝试着关注不同的方面或主题。

(5)讨论和交流。参与讨论、与他人分享自己的想法以及与他人共同阅读经典文献,这些都是非常有益的。通过与他人的交流,可以从不同的角度看待文献,获得新的观点和见解。

(6)扩展阅读范围。不要局限于某一领域或时间段的经典文献。尝试涵盖不同主题和不同时期的经典,这样可以更全面地培养个人的思维和知识。

(7)思考挑战性问题。提出挑战性问题是培养思维能力的重要方式。

二、礼仪道德

中原文化中蕴含了许多重要的礼仪道德,主要包括以下几个方面:

(1)仁爱。仁爱是儒家思想的核心概念之一,强调关爱和同情他人,它教导人们要发展出对他人的理解和关心,培养善良、慈悲和宽容的品质。

(2)义。义是指道德的正确和行为的正义,它要求个人在面临道德抉择时选择正确的行动,追求公平和正义。

(3)礼。礼在中原文化中具有重要地位,强调社会规范和仪式,它教导人们要尊重传统、尊重长辈,保持社会秩序和谐。

(4)孝道。孝道强调尊敬父母和长辈,将家庭放在高尚的位置上,它认为孝顺父母是一个人最基本的道德责任之一。

(5)忠诚。忠诚是指对国家、家庭和朋友的忠诚和承诺,它强调了对承诺的信守,对团队和社会的责任感。

(6)廉洁。廉洁强调正直、诚实和廉洁无私,它教导人们要远离腐败和不正当行为,坚守道德原则。

(7)中庸。中庸是一种平衡的伦理观,强调适度,它认为过度的极端行为是不合适的,提倡在各个方面追求平衡和中庸之道。

(8)诚信。诚信是指诚实和守信,它认为信用和信任是社会稳定和个人成功的基础。

这些道德伦理观念在中原文化中扮演着重要的角色,不仅影响了个人行为和社会交往,还对中国社会的价值观和道德规范产生了深远的影响。

第五章 中原文学及艺术文化

第五章 中原文学及艺术文化

文学是一种以语言和文字作为媒介工具,表达客观世界和主观认识的方式和手段。从学术角度而言,文学就是以语言为手段塑造形象来反映社会生活、表达作者思想感情的一种艺术。在中国的学科教育上,艺术一直是文学的分支和附属。从文学的角度来看,文学就是语言文化的艺术,扮演着艺术生活的主角,艺术的产生往往需要坚实的文学作基础。有了文学和艺术,我们就有了一种表达自己情感的途径,就有了一种精神上的寄托和享受。

第一节 中原文学

一、中原文学的渊源与发展

(一)中原文学的起源

中原文学诞生于深厚的历史文化传统之中,现在的中原文化是一个泛指,指的是一个区域,并不具体指一个地方。它是中原地区物质文化和精神文化的总称。中原文化以河南省为核心,以广大的黄河中下游地区为腹地,逐层向外辐射,影响延及海外。中原地区是中华文明的摇篮,中原文化是中华文化的重要源头和核心组成部分。

中原文化的萌芽时期可以追溯到史前的新石器时代,从新石器时代中期开始,自东向西的磁山文化、裴李岗文化和老官台文化在中原崛起,它们之间联系紧密,已经形成一个较大的文化区域,与同一时期周边文化的孤立发展相比,已表现出明显的发展优势。新石器时代晚期的仰韶半坡文化是由老官台文化发展而来,向北发展到陕北地区,沿黄河扩展至洛阳,经汉水流域影响到南阳盆地。

文学和文化的关系是非常密切的。文学与文化同源,文学本身就是文化的重要组成部分。文学的发展和文化的发展同步,贯穿于文化活动过程的始终。文学反映着文化的内容、性质和特征,是文化的重要成果,也是文化的载体之一。文学是文化交流与传播的重要形式,并且对文化的交流与传播发挥

着重要作用。文学产生于文化,反过来又对文化的构成和发展具有重大影响。中原文化源远流长,博大精深,其内容和特点,都对中原文学产生了直接的重要影响。中原文化对于中华文化来说居于源头与核心的地位,是中华文化的主体部分,因而中原文学实际上与中华文学同源,是中华文学的重要组成部分。中原文学是中原文化的重要成果,中原文学所反映的历史进程、社会生活、思想观念、风情民俗等,也是中原文化的重要内容。

(二)中原文学的发展

如果从整个中国古代文学发展的大背景来观察中原文学,可以明显地看出,以北宋王朝的建立为界,中原文学可分为前后两个大的历史阶段。在前一阶段中,中原文学的发展同全国文学的发展是同步的,其主要形式是诗与文,主要内容是抒情与明理。在后一阶段中,中原文学的发展与全国文学的发展则不完全同步,全国文学的发展趋势是以戏曲、小说为代表的叙事文学逐渐占据主流位置,传统的诗文退居次要地位,而中原文学的发展却表现出相对滞后的状况。

从先秦到唐五代时期是第一个大的历史阶段。在这一阶段中,中原文学的发展与演变大体上又可以分为以下时期。

1.先秦时期

这是中国传统文化和中国古代文学的奠基时期,也是中原文学的奠基时期。根据考古发现,中原地区是中华文明起源的中心地区,传说中的三皇五帝时期都在中原一带建都。到了春秋战国时期,中原地区的文化优势以及文学发展的优势更加凸现出来,在全国处于领先地位。我国最早的散文见于甲骨文中的卜辞,最早的历史散文总集《尚书》,最早的诗歌总集《诗经》,都是在中原地区产生的。还有一部成书于羑里的带有巫文化色彩的哲学著作《易经》,也产生于中原地区。春秋战国的百家争鸣时期,许多文化巨匠都出在中原,如老子、庄子、墨子等都是开宗立派、影响深远的圣哲。先秦时期重要的文学形式——寓言,也以中原地区的作品最为丰富,如《列子》《庄子》《韩非子》中的许多寓言,在中国寓言史上都具有经典的性质。

2. 秦汉魏晋南北朝时期

这是中国文学由不自觉走向自觉的时期,是中原文学群星灿烂的时期。秦朝运短,有著作传世者仅有李斯一人,而他又是河南上蔡人。两汉时期,中原文学以辞赋和政论为主。辞赋方面以西汉贾谊、东汉张衡为代表;政论方面首推贾谊、晁错,还有桓宽的《盐铁论》也别具一格。东汉末年,蔡邕的诗、赋、碑、铭皆有成就,荀悦的《汉纪》是我国第一部编年体断代史,贡献卓著。这些都是中原文学辉煌的篇章,也是中国古代文学的瑰宝。东汉后期抒情小赋和《古诗十九首》的出现,预示着中国古代文学自觉时代即将来临。魏晋时期曹丕《典论·论文》和陆机《文赋》的出现,标志着文学的自觉意识逐渐清醒;五言诗主盟文坛,又标志着文学已摆脱了两汉经学的附庸地位而成为一个独立的社会意识形态的存在。南北朝时期,文学理论和文学批评的繁荣,以及作家对文学形态美的自觉追求和文学体式的增多,更标志着文学自觉意识的成熟,从而为唐代文学的繁荣在理论和实践两个方面奠定了基础。在这个文学由不自觉走向自觉的过程中,中原文学的发展一直是与时俱进、率先垂范的。从东汉末年到南北朝时期,中原文学名家辈出,如以"三曹"、蔡琰和"建安七子"为代表的建安作家,以嵇康、阮籍为代表的"竹林七贤",以左思、左芬兄妹及潘岳为代表的西晋作家,东晋时由中原南迁的家族文学作家群体——谢氏的谢灵运、谢朓,江氏的江淹、江总,庾氏的庾肩吾、庾信等,他们的成就在中国文学史上占有重要地位。此外,干宝的志怪小说《搜神记》、范晔的史传文学《后汉书》标志着文学作品的内容更丰富,形式更多样,他们在中国古代文学的星空中都放射出耀眼的光芒。

3. 隋唐五代时期

这是中国文学的繁荣时期,是中原文学大放光彩的时期。隋朝的建立结束了长期的南北分裂局面,为南北文化的进一步融合创造了有利条件。唐代是我国封建社会的鼎盛时期,政治版图的扩大,经济实力的增强,民族平等政策的推行,中外文化交流的发展,儒、释、道兼容的文化背景,以及科举制度的确立、幕府招士的自由和士人漫游之风的盛行等,都为士人的文学活动提供了宽松的环境和广阔的舞台,为文学的发展创造了合适的气候和良好的土壤。在唐代文学整体繁荣的背景下,中原文学的发展也进入高峰期。中原地

区的社会与经济的发展是唐帝国强大与稳定的基础,东都洛阳长期作为唐朝的陪都,也为唐代文人的聚合与来往提供了更多的机遇。因此,唐代中原地区的本土作家,以及外地文士在中原地区的创作都非常活跃。唐代中原地区的文学家人数众多,而且有许多大家、名家,这是中国文学史上非常值得注意的现象。据不完全统计,至今作品仍然存世的唐代中原地区的作家有400余人,涉及各个文学领域,其成就之高、影响之大,是唐代其他地域的文学无法相比的。例如,初唐时期有上官仪,盛唐时期有祖咏、王湾、崔颢、岑参、杜甫等,中唐时期有韩愈、刘禹锡、李贺、元稹、白居易、王建等,晚唐时期有李商隐、聂夷中、姚合、郑处海等。他们的成就中有诗、文、词及传奇小说等,各体兼备,继往开来,为唐代文学的辉煌作出了突出的贡献,也为中原文学的发展写下了光辉的篇章。

4.宋元时期

这是中国文学的新变时期,是中原文学退潮时期。随着宋朝统治的巩固和社会的相当长时期的稳定发展,城市经济力量壮大,市民阶层迅速崛起,文学发展的总趋势是俗文学的兴起并逐渐在文坛上占据主流位置,叙事与再现成了文学的主要内容。在这个变化过程中,中原文学却有些跟不上文学主流的步伐而显得滞后了。宋元两代,中原地区的作家人数虽然不算少,但缺少像先秦时期的老子、庄子和唐代的杜甫、韩愈那样的主盟文坛的顶尖人物。中国文学史上主导一代文坛的代表性作家中,宋元两代中原作家无人可举。

5.明清时期

这是以小说、戏曲为代表的俗文学在元代文学的基础上又有更大发展并取得辉煌成就的时期。这一时期先后出现了《三国演义》《水浒传》《西游记》《金瓶梅》、"三言二拍"、《聊斋志异》《儒林外史》《红楼梦》等小说名著,这些名著标志着叙事文学的全面成熟,代表着明清文学的主流。同时,诗词、古文这些传统的文学样式在明代依然取得丰硕成果,在清代还一度出现中兴气象,这使清代文学被当代学者认为是中国古代文学的集大成者。而且,中国古代文论在明、清两代也出现了空前繁荣的局面,新论迭出、异彩纷呈。在明清两代中国文学迅猛发展的大背景下,中原文学的成就却显得相当薄弱,这同唐代以前中原文学雄踞全国主体与核心地位的状况无法相比。

(三)中原文学的特点

关于中原文化的特点,近年出现的一些著作或者文章中常见论述,归纳起来,主要有以下四点:

(1)中原文化和全国其他地域文化相比较,长期具有先进性。

(2)中原文化具有连续性。中原文化从最初在这里产生起,在漫长的历史时期内一直延续着,没有间断,其间虽有外来文化的侵入,但是外来文化总是能被中原文化所同化。

(3)中原文化具有开放性和包容性。现在所说的中原文化,实际上已经不是仅仅产生于中原地区的文化,而是四方文化在这里交汇、融合的产物。

(4)中原文化具有官方文化的特点,具有正统性,这是因为从夏、商、周三代起,历代王朝多在中原建都,中原地区长期是中国政治、经济、文化的中心。

中原文化的上述主要特点对中原文学产生与发展的影响,主要表现在以下四个方面:

第一,由于中原文化的历史非常久远,中原文学也就具有起源早的特点,而且早期的中原文学比我国其他地区的文学要发达得多。中国古代文学的源头有很多与中原地区密切相关。理解这个问题可从以下四点来看:

(1)文学的载体——文字起源于中原。早期的文字——甲骨文产生于中原。20世纪初开始在河南安阳陆续发现的甲骨文,说明这里是甲骨文的故乡,而且,相传造字的始祖仓颉是河南人。

(2)文学的原始形式——神话传说起源于中原。现在可考知的最早的传说如,女娲补天、愚公移山、夸父逐日及关于人类起源的传说,都产生于中原。

(3)文学中最重要的文体——诗歌,在中原出现的时间也是最早的。中国第一部诗歌总集《诗经》中的作品,以流传于中原的诗歌为最多。

(4)中原文学在早期同全国其他地域的文学相比,内容最丰富,整体最繁荣。

第二,由于中原文化长期具有先进性,因而中原文学也长期具有先进性。从中国文学的整体发展历程来看,几种主要文体在早期的发展过程中,中原这个地域的文学都保持着最先进的水平。比如,先秦时期的神话传说、诗歌、

诸子散文、策论等,产生于中原地区的作品显然都是最先进的。先秦时期的"楚辞"是一个例外,那是楚文化中值得骄傲的成就。汉代代表性的文学形式是汉赋,其顶峰作家司马相如、扬雄是四川人,那是巴蜀文化的骄傲。中原地区的汉赋作家贾谊、张衡、蔡邕等也都是文学史上的大家。六朝时期的重要文体——志怪小说,其代表性作品《搜神记》的作者干宝是河南人。六朝时文学理论兴起,其中诗歌评论的代表性著作《诗品》的作者钟嵘是河南人。唐代文学代表性文体是诗,而中原地区唐诗的一流作家有一大批,这是其他地区无法相比的。可以说,中原文学的先进性一直保持到唐代,从北宋时期开始衰落。这种衰落,不是一下子就跌落到低谷,而是在宋代仍然保持着一定的优势。由于北宋的都城在汴京,当时这里的讲唱文学和宋官本杂剧在全国仍处于领先地位,到南宋时其中心才转移到江南的临安。

第三,由于中原是中华文化的发祥地,不少文化门类诞生于中原,因而中国文学史上中原的大家、名家特别多。1999年9月,由中国东方文化研究会、河南省东方文化研究会、河南省洪县人民政府和香港孔教学院、香港中华文化有限公司共同主办,在河南洪县召开东方文化中原寻根学术研讨会,会议的中心议题是探讨中华文化的一些代表性门类,如儒家文化、道家文化、墨家文化、兵家文化等在河南的渊源。在这次会议上,来自全国各地的学者一致认为,中国古代许多门类文化的根在河南。儒家文化的代表人物孔子是鲁国人,孟子也是鲁国人,因而儒家文化起源于山东,但是,孔子的祖籍却在宋国,即今河南商丘。后世及当代的孔姓既以山东曲阜为祖根,也以河南商丘为祖根。而且,儒学在后世的重要发展——宋代理学,创始人及代表人物邵雍、程颢、程颐都是河南人。道家始祖老子是河南人,故里在今河南鹿邑;道家另一位代表人物庄子也是河南人,故里在今河南商丘。老子著《道德经》的地方在今河南三门峡灵宝市的函谷关镇。墨家学派的祖师和代表人物墨子的家乡存有争议,一说是河南鲁阳人。兵家文化的重要代表人物鬼谷子在河南云梦山讲学,这里在当代被称为"中国古代第一军校"。此外,隐逸文化的始祖许由也在河南。大量历史事实说明,古代中原地区确实是名家辈出,圣贤如林。当代有人作过统计,说古代河南有"二十圣",如医圣张仲景、诗圣杜甫、画圣吴道子、字圣仓颉(或云许慎)、谋圣姜太公等。

第四,由于中原文化历史久远、积淀丰厚等因素,中原文学长期呈对外扩散的趋势。从先秦以来,历代全国各地的不少作家,若寻根究底进行考察,他们或者祖籍在河南,或者是从中原流散到外地去的。前面说到的孔子是一个例子。战国时期著名的纵横家苏秦、张仪,在秦国大有作为的商鞅、范雎,越王勾践的著名谋臣范蠡,秦国的宰相吕不韦、李斯,都是河南人。其中有文学成就的苏秦、吕不韦、李斯等,是中原文学史上不能不提到的名家。西汉时期的政治中心在长安,这个时代的著名文学家晁错、桓宽都是河南人,由于他们在朝中做官,他们的文学成就实际上是在河南之外取得的。东汉以后,在汉族政权偏安于中原之外的那些时期,中原的文学名家流散到外地的现象非常突出。东晋时由于中原士族大量南迁,南方的许多文学名家实为中原人。

二、中原文学的主要成就

(一)夏商周时期

《易经》发源于中原地区,是传统经典之一,相传系周文王姬昌所作,内容包括《经》和《传》两部分。春秋时期,官学开始逐渐演变为民间私学。易学前后相因,递变发展,百家之学兴,易学乃随之发生分化。自孔子赞易以后,《周易》被儒门奉为圣典,六经之首。儒门之外,有两支易学与儒门易并列发展:一为旧势力仍存在的筮术易;另一为老子的道家易,易学开始分为三支。《四库全书总目》将易学历史的源流变迁,分为"两派六宗"。两派,就是象数学派和义理学派;六宗,一为占卜宗,二为禨祥宗,三为造化宗,四为老庄宗,五为儒理宗,六为史事宗。《周易》是中国传统思想文化中自然哲学与人文实践的理论根源,是古代汉民族思想、智慧的结晶,被誉为"大道之源"。其内容极其丰富,对中国几千年来的政治、经济、文化等各个领域都产生了极其深刻的影响。《易经》为群经之首,设教之书。中国早期社会生产力低下,科学不发达,先民们无法对自然现象、社会现象以及自身生理现象作出科学解释,于是产生了对神的崇拜,认为有至高无上的神的存在并支配着世间一切。人们屡遭天灾人祸时,便想借助神意预知横祸和自身行为后果,以趋利避害。在长期的实践中发明了种种沟通人神的预测方法,其中最能体现神意的《周易》

就是在这种条件下产生的。

《尚书》,最早名为《书》,是一部追述古代事迹著作的汇编。中原地区是我国上古历史的主要活动舞台,《尚书》中记载的大部分内容来源于中原地区,分为《虞书》《夏书》《商书》《周书》,因是儒家五经之一,又称《书经》。《尚书》被列为重要核心儒家经典之一,是历代儒家研习的基本书籍。"尚"即"上",《尚书》就是上古时代的书,它是中国最早的一部历史文献汇编。《尚书》主要记录虞夏商周各代一部分帝王的言行。它最引人注目的思想倾向,是以天命观念解释历史兴亡,以此为现实提供借鉴。这种天命观念具有理性的内核:一是敬德,二是重民。《尚书》的文字晦涩难懂,但它标志着史官记事散文的进步:第一,有些篇章注重人物的语气口吻;第二,有些篇章注重语言的形象化以及语言表达的意趣;第三,有些篇章注重对场面的具体描写。《尚书》的"德治"主张深刻影响了后世。汉代儒家总结历史经验和教训,主张德、力并重。既要重视道德,也要重视国家的实力。例如,王充总结"治国之道,一曰养德,二曰养力",要"文武张设,德力具足""外以德自立,内以力自备,慕德者不战而服,犯德者畏兵而却"。要旨主要有两方面:其一,明仁君治民之道。春秋之世,圣王不作,暴君迭起,人民困于虐政,备受痛苦。为救危世,感化当世人君,史官作《书经》一书,希人主得尧、舜、禹、汤、文、武之道,使天下享尧、舜、禹、汤、文、武之治。因此,阐明仁君治民之道是《尚书》的第一要旨。其二,明贤臣事君之道。周室东迁之后,人臣之事君,远不如往古,乱臣弑君之事屡见不鲜。史官作《尚书》,记古代贤臣事君之道,以使后世取法。

《诗经》,最早的一部诗歌总集,收集了西周初年至春秋中叶(前11世纪至前6世纪)的诗歌,共311篇,反映了周初至周晚期约500年间的社会面貌。《诗经》诞生于中原地区,很多内容都与中原有关。《诗经》中的作者绝大部分已经无法考证,传说为尹吉甫采集、孔子编订。《诗经》在先秦时期称为《诗》,或取其整数称《诗三百》。西汉时被尊为儒家经典,始称《诗经》,并沿用至今。孔子曾概括《诗经》宗旨为"无邪",并教育弟子读《诗经》以作为立言、立行的标准。先秦诸子中,引用《诗经》者颇多,如孟子、荀子、墨子、庄子、韩非子等人在说理论证时,多引述《诗经》中的句子以增强说服力。至汉武帝时,《诗经》被儒家奉为经典。《诗经》内容丰富,反映了劳动与爱情、战争与徭役、压迫与反抗、风俗与婚姻、祭祖与宴会,甚至天象、地貌、动物、植物等方方面面,是周代社会生活的一面镜子。《诗经》关注现实、抒发现实生活触发的真情实感,这种创作态度,使其具有强烈深厚的艺术魅力,是中国现实主义文学的第一座里程碑。

《道德真经》即《道德经》,又称《老子》《老子五千文》,共81章,5000余言,分上下篇。除了朴素的唯物主义观点,《老子》一书中还包括大量朴素辩证法观点,如以为一切事物均具有正反两面,"反者道之动",并能由对立而转化。此外,书中也有大量的民本思想:"天之道,损有余而补不足,人之道则不然,损不足以奉有余""民之饥,以其上食税之多""民之轻死,以其上求生之厚""民不畏死,奈何以死惧之"。其学说对中国哲学发展具有深刻影响。道教的教理教义,如上善若水、尊道贵德、道生德育、自然无为、清静寡欲、柔弱不争、长生久视等根本宗义,皆源出于《道德经》。祖天师张道陵建立道教教团之时,即以《道德经》为圣典,并作《老子想尔注》,阐说道教要旨和修行准则,初步建立起道教教义思想体系,以"正一"之名来表明所倡行的教化学说是太上真一不二的正教。而且,道教的经典和许多高道真人的著述也都是根据《道德经》这部圣典加以充分的发挥,或作必要的演绎。

《黄帝内经》分《灵枢》《素问》两部分,是中国最早的医学典籍,传统医学四大经典著作之一(其余三者为《难经》《伤寒杂病论》《神农本草经》)。《黄帝内经》是一本综合性的医书,在黄老道家理论上建立了中医学的阴阳五行学说、脉象学说、藏象学说、经络学说、病因学说、病机学说、病症、诊法、论治、养生学、运气学等学说,从整体观上来论述医学,呈现了自然、生物、心理、社会"整体医学模式"。其基本素材来源于中国古人对生命现象的长期观察、大量的临床实践以及简单的解剖学知识。《黄帝内经》奠定了人体生理、病理、诊断以及治疗的认识基础,是影响极大的一部医学著作,被称为医之始祖。

(二)秦汉至魏晋南北朝时期

1.汉赋

汉赋是在汉朝出现的一种有韵的散文,是汉朝儒客文人热衷的文体,它的特点是散韵结合、专事铺叙。从赋的形式上看,在于"铺采摛文";从赋的内

容上说,侧重"体物写志"。汉赋的内容可分为五类:一是渲染宫殿城市;二是描写帝王游猎;三是叙述旅行经历;四是抒发不遇之情;五是杂谈禽兽草木。其中以前两者为汉赋的主要代表。东汉时期政治中心在中原地区,东汉中叶至东汉末年,这一时期汉赋的思想内容、体制和风格都开始有所转变,歌颂国势声威、美化皇帝功业,专以铺采摘文为能事的大赋逐渐减少,而反映社会黑暗现实、讥讽时事、抒情咏物的短篇小赋开始兴起。东汉中叶以后,宦官外戚争权,政治日趋腐败,加以帝王贵族奢侈成风,横征暴敛,社会动乱频仍,民生凋敝。文人们失去了奋发踔厉的精神,失望、悲愤,乃至忧国忧民的情绪成为他们思想的基调,这就促使赋的题材有所扩大,赋的风格有所转变。这种情况的出现始于张衡。张衡具有代表性的赋作是《二京赋》和《归田赋》。《二京赋》是他早年有感于"天下承平日久,自王侯以下莫不逾侈"而创作的,基本上是模拟司马相如的《子虚赋》《上林赋》和班固的《两都赋》。但他对统治阶级荒淫享乐生活的指责比较强烈和真切,他警告统治者天险不可恃而民怨实可畏,要统治者懂得荀子所说的"水能载舟,亦能覆舟"的道理。这是当时尖锐的社会矛盾对作者的启发,表现了当时文人对封建统治的危机感。《二京赋》除了像《两都赋》一样,除写了帝都的形势、宫室、物产以外,还写了许多当时的民情风俗,容纳了比较广阔的社会生活。值得特别注意的是他的《归田赋》。他以清新的语言,描写了自然风光,抒发了自己的情志,表现了他在宦官当政,朝政日非的情况下,不肯同流合污,自甘淡泊的品格。这在汉赋的发展史上是一个很大的转机。他把专门供帝王贵族阅读欣赏的"体物"大赋,转变为个人言志抒情的小赋,使作品有了作者的个性,风格也由雕琢堆砌趋于平易流畅。在张衡之前,已出现过一些言志述行的赋,如班彪所作《北征赋》,通过记述行旅的见闻,抒发了自己的身世之感,显示了赋风转变的征兆。而张衡则在前人的基础上,使汉赋的发展发生了根本性的转折。

2.汉乐府

汉乐府是指专门管理乐舞演唱教习的机构。乐府初设于秦,是当时少府下辖中专门管理乐舞演唱教习的机构。公元前112年,正式成立于西汉汉武帝时期。乐府的职责是采集民间歌谣或文人的诗来配乐,以备朝廷祭祀或宴会时演奏之用。它搜集整理的诗歌,后世就叫"乐府诗",或简称"乐府"。东汉管理音乐的机关也分属两个系统,一个是太予乐署,行政长官是太予令,相当于西汉的太乐令,隶属于太常卿;另一个是黄门鼓吹署,由承华令掌管,隶属于少府。黄门鼓吹之名西汉就已有之,它和乐府的关系非常密切。至东汉,由承华令掌管的黄门鼓吹署为天子享宴群臣提供歌诗,实际上发挥着西汉乐府的作用,东汉的乐府诗歌主要是由黄门鼓吹署搜集、演唱,因此得以保存。

3.竹林七贤

竹林七贤指的是嵇康、阮籍、山涛、向秀、刘伶、王戎及阮咸七人。因常在当时的山阳县(今河南焦作修武县,可能为现今云台山一带)竹林之下,喝酒、纵歌,肆意酣畅,世谓"七贤",后与地名"竹林"合称。竹林七贤的作品基本上继承了建安文学的精神,但由于当时的血腥统治,作家不能直抒胸臆,所以不得不采用比兴、象征、神话等手法,隐晦曲折地表达自己的思想感情。七人是当时玄学的代表人物,一直受人们敬重。

(三)唐宋时期

1.韩愈

韩愈,河南河阳(今河南孟州)人,是唐代杰出的文学家、思想家、哲学家、政治家、古文运动的倡导者,主张继承先秦两汉散文传统,反对专讲声律对仗而忽视内容的骈体文。韩愈文章气势宏伟、说理透彻、逻辑性强,被尊为"唐宋八大家"之首,时人有"韩文"之誉。杜牧把韩文与杜诗并列,称为"杜诗韩笔";苏轼称他"文起八代之衰"。韩愈、柳宗元倡导的古文运动,开辟了唐以来古文的发展道路。韩愈以文为诗,把新的古文语言、章法、技巧引入诗坛,增强了诗的表达功能,扩大了诗的领域,纠正了大历以来的平庸诗风。在封建思想道德方面,他也有独到的建树,大力提倡儒学,以继承儒学道统自居,开宋明理学家之先声。韩愈的《师说》是一篇不同流俗的文章,主要说明教师的重要作用、从师学习的必要性以及择师的原则。此文抨击当时"士大夫之族"耻于从师的错误观念,倡导从师而学的风气,同时,也是对那些诽谤者的一个公开答复和严正的驳斥。韩愈表明任何人都可以做自己的老师,不应因地位贵贱或年龄差别,就不肯虚心学习。文末以孔子言行作证,申明求师重

道是自古已然的做法,时人实不应背弃古道。

2.刘禹锡

刘禹锡,河南洛阳人,字梦得,自称"家本荥上,籍占洛阳",又自言系出中山(今河北定州),其先祖为中山靖王刘胜。他是唐代著名的文学家、哲学家,有"诗豪"之称。刘禹锡的山水诗,改变了大历、贞元诗人襟幅狭小、气象萧瑟的风格,而常常是写一种超出空间实距的、半虚半实的开阔景象,如"水底远山云似雪,桥边平岸草如烟""野草芳菲红锦地,游丝缭乱碧罗天"。再如《望洞庭》,在静谧空灵的山光水色中融入了诗人的主观情感,构成了一种恬静平和的氛围。不过,虽然刘禹锡说过"能离欲则方寸地虚",但是他积极参与永贞革新,其实还是要在社会中实现人生理想;他的性格也比较倔强,受道家影响,诗中倒是常常表现出高扬开朗的精神。如《秋词》二首之一、《同乐天登栖灵寺塔》,都有一种高扬的力量。由于有了含蓄深沉的内涵、开阔疏朗的境界和高扬向上的情感,刘禹锡的诗歌便显得既清峻又明朗。刘禹锡又多次贬官南方,这也是民歌盛行的地方,所以刘禹锡常常收集民间歌谣,学习它的格调进行诗歌创作,如《白鹭儿》以隐喻方式写自己孤高的情怀,但用的是轻快的民歌体。

第二节 中原传统艺术

一、书法艺术

书法,是世界上少数几种文字所有的艺术形式。其中,"中国书法"是汉字特有的一种艺术表现形式,被誉为"无言的诗,无行的舞,无图的画,无声的乐"。从广义讲,书法是指语言符号的书写法则。换言之,书法是指按照文字特点及其含义,以其书体笔法、结构和章法写字,使之成为富有美感的艺术作品。生活中,书法一词另具备以下含义:

第一,某幅书写作品的代称,或者所有书写作品的统称。

第二,一种艺术类别,一般指书写汉字的艺术。中国的书法艺术开始于汉字的产生阶段,"声不能传于异地,留于异时,于是乎文字生。文字者,所以为意与声之迹。"因此,产生了文字。书法艺术的第一批作品不是文字,而是一些刻画符号——象形文字或图画文字。

中原书风作为一个地域性的书法风格,与其他独具特色风格的地域性书法一样,主要是指河南地区的书法风格,具有相对完整的独立代表性。作为中华民族的智慧象征,书法不仅仅代表着一种文化,更是中华民族精神的传承和象征。中原书法的出现离不开中原地区书法人世世代代对其的传承和宣扬。在当代社会,河南地区的书法既吸取了中原古代书法中雄浑刚强、坚毅厚重的特点,在吸纳历史感的同时又推陈出新,博采众长,保留中原书法历史厚重感的同时又结合新时代创造了自己独有的现代中原书法。

中原书风形成于20世纪80年代,它主要是代表书法理论界对发生在20世纪80年代中原地区书法现象的概括与总结。中原书风作为中原地区文化的典型代表,具有相对的地域特色,其产生大多是由于创作主体的"集群化",即黄河流域古老的中原文明最终铸就了中原文化。中原文化的产生是偶然,却也是中原文化发展到一定阶段的历史产物,它的出现是整个中原地区厚重历史文化的凸显和再现。中原书风是中原地区自书法历史产生以来,通过历史的沉淀和时光的筛选最终传承的产物。

二、绘画艺术

(一)汉画像石

汉画像石,实际上是汉代地下墓室、墓地祠堂、墓阙和庙阙等建筑上雕刻画像的建筑构石。所属建筑,绝大多数为丧葬礼制性建筑,因此,本质上汉画像石是一种祭祀性丧葬艺术。画像石不仅是汉代以前中国古典美术艺术发展的巅峰,而且对汉代以后的美术艺术也产生了深远的影响,在中国美术史上占有承前启后的重要地位。

(二)宋代绘画

宋代绘画是在中国宋代期间的绘画作品。中国宋朝延续300多年,其绘画在隋唐五代的基础上继续得到发展。民间绘画、宫廷绘画、士大夫绘画各

自形成体系,彼此间又互相影响、吸收、渗透,构成宋代绘画丰富多彩的面貌。北宋统一消除了封建割据造成的分裂和隔阂,在一段时期内社会保持着相对安定的局面,商业手工业迅速发展,城市布局打破坊和市的严格界限,出现空前的繁荣。南宋虽然偏安江南,由于物产丰盛的江、浙、湖、广地区都在其境内,大量南迁的北方人和南方人一起共同开发江南,经济、文化都得到继续发展并超过北方。北宋的汴梁(今河南开封)、南宋的临安(今浙江杭州)等城市商业繁盛,除贵族聚集外,还住有大量的商人、手工业者和其他市民阶层,城市文化生活空前活跃,绘画的需求量明显增长,绘画的服务对象也有所扩大,为绘画发展和繁荣提供了物质条件和群众基础。

(三)朱仙镇木版年画

朱仙镇木版年画是中国古老的传统工艺品之一。作为中国木版年画的鼻祖,主要分布于河南省开封市朱仙镇及其周边地区。朱仙镇木版年画构图饱满,线条粗犷简练,造型古朴夸张,色彩新鲜艳丽。朱仙镇木版年画诞生于唐,兴于宋,鼎盛于明。北宋初年,宋都东京(今河南开封)是全国政治、经济、文化的中心,各地商人大量涌向京城。庞大的市民阶层促进了世俗文艺的发展,活跃的世俗文艺又给年画的创作提供了丰厚的土壤。加之活字印刷术的发明,将中国雕版印刷业推向繁荣。自此,年画也由笔画转向刻板印刷。当时东京木版年画的印刷及销售盛况空前。不仅民间作坊遍布京城,就连宋室宫廷也主持开办年画作坊。官办与民办作坊的融合,使木版年画的发展成为必然。北宋末期,金兵入侵,京都沦陷,繁荣的市民文化逐渐萧条。大量年画艺人流落江南,东京的木版年画业迁至东京45里外的朱仙镇。明清时期,朱仙镇河道四通八达,随即成为中原的商业重镇。木版年画在繁荣的商埠迅速恢复,买卖兴隆,声名大振。据载,当时朱仙镇从事这一行业的有300余家。

三、戏曲艺术(豫剧、河南曲剧)

中国戏曲主要是由民间歌舞、说唱和滑稽戏三种不同艺术形式综合而成。它起源于原始歌舞,是一种历史悠久的综合舞台艺术样式。经过汉、唐到宋、金才形成比较完整的戏曲艺术,它由文学、音乐、舞蹈、美术、武术、杂技以及表演艺术综合而成,有360多个种类。它的特点是将众多艺术形式以一种标准聚合在一起,在共同具有的性质中体现其各自的个性。中国戏曲与希腊悲剧和喜剧、印度梵剧并称为世界三大古老的戏剧文化。经过长期的发展演变,逐步形成了以"京剧、越剧、黄梅戏、评剧、豫剧"五大戏曲剧种为核心的中华戏曲百花苑。

(一)豫剧

豫剧是中国五大戏曲剧种之一,与京剧、越剧同为中国戏曲三鼎甲,传承已有上百年的历史。早在清代乾隆年间,就已成为河南很有影响的戏曲剧种。豫剧在生成和发展时期,汲取了昆腔、吹腔、皮黄及其他梆子声腔剧种的艺术因素,同时广泛吸收河南民间流行的音乐、曲艺说唱和俗曲小令,形成了朴直淳厚、丰富细腻、富于乡土气息的剧种特色。豫剧也叫河南梆子、河南高调、河南讴,豫西山区则称之为靠山吼,是中国梆子声腔剧种中极为重要的一支,是国家级非物质文化遗产之一。豫剧被西方人称赞是"东方咏叹调""中国歌剧"等。

(二)河南曲剧

河南曲剧,是一种地方戏曲剧种,又名河南曲子戏、高台曲等。起源于河南汝州,分大调曲和小调曲,小调曲优雅婉转,轻快。由坐班清唱的河南鼓子曲中杂牌小调与民间歌舞踩高跷相结合的河南曲剧,发展为戏曲剧种。由于曲调易学,用本嗓演唱,表演接近生活,故传播极快。

四、音乐舞蹈(十二平均律、响器)

(一)十二平均律

十二平均律又称十二等程律,是世界上通用的一组音(八度)分成十二个半音音程的律制,各相邻两律之间的波长之比完全相等。十二平均律是由中国明朝皇族世子朱载堉发现。十二平均律是指八度的音程按波长比例平均分成十二等份,每一等份称为一个半音(小二度)。一个大二度则是两等份,

称为全音。将一个八度分成12等份有着一些惊人的巧合。由于波长与弦长之间存在正比关系,因此波长关系可以转化为弦的长短关系。所以即使在16世纪,那个西方物理学才刚刚起步,还没有发现机械波的时代,中国明朝皇族世子朱载堉就利用他精湛的数学计算能力,发现了这一近似值规律,这也是一件十分伟大和令人赞叹的事。十二平均律在交响乐队和键盘乐器中得到广泛使用,钢琴即是根据十二平均律来定音的。

(二)响器

响器是土话,指的是锣鼓家伙。响器在豫西很普遍,中河乡上八村差不多村村都有。但中河村的历史最悠久、质量最好,敲打出来的花样也最吸引人,那是村里唯一的传统乐事。打响器儿不是乱打,得依章法,要依谱,中河人则叫它"鼓歌",鼓歌在上八村首推中河村的为正宗。

第三节　中原民间艺术文化

民间艺术是艺术领域中的一项分类,冠以"民间"字样,显然是要与所谓的"宫廷艺术"与"贵族艺术"等有所区隔。民间艺术的领域很宽泛,其中也不乏"绝活",像皮影、剪纸、编织、绣花、狮子舞等,均是很著名的民间艺术,也是中华文化的瑰宝。广义上说,民间艺术是劳动者为满足自己的生活和审美需求而创造的艺术,包括了民间工艺美术、民间音乐、民间舞蹈和戏曲等多种艺术形式;狭义上说,民间艺术指的是民间造型艺术,包括了民间美术和工艺美术的各种表现形式。它们以天然材料为主,就地取材,以传统的手工方式制作,带有浓郁的地方特色和民族风格,与民俗活动密切结合,与生活密切相关。一年中的四时八节等岁时节令、从出生到死亡的人生礼仪、衣食住行的日常生活中都有民间艺术的陪伴。按照制作技艺的不同,又可以将民间艺术分为绘画类、塑作类、编织类、剪刻类、印染类等。

河南地处中原,文学积淀深厚,在民间艺术方面有很多值得挖掘的东西,主要表现在饮食、服饰、日常起居、生产活动、礼仪、信仰、节令、集会、风俗民情等各个方面。其中,既有以物质形式存在的有形文化遗产,多以显性的方式存在于日常活动、流程和社会规范中,主要表现为人类在生产生活中创造的、以视觉传达形式实实在在存在的形态,如民间建筑、民间服饰、雕刻、生产工具、器械、美术作品等;又有主要通过口传心授方式传承的非物质文化遗产,隐含于民间个人世代相传的经验、技能、诀窍和手艺以及约定俗成的审美认知,如陶瓷制作艺术、各种刺绣工艺、历史传说、生产技术,还包括传统表演艺术、民俗活动、节庆礼仪、传统手工艺技能以及说唱艺术等,形式多样、内容丰富,而且底蕴深厚,富有中原地域个性。其中代表性的如中原婚俗"六礼"、独特岁时风俗、太昊陵庙会、洛阳花会、信阳茶叶节、马街书会、盘鼓和汴绣、朱仙镇木版年画、淮阳泥泥狗、南阳玉雕、濮阳与周口的杂技等。

中原民间艺术文化属于中国几千年文明发展过程中滋生繁衍的本土文化,是广大群众自己创造的文化,从精神意义上说,它是一个民族情感和理想的载体,是精神和审美的直接表现,是一种生活文化,是和生活融为一体的。它涉及民生、民俗、民习、民艺等方面的形态,展示了民族文化艺术的发展脉络,蕴含着民族情怀和质朴豁达的审美情趣,是民间生活生产、社会人文与艺术环境等方面的艺术表现。

一、农业文明的渊源

中原地区的农业生产方式和艺术形式丰富多彩,史有以"打春牛"的仪式来勉励农民耕作,在中原南阳一带保留延续,进而逐步演变为民间舞蹈形式,在中原地区有着极大影响。与农耕文明相适应的民间工艺文化不仅形式古老,所涉及的内容也大多可追溯到远古时期。悠久的历史使得中原地区非物质文化遗产具有极高的科学研究价值。从旧石器时代到新石器时代再到金石并用时代,磨制石器取代打制石器,人们能运用的工具和材料的每次改进,都促进了民间技艺的根本性改变,同时,也产生了更高的美化要求和审美观念。中原民间艺术正是在继承传统的过程中不断地发展进步的。

二、鲜明的地域特征

中原地区的民间、民俗艺术地域性文化特征明显。以民间信仰而言,图

腾崇拜来源于一种自然物的繁衍，或是源于一种神秘的结合，是部族的祖先和保护神，具有神秘感、凝聚力及崇高审美形态。中原地区的远古图腾中产生了很多传说，如伏羲定居并建都在淮阳（古称宛丘），死后也葬在淮阳，而泥泥狗就是为伏羲、女娲看守陵庙的"神狗"。泥泥狗形状怪异，设色黑底五彩，抽象古朴，艳而不俗，具有一种虚幻的神秘感。另外，桐柏是盘古神话的主要流传地，盘古庙会期间举办的各种祭祀活动，都有相关传说在当地广为流传。中原民间艺术的发展是以庙会为依托、以民间信仰为基础，进而形成了数量众多、形式各异的中原古庙会和民俗事项。例如，豫西的地坑院民俗，就是在当地独特的地理环境、生活方式和文化背景下形成的，带有鲜明的地域特色。朱仙镇木版年画题材，多来自中原地区的神话传说、戏曲故事和民间故事，具有浓郁的乡土气息。

第六章

中原传统礼仪

中原地区是中华文明的摇篮,在古代不仅是中国的政治经济中心,也是主流文化和主导文化的发源地,因而形成了独特的地域文化——中原文化。特殊地理环境、历史地位和人文精神共同作用形成了中原传统礼仪。对中原传统礼仪的研究有助于坚定"四个自信",助力中原地区在新时代高质量发展。

第一节 传统礼仪的形成

从历史发展来看,礼仪可分为传统礼仪与现代礼仪。中国传统礼仪主要指新文化运动之前历代社会约定俗成、共同认可的行为准则或规范。在传统礼仪中,糟粕与精华并存,愚昧与科学混合,束缚与自由同在,工具与精神一体。

中国传统礼仪的生成,可以追溯到远古时代,根据学者们所掌握的史料以及逻辑推论来看,早期礼仪确实是与原始宗教祭祀活动相联系。

一、礼立于敬而源于祭

《礼记·礼运》:"夫礼之初,始诸饮食。其燔黍捭豚,污尊而抔饮,蒉桴而土鼓,犹若可以致其敬于鬼神。"

《荀子·礼论》:"礼有三本:天地者,生之本也;先祖者,类之本也;君师者,治之本也。无天地,恶生?无先祖,恶出?无君师,恶治?三者偏亡,焉无安人。故礼,上事天,下事地,尊先祖,而隆君师,是礼之三本也。"

从上述文史记载中我们不难发现,在刀耕火种的原始时期,源于尊敬和崇拜,并用来表达尊敬和崇拜的礼仪,包括对神灵、对祖先、对师长、对首领的尊敬,这种尊敬渐渐地形成特定的形式,被大家所认同并一代代地传承。

原始人面对自然界日月循行、山崩地动、风雨雷电等现象时惶惑不解;面对飞禽走兽、伤残病痛等侵害时,防范和抵御能力很弱。他们对自己无法理解的某些自然现象,就想象着有超自然的力量主宰世间,认为神灵具有超自然的能力。因而便生出对风雨雷电、山川湖泽的自认为有效的、虔诚的祈求

活动,以求得到崇拜对象的庇佑;同样,出猎或者战争时,为保丰收、吉祥、顺遂,举行祭祀占卜问卜;再者,面对疾病、伤残和死亡时,怀疑是因为触犯神祇或鬼怪作祟,就举行祈神驱鬼的巫蛊活动。在这些祭祀活动中,人们开始使用最靓丽、最奢华的器具,在特定的时间,庄重的场所,来表达他们的虔诚,祈求保佑,以求消灾去厄,久而久之就形成了固定的仪式。这样,礼仪便随着原始祭祀活动的开展而产生了。

原始的祭祀活动实质是对各种不可理解的事物的崇拜,除了自然现象、鬼神以外,还有动植物、祖先、图腾等。特别是图腾信仰,认为部落与某种动物、植物之间,有一种特殊的关系,这种图腾就是该部落的祖先和保护神,也是该部落的标志或象征。彩陶纹是新石器时代最引人注目的艺术之一,里面的动物纹尤其丰富,一定程度上反映出部落的图腾信仰。常见的有鱼纹、鸟纹、壁虎纹、蛙纹、猪纹、羊纹等,鱼纹是最常见的形象之一。

河南是中华民族的发祥地之一,远在新石器时代,中原人民就创造了著名的"裴李岗文化""仰韶文化"。新石器时代中期的裴李岗文化距今9000至7000年,尤以裴李岗文化中贾湖遗址的遗存最为丰富多彩,如大量的绿松石加工饰件、象牙制品、占卜用的龟甲、造型线条流畅优美的陶器,以及精工制作的各类工具等;新石器时代晚期的仰韶文化距今7000年至5000年,巩义双槐树遗址发现了仰韶文化中晚期阶段(距今6500年左右)4处共1700余座经过严格规划的公共墓地、夯土祭坛灰坑、人祭坑及兽骨坑等遗迹;濮阳西水坡遗址在仰韶文化第四层下,清理出在一个平面上南北一字排开的三组用蚌壳摆砌的龙、虎等动物图案。从发掘出土的文物来看,河南省发现的龙文物不但历史久远,而且最为正宗。濮阳蚌龙距今6400年,是中国最早的龙形象,被考古学界誉为"中华第一龙";在华夏第一王都偃师二里头遗址发现的大型绿松石龙形器,距今至少3700年,被学者命名为"中国龙"。这些龙文化的遗存一脉相承,都是中华民族龙图腾的源头,目前已成为中华民族的象征和中华民族团结的纽带。

二、制礼义以养人之欲

礼仪的形成在原始社会及阶级社会早期主要源于自然现象、祖先崇拜,而进入阶级社会,建立奴隶制王朝之后,随着金属工具的广泛使用、生产力的发展、剩余产品的出现,人们对社会产品分配的欲望也逐渐强烈,这些古老的原始礼仪,得到了进一步的完善与发展,也逐渐形成了一套以区别尊卑贵贱亲疏为内涵的意识形态。既解决了人们的欲望,又强调等级差异,避免引起争夺,有利于维护社会秩序的和谐稳定。

《荀子·富国》:"礼者,贵贱有等,长幼有差,贫富轻重皆有称者也。"

《荀子·礼论》:"礼起于何也?曰:人生而有欲,欲而不得,则不能无求。求而无度量分界,则不能不争;争则乱,乱则穷。先王恶其乱也,故制礼义以分之,以养人之欲,给人之求。使欲必不穷于物,物必不屈于欲。两者相持而长,是礼之所以起也。"

司马迁的《史记·礼书》中有关礼的长篇论述,袭用了荀子的观点,他是赞同荀子从人欲需要节制的角度来讲礼的起源的。

我国古代先民的观念中,认为河洛地区处于天地之中,具有优越的地理位置和自然环境。夏商周三代皆建都在河洛之间,因此河南牢固确立了其"天下之中"的政治地位。在礼仪产生发展进程中,逐渐形成了自己的风格和品质。

戴德,祖籍梁国甾县(今河南省商丘市民权县),出生于梁国睢阳县(今河南省商丘市睢阳区),汉代礼学家,今文礼学"大戴学"的开创者。《大戴礼记·五帝德》中记载,尧时,有"伯夷主礼,龙、夔教舞,举舜、彭祖而任之,四时先民治之"。舜时,有"羲和掌历,敬授民时""伯夷主礼,以节天下"。统治者任命了专门的神职官员、并设立专门的机构,来管理各种祭神的事务。官方开始通过礼仪对社会进行节制,这些措施实际上剥夺了人人都可以祭神的权利。此后,祭天和祭地都由专门的人来组织和主持,神灵与民间的距离被统治者人为地强行拉大,普通人逐渐失去了祭祀天地的权利。统治者通过垄断祭祀权利,逐渐加强对百姓的管控。如此一来,礼仪成为抑制人类的原始欲望和冲动的手段,预防因资源争夺而引发的争斗和战乱,从而实现统治的稳定。从人人都可以祭祀占卜,到统治者垄断祭祀、制定具体的规章制度,这个过程其实可以看作是礼仪趋于规范化的过程,也是统治者维护社会秩序、巩固统治的过程。

《尚书·甘誓》:"用命,赏于祖;弗用命,戮于社,予则孥戮汝。"这段话记载的是夏启与有扈氏大战之前对将士们的训话,这说明,夏启已经开始借用神和祖先的名义巩固自己统治的权威性,帮助自己维持社会秩序的稳定。

《尚书·牧誓》:"昏弃厥肆祀弗答。"这段话是武王伐纣时,运用祭祀作为讨伐纣王的理由之一,这也表明了商周时期统治者对用礼仪来调和人欲、统治国家的重视。

《夏礼》《殷礼》《周礼》三代之礼,因革相沿,到周公制礼,已趋完备。按《礼记》所说,大礼有300多种,小礼竟多达3000余种,确实发展到了"郁郁乎文哉"的程度。《周礼》是中国古代礼乐文化最为权威的儒家经典理论,历代制礼无不奉为圭臬,它也是中国传统礼仪制度的最早雏形。

《周礼》所载,大多是王者施政设官、安邦治国的制度,其中的礼仪相当繁缛庞杂,大体上可以分为五类:吉、凶、军、宾、嘉。吉礼为祭祀之礼;凶礼为丧葬灾变之礼;军礼是与军事密切相关的礼仪活动;宾礼是周天子与诸侯之间以及各诸侯国之间相互遵循的礼仪;嘉礼是喜庆欢会活动中的礼仪,在"五礼"之中也最为庞杂,起初仅限于贵族公卿,后来逐渐被广大的中下层民众所效仿,传统礼俗中的许多类型和方式都是从官方礼制中的嘉礼传递而来的,只不过民间的传统社交礼节更加丰富罢了。

《仪礼》记载的冠、婚、丧、祭、乡、射、朝、聘等礼仪总体来说是在士大夫阶层之间广泛流行的活动,但其中一些礼节与民间风俗结合在一起逐渐融入普通民众的日常交往之中。仅以乡饮酒礼而言,就是在民间广为盛行的一种饮宴之礼,它并非以饮酒为主要目的,而是聚集乡党内的宗族、亲朋、贤人、长老,饮酒致敬,以区分亲尊长幼的等级次序。《仪礼》一书对于这些礼仪的细节描述非常详尽,如宾客进门、肃客入座、席上摆设、佣仆侍候、饮馔之程序、该说什么吉语、如何应对、如何上菜、如何撤席、如何送客等,方方面面,不一而足。

《礼记》是一部记载先秦时期汉民族的礼制和礼仪资料汇编,其中包含对《仪礼》的注,还收录了先秦时期的许多典籍,涉及的内容除了政治、法律、道德、祭祀、历法等诸多内容之外,对先秦时期的婚丧嫁娶、衣食住行等日常生活的各个方面都有详尽的描写和论述。

班固《汉书·武帝纪》载:"诏曰:盖闻导民以礼,风之以乐。今礼坏乐崩,朕甚闵焉。故详延天下方闻之士,咸荐诸朝。其令礼官劝学,讲议洽闻,举遗兴礼,以为天下先。"秦末汉初,诸子百家犹存,思想极度混乱,君主权威被削弱,极大地威胁到了政权的稳定。为了加强集权统治,汉武帝采纳董仲舒的"罢黜百家、独尊儒术"的建议,采取了其中尊君抑臣的内容,代表性的观点是"三纲五常":"三纲"即"君为臣纲,父为子纲,夫为妻纲",要求臣子、儿子、妻子必须服从君王、父亲、丈夫;"五常"即仁、义、礼、智、信。采择民俗,引经入律,重新修定汉礼,封祭泰山,制定宗庙、百官礼仪。

《唐律疏义·名例》中提到"德礼为政教之本,刑罚为政教之用,犹昏晓阳秋相须而成者也"等内容,体现了德礼与刑罚相辅相成,在国家治理中德礼居于根本地位,刑罚起到辅助作用,二者共同维护社会秩序的思想。

《唐律》的刑事规范贯穿了礼法合一的思想,魏晋南北朝时期是中国历史上最为动荡不安的时代,但也是中国礼仪制度重要的发展阶段,先秦的"五礼"制度成为国家制度,并在这个时期得到了进一步的完善和发展。统治阶级对盘桓在周边地区的少数民族推行深层的汉化政策,少数民族在接受汉族的礼乐文化的同时,也融入了本民族的民俗文化,使汉民族的传统礼俗发生了很大的变化。魏晋南北朝时期的引礼入律,对唐朝的礼法合一也产生了极大的推动作用。

虽然儒家之礼在魏晋南北朝和唐朝时期依然是立国之本,但是在此期间,玄学和佛、道思想盛行,儒家思想已经不再被独尊于一家。到宋朝,程朱理学继承和革新了儒家思想,再次将孔孟之道发扬光大,其中朱熹是继孔子之后的又一个儒家思想的集大成者。

程朱理学认为天理是万物之源,天理将"善"赋予人,便构成人的本性,赋予社会便成为"礼"。人的欲望违背了礼仪规范,就是与天理相对立,要"存天理",就必须"灭人欲"。人要遵守"三纲五常",才是顺应天理。

程朱理学把封建纲常与宗教的禁欲主义结合起来,使儒学走向政治哲学化,为封建社会特权阶级对庶民阶层的统治提供了更为精细的理论指导,符合思想上专制的需要,成为统治阶级维护统治秩序的有效工具。

宋、元、明、清时期,历代统治者多将程朱理学奉为官方统治思想,程朱理

学也因此成为规范普通民众日常言行的是非标准。到晚清时期,尽管程朱理学不断遭受来自不同方面思想的冲击,但仍然拥有庞大的社会基础。作为封建社会后期的意识形态和道德规范,纲常礼教依然在广大中下层民众的思想和信仰世界中占据统治地位。

清末民初,在西学东渐和启蒙思潮的冲击下,程朱理学迅速衰落下去,并伴随着清王朝的灭亡而逐渐失去了其官方哲学的统治地位,同时对普通民众日常生活的影响也日渐式微。辛亥革命推动了传统礼仪文化的蜕变,它冲破了封建思想的牢笼,宣扬"自由、平等"的思想,推动了男女平权,还提出废除传统礼制,以握手、脱帽等礼节代替传统的跪拜礼,颠覆了封建皇权统治下的礼仪制度。

从中国传统礼仪的生成过程,可以看出,"礼仪"从最初的祭祀活动,逐渐扩展到等级社会里用以区分尊卑贵贱的礼法制度,再延伸到广大民众的日常生活当中,成为中国奴隶社会和封建社会的道德规范和典章制度。

第二节 传统礼仪的主要习俗

中国素有"礼仪之邦"的美称,中国传统礼俗涉及的范围十分广阔,几乎渗透了古代社会的各个领域,种类和形式也异常繁杂。

《周礼》所载的"五礼"之说,即吉礼、凶礼、军礼、宾礼、嘉礼,有着较为权威的参考意义。

一、吉礼

吉礼,其内容主要是祭祀礼仪,旨在祈求神灵保佑,故而称为吉礼,主要是对天神、地祇、人鬼祭祀的典礼。天神主要指以昊天上帝为首的一系列天神及自然现象之神;地祇,指山川河流、四方百物诸位神灵;人鬼,主要指祖先以及各类英雄人物。这也是中国传统祭祀典礼中的最重要且最为常见的三类神灵。国家通过对各类神灵的祭祀,以求达到风调雨顺、国泰民安的目的。因此,对于国家而言,祭祀是头等大事,无论是出师讨伐还是其他重大事件之前都要进行祭祀。此外,平民百姓也会定期祭祀,其对象主要是自己的祖先。无论是国家还是百姓,祭祀的最终目的都是希望通过祭祀神明或祖先,达到趋吉避凶、趋福避祸的目的。

《曹刿论战》中:"牺牲玉帛,弗敢加也,必以信。"这里的牺牲、玉帛在当时都是较为珍贵的物品。将这些作为贡品用于祭祀,以此来祈求先祖的庇佑。河南很多地方依然保留有这样的风俗:如淮阳县的伏羲太昊陵祭典、新郑黄帝故里拜祖大典、西平县嫘祖祭典等活动,均表现了河南民众对先祖的信仰崇拜意识。祭拜活动中演出的民间龙舞,也延续着图腾崇拜观念。鹿邑县的老子生日祭典、洛阳市的关林朝圣大典、商丘市睢阳区的火神祭祀、南阳市的医圣张仲景祭祀、卫辉市的比干祭典、武陟县的青龙宫庙会及祈雨习俗等活动也体现了河南民众对古人、对自然神灵的崇拜与敬仰。

二、凶礼

凶礼指国家或个人遭遇不幸时,对其进行哀悯、吊唁的礼仪,主要功能在于"哀邦国之忧"。从《周礼·春官·大宗伯》的记载中可以知道,凶礼分为荒礼、丧葬礼、吊礼、恤礼、襘礼五类。丧葬礼又可细分为丧礼、葬礼两部分。在古代,人们非常重视丧葬礼,认为丧葬礼形式的规范是子孙后代尽孝的重要体现,君主和贵族阶级更是如此,在这方面要求非常严格,因此在历代发展过程中形成了众多繁文缛节。

在河南民间,自古以来尊亲死后,孝子要在一定时期内穿孝并停止娱乐和交际,俗称守孝。守孝期限一般为三年,在此期间,所穿孝服主要是白鞋。孝布只在守孝期举行祭奠活动时穿戴。女子在守孝期,头饰一律用白色,男子亦有在帽檐上缀一白布条以示守孝。洛阳地区,直系亲属去世,第一年春节门上不贴对联;第二年春节贴蓝或绿对联;第三年春节始恢复贴红对联。

在中原地区,若遇亲朋好友、邻里街坊家有丧事,前去吊祭,并向死者家属表示慰问,也是一种重要的礼仪,俗称"行礼""行人情""随礼"等。丧事的场面一般以白色为主,另有代表肃穆氛围的黑色。所有吊祭者要着素装,忌讳红绿等艳丽的服装。吊祭者携带挽联前去,并资助办丧家属以钱财布帛。从陪灵到送葬,宾客都一直跟随,主人哀哭,宾客劝慰。丧事之后,丧家一般

都会去吊祭者家中道谢。主人因吊祭之事收了礼物,除宴请送礼者外,日后还须还礼。

三、军礼

古今中外,军事都是国家政治中的头等大事,而军队又是最需要讲规矩的地方。《礼记·曲礼》:"班朝治军,莅官行法,非礼威严不行。"军事,因有别于其他日常生活,故而在吉、凶、宾、嘉礼之外自成一套独立的体系——军礼。

军礼是古时军队中用于军事操练、检阅军队、出师征伐等所有军事行动的礼仪规范,其主要功能在于以军队的威严统一邦国,使其不敢逾越。军礼在《周礼·春官·大宗伯》中分为五类,分别是天子出征之时为鼓舞士气,而举行隆重的祭祀、誓师等的大师之礼;和平时期天子或诸侯出游狩猎之时进行阅兵、军演的大田之礼;天子、诸侯依靠军队力量,在民间征收赋税、修建民用设施等军事活动的大均之礼;国家依靠军队弹压、征用民工,大修土木工程的大役之礼;诸侯国之间战乱之后重新确认疆域、划分各自的军事防务、整饬沟渠、恢复民生的大封之礼。军礼的最终目的是严肃军纪、树立军容,对外展示一个国家的国防力量,鼓舞士气,捍卫国家领土完整,维护国家和平统一。

四、宾礼

宾礼,天子接见诸侯、宾客,以及各诸侯国之间相互交往时的礼仪,用以维系天子与诸侯以及各邦国之间友好亲善的关系,主要有站立礼和跪拜礼两种形式,跪拜礼比站立礼在表达敬意上要重得多。

《周礼》记载的宾礼分为春朝、夏宗、秋觐、冬遇、时会、殷同、时聘、殷覜八种。其中前四种为春夏秋冬四季的常规朝见,而后四种中的时会指的是无定期,天子有事时的随时召见;殷同指的是天子大会众诸侯;时聘指的是天子无定期地派遣使者慰问诸侯;殷覜指的是众诸侯派使臣拜见、看望天子。这八种礼仪的名目不同,其具体时间、程序、规格以及诸侯朝觐时进贡的礼物各有所不同。

宾礼下沉至民间习俗,表现为各级官员的相见礼以及平民百姓相互往来中主人招呼接待客人的礼仪,主要是拱手礼、揖礼和跪拜礼。

拱手礼主要发生在身份相同的陌生人之间或者是上级对下级、尊者对卑者之间，表达礼意最轻也最简单，只是双手相拱略表敬意。

揖礼是宾主相见之礼，行礼者要俯身拱手表达敬意，根据不同的对象，行礼方式也不同。对庶民、无族亲关系者行礼时，手稍向下推，叫作"土揖"；对异性行礼时，手从胸前向外平推，叫作"时揖"；对有族亲关系者行礼时手稍向上推，叫作"天揖"；对尊者要双手高举自上而下行礼，称作"长揖"，尊者可行拱手礼表示回敬。揖礼在俯身的幅度上也有讲究，对方地位越尊，俯身幅度越大。封建社会等级尊卑亲疏观念的强固，从揖礼中可见一斑。

《周礼》把跪拜礼分为九种，即稽首、顿首、空首、振动、吉拜、凶拜、奇拜、褒拜和肃拜，也称为"九拜"。

在日常交往中，行礼和受礼通常会同时集于一身，行礼者往往也是受礼者，只是先后次序有所不同。卑者先行礼，尊者后还礼，如果身份等级相同，不还礼则被视为失礼。在封建社会，家族之内，幼者行礼，长者一般不会还礼；君臣之间，大臣向皇上行礼，皇上不会还礼，这是封建伦理纲常在制度上的一种体现。

五、嘉礼

"以嘉礼亲万民。"嘉礼作为五礼之一，主要是节庆活动方面的礼节仪式。嘉礼种类甚多，在《周礼》中列有饮食礼、婚冠礼、宾射礼、飨燕礼、脤膰礼以及贺庆礼，凡有关善好节庆之事的礼仪，如乔迁之喜、金榜题名、店铺开张、房屋上梁等，都可以归为嘉礼。在《周礼》的基础上，这里主要介绍笄冠礼、婚礼、宴饮礼、尊老敬贤之礼等较为典型的礼仪习俗。

（一）笄冠礼

笄冠礼是古代男子与女子的成年仪式。《礼记·曲礼上》："男子二十冠而字，女子十五笄而字。"这意味着男子年到20，就要举行冠礼，并且取字；女子15岁时举行笄礼，这时女子要改变自己的发式，将头发盘起，用笄将绾成的髻束好，这种仪式表示女子已成人，可以出嫁成家了。

河南民间很久以来流传有与笄冠礼相似的、标志男女脱离少年时代的

"脱锁"和"留头"习俗。脱锁多见于男孩,男孩在 12 岁或 15 岁时,由其父母或干娘做顿好饭相待,然后将其幼时过诞生礼或认干亲时戴上的"挂锁"和项圈、耳坠去掉,从此不戴,俗称"脱锁"。脱锁后便标志着已脱离少年时代。女孩在 12 岁时开始留起一独辫来,俗称"留头",留起头来便视为"大闺女",要开始恪守闺训妇道,学习做饭和浆洗缝补,故俗称"男过十三,磨肠研肩(读书劳动),女过十三,会做吃穿"。

(二)婚礼

婚礼是关乎人类繁育后代的一项重要的社会活动。古人认为"昏礼者,礼之本也",足可见古人对婚嫁礼节的重视。自古以来中国的婚姻都严格遵守"父母之命,媒妁之言"的准则,如《诗经·齐风·南山》:"娶妻如之何?必告父母。"古代婚礼从周代开始形成一套约定俗成的礼仪,具有繁杂细密的规程,大致可分为纳采、问名、纳吉、纳征、请期、亲迎这六道程序,合称"六礼"。"六礼"中的每一道流程、每一个环节都不可错漏,不容轻视,一旦错漏或者不够重视,那么就有失礼节。

婚礼是河南婚嫁习俗中最为隆重和讲究的环节。河南人称结婚为"完婚""办喜事"。男方称"娶媳妇",女方称"打发闺女""闺女出门"等。河南民间结婚传统礼俗,要由男方选择结婚日期,俗称"看好儿""约日子"。"看好儿"之后,亲友及四邻按远近亲疏向嫁女送礼,如布料、衣物、床单、梳妆用具等。这些礼品在结婚之日要统统装入箱柜中陪送女子,也叫"添箱"。结婚日,亲友及街坊要赠送礼品,俗称"行人情"。礼品按远近亲疏而有别。结婚前一天,男方要再次向女方赠送礼物,叫"下礼"。下礼中必不可少的是新娘的嫁衣。结婚之日必须穿着红棉袄,据说穿红棉袄寓意婆家生活厚实富裕。送下礼时,媒人要手提两个酒壶,壶嘴插以柏枝和艾枝,以取"百无妨碍"之吉利。女方接礼后,需回赠新郎一身衣服与各种表示趋吉避邪意义的物品。回送柏枝、绒花,表示四季常青,荣华富贵;回送大葱、艾枝,表示聪明伶俐和夫妻恩爱等。

(三）宴饮礼仪

宴饮礼仪最早起源于古代的祭祀仪式。早在商朝时期，祭祀仪式非常烦琐。在祭祀之前首先要准备精美的礼器用以敬奉祭品，然后奏乐唱歌，以此来祭拜神明先祖。周朝之后，宴饮礼仪中的部分内容才开始从祭祀礼仪中分离开来，转变为人们聚集共享宴会时需要遵循的行为规范。庆典、慰问和招待贵客之时必有宴饮一项，主要是为了表达友好之情，古代人认为设宴待客是表示友谊的最高形式。宴客的整个过程，从座次排列到举杯投箸，都有相应的礼节。

河南民间，亲朋好友喜得贵子，携礼前来祝贺，也是一种传统的交往礼俗。孩子出生第三日，有三朝礼，亲友中的女客前来送礼，男客不能前往。礼物一般是红色鸡蛋、小米、红糖等，代表吉庆的意思。等孩子出生一个月时举行"满月"庆典，为满月礼，至亲好友都来祝贺，送给孩子衣帽鞋袜等物，富裕人家还会送长命锁、铃铛、项圈等饰物，意即长命富贵。出生百天，行百日礼，办百日宴。一周岁时，行周岁礼，办周岁宴。

河南乡间待客尤其厚道，不论家境贫富，对来客均百倍热情。客人登门，主人要出门相迎，主人迎客时必说"稀客来了"，以示欢迎。双方寒暄互致问候。客人来访，主人不得随便打骂小孩或与家人争吵，讲究"客在不叱狗"。有时小孩在客人面前失礼，主人常将其诱哄走开，待客人走后，再进行教育。

招待贵客，事前应发出邀请。邀请一般有面请和代请。面请是主人亲自登门去请，代请是由主人委托其宗族或近亲挚友去请，代请人须向被请者传达主人邀请之意及未能亲自来请之原委。此外，也有用请柬相邀的，请柬有单帖、套帖之分。单帖多用于平辈亲友，套帖用于尊长。有的客人需相请三次才能赴约，即来前请、当天请和就餐时请。同时主人还要请本族长辈或邻里的头面人物作陪。陪客与来客互相谦逊让座，即使来客应坐首席，也要谦让一番，否则便为失礼。陪客及主人要始终奉陪客人，不能退席，坐上席者未放碗筷，其他客人不得离席而去。等客人饭毕放下碗筷，陪客才可放碗筷，主人更须等陪客饭毕才能放碗筷。

宴客的席位座次极受重视，仅餐桌的放置就有诸多讲究，有正放、俗放和

单桌、排桌之分。正放为正式请客的放置方法,俗放为日常请客的放置方法。无论正放或俗放,桌缝均不得对准首席客座。在南阳诸县,把首席客座叫"上岗子",故把桌缝对首席的叫"桌缝冲上岗子"或称"串心缝",为宴客之大忌。座次的安排一般由主人安排的执事者照应,按年龄辈分亲疏尊卑而定或"序尊"或"序爵",末席多由主人或本家晚辈而坐,承担接菜、斟酒之劳务。

(四)尊老敬贤

尊老敬贤既是传统礼仪文化的一部分,也是做人最基本的道德规范。从帝王贵族到普通百姓,他们都以各种方式表达对长者的孝顺以及对圣贤的尊重。早在周朝,为"正齿位,序人伦,敬老重贤,息事端,敦睦乡里",周文王每年都要举行一次敬老大典——"乡饮酒礼"。酒礼由地方官员主持,60岁以上的老者上坐,50岁以下者站着侍候,以示尊敬。据《礼记·乡饮酒义》载:"主人拜迎宾于庠门之外,入,三揖而后至阶,三让而后升,所以致尊让也。盥洗,扬觯,所以致洁也。拜至、拜洗、拜受、拜送、拜既,所以致敬也。"使民众受到教化,教其在家孝顺父母,在外尊敬长者,进而在乡里社会中形成尊老敬长的良好风气。也正因为如此,后人常常将"孝"和"礼"联系在一起,成为人们立身处世的重要依据。

河南地区给老人过寿非常普遍,古人称之为"五福之首"。老人到了六七十岁的时候,儿孙们举行庆寿礼仪,亲友前来贺寿。贺寿的礼物一般是做成桃形的食物,代表着长寿的意思。祝寿礼在老人的生日当天举行,亲友都要行拜礼并颂念贺词,称为"拜寿"。

(五)其他礼仪

《汉书·郊祀志下》:"古者坛场有常处,燎裡有常用,赞见有常礼。"古代礼仪大都可归入吉、凶、军、宾、嘉礼这五类礼仪之中,但除此之外还有一些琐碎的日常礼仪,可称之为"常礼"。常礼在古人日常生活中的应用较为频繁,所涉及的种类也比较广,具体包括言谈称谓礼仪、拜谒礼仪等。

1.言谈称谓礼仪

古代对礼仪是十分注重的,尤其体现在人与人的沟通与交流上,一方面表现在人与人之间的言谈之中讲究言语技巧,要求君子的言辞神态、举手投足都不能有失礼节,说出口的话要值得信任,说话时要委婉含蓄;另一方面反映在对人的称谓上,古人会有好几个名、字、号,每个名、字、号都有不同的作用。对名、字、号的称谓往往体现着尊卑贵贱的等级色彩,对于不同的交往对象以及在不同的场合下要用不同的指称,还要注意一些特殊的忌讳,不能随意称呼,否则就是失礼。

2.拜谒礼仪

拜谒礼仪是古人社交形式中最为基本的一种交往礼俗,拜访者与受访者因身份地位不同而有不同的礼节。古代下级见上级、晚辈见长辈、大夫庶人见君主以及同辈相见时具体有绍介、辞让、奉贽、复见、还贽等拜谒礼节。

平民百姓之间的拜访形式比较简单,主要是邻里串门或者走访亲友。登门拜访时首先要敲门,征得主人同意之后再进门。进门之后不要四处张望,以免看到主人居室内的隐私。

在河南地区,春节是最为隆重的传统节日,持续时间也最长,从大年三十一直到元宵节。除夕当天,人们会早早起来洒扫厅堂院落,驱除晦气,贴春联、换门神、挂年画、吃饺子、放爆竹等,进行一系列的年俗活动。到正月初一,正式拜年开始。春节的拜年也是所有节日当中最活跃、最受人们重视的人际交往活动。首先给家中长辈拜年,然后是族中的尊长。长辈受礼之后会给年幼的晚辈"压岁钱"。这种相互间的礼俗活动体现了我国尊老爱幼的传统美德。除了给家人拜年,还有亲朋好友、邻里乡亲之间的互拜,大家通过拜年的形式来联络感情,互送祝福。

第三节　传统礼仪的当代传承

中华传统礼仪文化是历史的产物、时代的产物,不可避免地存在腐朽过时的内容,如传统礼仪文化中所蕴含的等级观念、男女不平等对待以及对自由的压抑等。对传统礼仪文化进行继承,也要与时俱进。习近平总书记强调:"我们要善于把弘扬优秀传统文化和发展现实文化有机统一起来,紧密结

合起来,在继承中发展,在发展中继承。"中国传统礼仪文化的传承,总书记提出了四个"讲清楚",就是告诉我们中华优秀传统文化是我们民族永不褪色的名片,在我国传统礼仪文化中,有许多礼仪思想依然适合当今社会,是我们民族文化的精髓,需要我们大力继承和发扬。当然,这种文化的传承要坚持古为今用、推陈出新,有鉴别地对待,坚决反对"文化复古主义",也要坚决抵制"全盘西化"的思想侵蚀,要"经过科学的扬弃后使之为我所用"。

一、传统礼仪中的糟粕

首先,传统礼仪文化是封建社会统治阶级进行政治统治的工具,它强调人与人之间的等级差异。在封建社会中,"官本位"思想浓重,地位划分以"天子、诸侯、大夫、庶民"为序,其中以君主为尊,一级压一级。这种差异在传统礼仪文化中尤为突出,不同等级的人行不同等级的礼,每一级都有显著的标志,吃穿用度、言行举止都有所差别。从礼器来看,地位越高的人所用的礼器就越多、越高、越大、越烦琐,如宗庙之数、天子七庙、诸侯五庙、大夫三庙、士一庙。从礼仪制度来看,官职越高的人,俸禄就越多,如唐朝时期,官职从正一品到从九品,共分十八级,禄米从七百石到三十石不等,职分田从十二顷到二顷递减。传统礼仪文化的种种规定不仅固化了社会等级,还促使这种差异不断扩大。

其次,传统礼仪文化建立在父权社会基础上,它强调男尊女卑,造成家庭内部的不平等以及男女地位不平等。封建礼制将女性拘禁在深宅大院中,要求女性大门不出,二门不迈。另外,封建礼制中"三寸金莲"和"女子无才便是德"的规定,限制了女性的发展可能性,加剧了男女地位的不平等,对女性的身心造成了严重伤害。同时,在封建家庭内部,女子要严格遵守三从四德,要以夫君的要求为准则,在家庭中扮演好相夫教子的角色,处理好家庭内部事务,造成了家庭内部的严重不平等。此外,封建社会的姬妾制度将女子推向了另一个深渊,在封建礼教规定中,妾的身份低微,在家庭中只是奴仆的地位,甚至可以随意买卖;妾所生的孩子也低人一等。

最后,传统礼仪文化烦琐复杂,人从出生到死亡都有繁缛的礼仪规定,给人套上了精神枷锁,严重限制了人的自由发展。在生活上,传统礼仪文化进行了事无巨细的规定,衣食住行都有章可循,礼仪器物更是纷繁复杂,严重影响了生产效率,造成浪费。在思想上,传统礼仪文化对生活的方方面面都做了具体的规定,人们严格按照礼仪规范行事,缺乏创新意识。同时,古人从小就深受"君君、臣臣、父父、子子"思想的影响,奴性思维严重,使得愚忠愚孝的情况多有发生。在婚姻上,传统礼仪文化讲究"父母之命,媒妁之言"以及门当户对,男女双方甚至没有见过面就要组建家庭,造成许多家庭和婚姻的不幸。在个人发展上,传统礼仪文化倡导"学而优则仕",认为走仕途才是正路,而商人等职业是末流,常常造成范进中举这样的悲剧。

二、传统礼仪的变迁

辛亥革命后,先进的知识分子意识到要从文化上冲击封建思想文化,发起反封建的新文化运动,与尊孔复古思想展开激烈的斗争。新文化运动高举民主和科学的大旗,前期集中打击维护封建专制统治的孔子学说,反对封建文化,力图消灭封建宗法制度和道德规范。这一阶段的新文化运动沉重打击了封建传统礼教,推动了传统礼仪文化的蜕变。后期随着俄国十月革命的胜利,新文化运动有了新的内容,开始宣传十月革命和马克思主义,形成了新的思想解放潮流,进一步变革了传统礼仪文化。1919年5月4日,五四运动的爆发,从理论根基层面对封建礼教进行了全面的批判。

1921年,中国共产党的成立为传统礼仪文化增添了马克思主义科学内涵。受马克思主义影响,中国共产党人开始科学分析传统文化的成分,认为传统文化中也包含先进成分。同时,中国共产党人提出新民主主义文化纲领,指出要发展民族的科学的大众的新民主主义文化,反对帝国主义和封建迷信,提倡民主自由和科学的生活方式。同时,中国共产党人注重保留传统文化的民族性,发展极具中华民族特色的文化。

1949年10月1日,中华人民共和国成立。文化批判和价值重构开始了全新的进程,传统礼仪文化被赋予社会主义的科学内容,开始在新的基础上进行发展。新中国的成立让人们看到了自由平等的未来生活图景,更加厌恶强调社会等级和尊卑差异的封建礼仪制度。以毛泽东为代表的中国共产党人立足中国实际,结合马克思主义提出"批判继承"的观点和"古为今用、洋为

中用"的文化主张。传统礼仪文化中的"三纲五常""三从四德""男尊女卑"的思想被抛弃,代之以人人平等、互助和谐的社会伦理关系。另外,对于外来文化,我们也要坚持取其精华、去其糟粕,做到洋为中用。在文化发展问题上,毛泽东指出要坚持"双百"方针,做到"百花齐放、百家争鸣",坚持为人民服务,为社会主义建设服务。

中国特色社会主义进入新时代,以习近平同志为核心的党中央高度重视传统文化的创新发展,将中华优秀传统文化定位为中华民族的根和魂,从优秀传统文化中提取了"民为邦本""天下大同""任人唯贤""礼法合一""重义轻利"等思想精华运用到治国理政中去。不仅作出推动传统文化创造性转化和创新性发展的重要论述,还出台了《关于实施中华优秀传统文化传承发展工程的意见》来指导传统文化的发展。

三、继承传统礼仪的挑战

随着政治经济环境的变化,传统礼仪也有了新的变化。一方面,礼仪文化的主体由统治阶级为主向社会大众为主转换。这种转换突出表现为礼仪规范的形成从由统治阶级精英修订完善,转变为由民间自发研究实践。在封建社会,每一朝统治阶级都非常注重对礼仪规范的修订完善,国家设置了礼部专门负责对礼仪文化实行监管,礼部尚书拥有至高无上的权力,可对官员和百姓的违礼行为进行严厉处置。现代社会显然不再需要这种监管,而是将权力交给了人民群众,由社会舆论实施监管。人民大众是监管者,也是被监管者。

另一方面,传统礼仪主要围绕吉、凶、宾、军、嘉进行设计,从《后汉书》开始,历朝史书中都专设《礼志》,较大篇幅记载"五礼"的规范做法。这种内容体系与现代化社会显然不符,各种红白喜事礼仪习俗被简化,并添加了诸多娱乐色彩。作为"宾礼"的待客之道也获得新的意义,突出体现人与人之间的平等、友爱、和谐关系,形式也更加简化,磕头、跪拜、作揖基本取消,而敬礼、握手、寒暄、问候更加随意,并向个性化发展。作为"凶礼"的丧葬之礼,虽然有所保留,但也更加简洁,以追悼、思念为主,迷信色彩逐渐消除。人们日常生活中的问候、会见、集会、职场等礼仪规范大部分借鉴了西方礼仪;但也有许多方面依然沿袭传统礼仪,如婚嫁、丧葬、祭奠等方面。有的场合中西方礼仪共存,如婚嫁礼仪有人喜欢中式,有人喜欢西式,也有人是中西结合。随着中西文化的交流和互相渗透,人们逐渐开始对中国传统礼仪文化回归理性的分析,并试图寻找到更加符合现代生活方式的中国特色礼仪文化。

四、继承传统礼仪的路径

在新的时代背景下,习近平总书记关于传统文化创造性转化和创新性发展的思想为中华传统礼仪文化的当代转化提供了理论指导。我们要更加理性地分析传统礼仪文化,进行当代转化,构建适应现代生活方式、彰显具有中华民族特性的礼仪文化体系。

我们要将传统礼仪文化自觉与现代社会发展实践紧密结合,使传统礼仪文化融入现代生活。中国传统礼仪文化的继承和发展,必须与时代精神融合,与时俱进,实现再创造。用我们今天的时代精神,对传统礼仪文化思想进行"意义再造",赋予其时代内涵。

(一)契合社会主义核心价值观

习近平总书记强调,要"使中华优秀传统文化成为涵养社会主义核心价值观的重要源泉",结合社会主义核心价值体系,就是要将传统礼仪文化紧紧贴合社会主义核心价值观,契合进这些现代性的时代精神,通过重塑与创新,反过来涵养和支撑核心价值观。

社会主义核心价值观强调富强、民主、文明、和谐的价值追求,志在建设物质文明、政治文明、精神文明、社会文明、生态文明协调发展的国家,是以为广大人民群众服务,维护人民民主,以实现人民当家作主为目标。由此可见,继承传统礼仪文化最首要的任务就是解决为谁服务的问题,树立正确的阶级立场。

社会主义核心价值观以构建自由、平等、公正、法治的社会秩序为目标,突出人人享有平等的社会地位以及在法律允许范围内的自由。因此,在对传统礼仪文化进行继承时,要坚决破除特权思想和特权行为,使每个人都能得到公正的对待和平等的尊重。

社会主义核心价值观注重培养个人爱国、敬业、诚信、友善的品质。在对传统礼仪文化进行继承时要赋予传统礼仪文化社会主义性质，破除传统礼仪文化中压抑、扭曲人性的成分，促进人的自由发展。

(二) 营造良好的社会氛围

在新时代，继承传统礼仪时要大胆扬弃并进行创新。一方面在仪式上，我们主张称呼先生、女士、老师等，用握手、鞠躬来表示友好，尊敬他人而不自卑。另一方面在礼仪活动中，我们要充分利用青年节、建党节、建军节和国庆节等节日，使人们在节日活动中接受爱国主义教育，调动民众弘扬民族精神的积极性。

自媒体时代，人人都可以在网络上发布自己的作品，人们可以借助现代表现形式来表达自己对传统礼仪文化的理解。但网络并不是法外之地，不仅要进行立法规范，还要发展网络礼仪文化。在网络社会中，双方常常不清楚对方的性别和职业，在交流过程中，要秉持"礼尚往来"的原则，发布信息时，严格把控信息的质量，拒绝传播文化垃圾，拒绝是非不分、扭曲经典、胡编乱写、以丑为美的内容；接受信息时，要有所选择，不能全盘接受，要注意保持清醒的头脑和坚定的价值立场。

当前，世界正处于百年未有之大变局，在传统礼仪文化的继承过程中，我们要始终坚持以马克思主义为指导，正确处理好传统礼仪文化与社会主义先进文化的关系，坚持去粗取精、批判继承，推进传统礼仪文化滋养社会主义先进文化。同时，我们必须坚持党的全面领导，发挥党总揽全局、协调各方、集中力量办大事的优势；坚持以我为主、为我所用的原则，广泛开展与其他民族的平等对话，吸收借鉴优秀文明成果，向世界展示开放友好的文明中国形象。

第七章

中原宗教文化

宗教是文明的具体表现形式之一，中原地区宗教的发展，长期以来受到中原文化的影响。中原宗教文化不仅是中原文化的重要组成部分，也对历史上中原地区政治、经济、社会等的发展产生了深远影响。

第一节 宗教的产生

宗教作为一种社会意识形态，是人类社会长期以来普遍存在的一种社会现象，对人类社会的发展产生着深刻而广泛的影响。宗教作为社会意识形态的组成部分，在人类文化史上一直占有十分重要的地位。

一、宗教的本质和基本特征

宗教观念是在原始社会发展到一定阶段，人具有抽象思维能力的时候才出现的。考古发现证明，宗教观念的萌芽最早约产生于十万年前，最初的原始宗教约产生于三万年前至一万年前的中石器时代。早期人类由于智力水平低下，无法正确认识一些自然现象、人的生理和心理现象，因而对人类以外的一切产生一种恐惧感和神秘感，认为自己周围的自然物和自然现象具有生命、意志、灵性和神奇的能力，主宰和支配着自己的生活。这样，原始人就将自然现象人格化为众多神灵加以膜拜，以祈祷、祭祀、法术等形式祈求神灵消灾降福。

（一）宗教的本质

我们现在所说的"宗教"，源于拉丁文"Religare"。"Religare"有"联系"之意，泛指人与神的联系，人对神圣物的信仰。我国古代典籍中也有类似的说法。《易经》说："圣人以神道设教，而天下服矣。"《礼记·祭文》也说："合鬼与神，教之至也。"这两句话反映了我国古人的一种宗教观，都强调了宗教是教化人民的至理。近代人有些根据传统说法也有"宗者本也；宗教者，有所本而以为教也"的字面解释。故宗教本义是指人与神的一种关系。所谓"神"是某种被神秘化了的超自然力量。

宗教一般都认为,在客观世界之外,存在着超自然界、超社会的神秘境界和力量,它们主宰着自然界和人类社会。这就是宗教的本质特征,是一种以虚幻的认识方式反映客观世界的社会意识形态。

宗教在其后的发展过程中,与各种文化现象结下了不解之缘。纵观人类发展的历史,几乎所有的文化形态都与宗教有着密切的联系。不但那些直接标志着人类文明的哲学、科学、文学艺术、书法绘画、雕塑等有着深深的宗教印痕,就连那些作为各个时代上层核心的政治制度、法律思想、道德规范等,也深受宗教的制约。至于宗教对各个时期、各个民族的生活习俗、社会心理、文化特征的影响,就更是无处不在,影响深广。

(二)宗教的基本特征

1.宗教意识

任何宗教都发端于一定的宗教意识,没有宗教意识就没有宗教,宗教是立足于信仰之上的。

宗教意识都是以主张和提倡盲目信仰超自然存在物为根本特征的,即信仰对象的超人间化和信仰的盲目性两个方面。世界上任何一种宗教,其信仰对象无一例外都是超人间化的。只是由于各种宗教的世俗基础和社会历史条件不同,这些超人间化的信仰对象常常具有不同的特征。在这之外,由于宗教信仰对象是现实世界的一种虚幻、超人间的反映,人永远不能感知到,更无法为实践所证实。因此,人们对这种对象的服从、信仰与崇拜是完全盲目的,这就是宗教信仰与其他信仰具有根本不同的性质。

2.宗教组织实体

宗教是一种社会意识形式,但与一般的社会意识形式不同,具有相应的组织形式、严格的组织戒律、固定的宗教职业者和规范的礼仪等特点。宗教礼仪是人们进行宗教活动和维系宗教组织的依据。另外宗教还有教规,禁忌和戒律是教规的基本形式。教规在思想上严禁其信徒接触与本宗教相抵触的教派,在日常生活上都渗透着其信徒对本宗教的信仰必须虔诚。除此之外还有宗教道德,它注重指导和约束宗教信徒的行为规范。

如果抛开中国历史上的各种宗教,就不能从整体上认识和理解中国文化。

二、中原地区的早期宗教

与世界上许多地区和民族一样,宗教在我国有着悠久的历史,而远古宗教则是原始氏族社会中自发产生的宗教,其大致可分为自然崇拜、鬼神崇拜、生殖崇拜和图腾崇拜四大类。在这些主要分布于中原地区的原始宗教中,尤以自然崇拜和鬼神崇拜最为盛行。

(一)自然崇拜

所谓自然崇拜,就是把诸如日月星辰、风云雨雪乃至名山大川等自然现象神化,进而把它作为一种超自然力量加以崇拜,祈求它的保护和赐福。我国古籍《山海经》就是一部集中反映万物有灵观念的作品,它把海、湖、山、泽、鸟、兽都说成是有灵性的,并把人间的自然灾害及社会动乱等都说成是万物之灵的故意安排。

在宗教史上的各种自然崇拜中,日神崇拜最为盛行。我国古代典籍,如《山海经》《淮南子》《楚辞》等,均有许多关于对日神崇拜的记载。所不同的是,有些是把太阳当作与本部族有血缘关系的善神、保护神来崇拜,而有些则把太阳视为恶神、敌对者之神。这种日神崇拜直至夏、商、周三代还很盛行。上古时代的一些神圣名号,如伏羲、太昊、帝俊、重华(舜)等,都是古代太阳神的尊号。在《礼记·郊特牲》中,日神曾被尊为"百神之王"。日神崇拜之所以会在中国乃至世界历史上都十分盛行,与太阳对人类生活有着直接和强大的影响有关。太阳每日东出西没,光芒万丈,既给人类带来光明和温暖,又带来干旱和灾难。思维幼稚而简单的原始人,既需要太阳的恩赐,又对其变化感到神秘莫测和无可奈何,便把它作为一种神秘的超自然力量进行顶礼膜拜。这样,与人类生活有着密切关系的太阳,就成为人类最先的崇拜对象。

除日神崇拜外,中国古代也颇盛行月神崇拜。月神又叫月光娘娘、太阴星主、月姑、月光菩萨等。崇拜月神,在中国由来已久,在世界各国也很普遍,这是源于原始信仰中的天体崇拜。

此外,几乎所有的自然物和自然现象都曾经在不同时期、不同情况下被人们当成一种人格化的超自然存在而受到崇拜。例如,星、云、风、雨、山、地、

河、树等。其中影响较大的有山神、河神崇拜。清代毕沅在其《山海经新校正序》中说:"禹与伯益主名山川,定其秩祀,量其道里,类别草木鸟兽。"又如,天子封禅祭天地和河伯娶亲等事例的记载与传说,足以说明山河崇拜在我国有着十分悠久的历史。

其实,祭拜山川之神并非始于夏代,在夏之前早就有祭名山大川的活动。进入阶级社会以后,崇拜及祭祀山神常常成为历代最高统治者的一项重大的宗教活动,殷墟卜辞中就有许多关于山神崇拜和祭祀山神的记录。许多天子、国君登基之后都要举行封禅天地的盛大仪式,其中最常被封禅祭祀的当数泰山,其次则是中岳嵩山。《史记·封禅书》引述管仲的话说:"古者封泰山禅梁父者七十二家,而夷吾所记者十有二焉。"可见古代封禅祭山之盛。

对于河神的崇拜,人们很容易想到"河伯娶妇"的传说。《史记·滑稽列传》中记载了魏文侯时,西门豹用巧计惩罚那些以替河神娶亲为名敲诈民财的巫祝和乡绅的故事。虽然传说本身对河神持否定的态度,但我们从中可以看到河神在历史上的巨大影响。据史料记载,每次祭河神时都要献上很多祭品,一开始是用牲畜作为祭品,后来甚至发展到用活人来祭河神。殷墟卜辞中就有不少关于以人和牲畜来祭祀河神的记载。可见,河神崇拜在我国也有十分悠久的历史。

中国古代对于日月星辰、名山大川等自然神的崇拜,到了夏、商、周三代后,逐渐发展为对至上神——"天帝"的崇拜。当然,中国古代宗教中至上神的出现与世俗社会中帝王的产生是相对应的。由于世俗社会中出现了阶级,出现了国家和作为国家最高统治者的帝王,因此,天国中也随之出现了凌驾于众神之上的"天帝"和"上帝"。

(二) 鬼神崇拜

鬼神是世俗文化的天然内容,而人类创造的鬼神具有符合人们心理文化所认可的"形象"。何谓鬼神?《礼记·祭法》有种说法:"山林川谷丘陵,能出云,为风雨,见怪物,皆曰神。"鬼即人死后的灵魂,如《祭法》所说:"人死曰鬼。"鬼神崇拜起源于人类对自然和生命之谜的探索和理解的需求。人们在面对自然灾害、疾病、死亡等无法掌控的力量时,为了寻求安抚和保护,开始崇拜并祈求超自然存在的庇佑。这种崇拜往往通过祭拜、祷告、祝愿、祭祀等仪式活动来表达对鬼神的敬仰和依赖。

(三) 生殖崇拜

生殖崇拜是原始社会普遍流行的一种风俗。它是原始先民追求幸福、希望事业兴旺发达的一种表示。所谓生殖崇拜,就是对生物界繁殖能力的一种赞美和向往。生殖崇拜的观念,起源于原始人对自身种族繁衍的强烈关心。在原始时代,原始人面临恶劣自然环境的挑战,平均寿命低,婴儿死亡率高,必须以高生育率才能保持种族的生存与发展,因此,生殖崇拜是必然的。恩格斯在致约瑟夫·布洛赫的信中提出:"根据唯物主义观点,历史中的决定性因素,归根到底是现实生活的生产和再生产。但是,生产本身又有两种。一方面是生活资料即食物、衣服、住房以及为此必需的工具的生产;另一方面是人类自身的生产。"因此,中国上古神话中女性的形象往往集创世神、始祖神、产育神等多种身份于一体。

(四) 图腾崇拜

图腾是美洲印第安奥基华斯部落的语言"Totem"的音译,意思是"它的亲族"或"它的标记"。图腾崇拜是发生在氏族公社时期的一种宗教信仰现象。一般表现为对某种动物的崇拜,也属祖先崇拜的一部分。在许多图腾神话中,崇拜者认为自己的祖先就来源于某种动物或植物,或是与某种动物或植物发生过亲缘关系,于是这种动、植物便成了这个民族最古老的祖先。在中国古代,相传黄帝率熊、罴、貔、貅、豹、虎六兽同炎帝殊死搏斗,这六兽其实就是六个氏族各自的图腾。在中国古代神话体系中,伏羲氏以龙为图腾,黄帝以云为图腾,炎帝以水为图腾。"龙""凤"都曾是华夏先民的图腾。据考证,华夏民族的旗帜为龙旗,一直沿用到清代,而古突厥人、古回鹘人则都以狼为图腾,史书上也有他们打着狼图案旗帜的记载。

第二节　中原地区的古代宗教

中原地区在两汉时期已形成系统的遵奉天帝为中心的宗教观念和宗教理论,并存在相应的宗教习俗。其中对中原地区影响最为深远的宗教主要为道教和佛教。

一、中原道教

(一)道教

中国的道教从历史渊源上,是从古代的鬼神崇拜和神仙信仰发展而来的。后来,在汉代黄老道家理论的基础上吸收了古代的卜筮、阴阳、五行、符水、巫觋、占星、望气、堪舆等方术,并掺杂了墨家鬼神学说和互助互利思想,以及儒学经学中的谶纬之学、伦理道德,甚至佛家的宗教理论和宗教仪式,最终成为一种宗教实体。道教成为一个有组织的独立宗教,是在东汉中晚期,其标志是民间秘密组织的产生和原始经文的形成。这一时期形成了两大流派,一是张道陵创立的五斗米道,一是张角等人创立的太平道。

西晋时期,道教陷入低谷,五斗米道一方面在民间秘密流传,一方面在士大夫中传播。东晋道士葛洪(283—363年)所著的《抱朴子内篇》10卷,主要论述神仙方药、鬼怪变化、养生延年、禳邪却祸等。葛洪系统阐述和总结了战国以来神仙方术的理论,丰富了道教的思想内容,在极力推荐神丹长生之术的同时,认为应把儒家纲常名教思想吸收到道教教义之中。他的这一主张为官方道教奠定了理论基础。在南北朝时期,官方道教已经形成,道教受到统治阶级的保护和扶植。北魏嵩山道士寇谦之在魏太武帝支持下,对五斗米道进行了改造。他"除去三张伪法和租米钱税及男女合气之术"(《魏书·释老志》),改为"专以礼度为首,而加之以服食闭炼",并排斥佛教,制定乐章诵成新法。后在宰相崔浩的引荐下,受到太武帝的宠信,被敕准建立师道及道坛,称新天师道,后亦称北天师道。

南朝刘宋时有庐山道士陆修静致力传道,"祖述三张,弘衍二葛",受到明帝的礼遇。他广授道书,编成《三洞经书目录》,成为我国最早的道经目录。陆修静依据封建宗法制度和伦理,吸收佛教修持方法,广制斋仪,"意在王者遵奉",迎合士族阶级的需要。此为南天师道。此后,南朝梁时茅山道士陶弘景最为统治者所赏识,梁武帝每遇朝廷大事,都向他请教,时人称"山中宰相"。他主张三教合流,认为"道"为之气,太极,是天地万物之源,从而使道教改变了早期与统治者对立的立场,并得到统治者的承认和支持,由早期的民间宗教逐渐演变为成熟的正统宗教。

从隋唐到明代中叶,道教进入兴盛时期。道教教义、仪式日益完备,形成庞大的经典体系,在组织上形成了全国性的管理体制和道官系统。

隋代,佛、儒、道三教并立,隋朝在重佛的同时也保护儒道二教。到唐朝,皇室已偏向道教,以道、儒、释排列三教之次序。唐高宗时,尊老子为"太上玄元皇帝"。玄宗时曾下令两京及诸州各建玄元皇帝庙一所,每年依道法斋醮。唐武宗因信道而灭佛,在他的大力支持下,道教获得了空前的发展。

宋代皇室也尊崇道教,称其祖赵玄朗为道教尊神,封为"圣祖上灵高道九天司命保生天尊大帝",并加封老子为"太上老君混元上德皇帝"。道教与统治者紧密结合,使道教走上空前的繁盛时期。他们还编造天神显灵和天书降世的故事,下令编修《道藏》,修造道观,使道教的社会影响进一步扩大。道教的哲学、养生术、炼丹术、科仪规章也随之更加完善。南宋以后,由于三教合流的影响,以修持内丹术为主的金丹道派开始兴起,在华北出现了全真道、太一道、真大道等新道派。南方出现了金丹派南宗、天心、神霄、清教、净明等新道派。宣扬三教合一,注重内丹修炼是这一时期新道派的主要特点。但到元朝中期,元宪宗八年(1258年)和元世祖至元八年(1271年),元朝两次下令焚毁道经,对道教打击很大,道教遂走向衰落。

明代初期,道教受到统治者的重视,道士邵之节、陶仲文等被封为真人,担任朝廷显要官职,但到明中叶之后,道教逐渐衰落。清代皇室更是尊崇佛教,对道教予以限制,道教对上层统治阶级的影响逐渐消失。在急剧的社会变革中,道教也丧失了作为中国文化主流的地位,转而在民间发展。

(二)道教与道家思想

道教信奉先秦道家创始人老子为教祖,以《道德经》为首要经典,以"道"为基本信仰,其基本教义为尊道贵德、修身养性,齐同万物、返璞归真。

"道"是道教的根本信仰。此"道"从被道家奉为经典的《老子五千文》而来。道教注重从宗教的角度去理解和阐释老子所讲的"道",把它说成是宇宙万物之本源,同时又是"灵而有性"的"神异之物"。汉魏六朝的道教神学,继承和改造了道家的宇宙论。他们将《老子》中所说的"道",改造为有人格意志的尊神,并将道家"道生一、一生二、二生三、三生万物"的宇宙论解释为洪元、混元、太初三个不同的神秘世纪。"洪元"既是"道"也是一,或为元气,此时宇宙混混沌沌,没有阴阳,没有天地。"混元"即为二,此时阴阳初开,天地生成。最后是"太初",即为三,阴静阳动,五行交配,万物生成。道教同时又将这三个世纪予以神格化而加以崇拜,"洪元"为玉清元始天尊;"混元"为上清灵宝天尊;"太初"为太清道德天尊。这三位天尊为道教的最高天神和最高天境,号曰"三清",即代表"道"。同时道教认为"道之在我者为德",因而修德与积德是统一的。道教除了崇拜"道",崇拜神格化的"三清"外,还崇拜由"道"衍生的宇宙万物,崇拜自然,崇拜"得道成仙"的历史人物。道教认为天界与人间一样,由一个以玉皇大帝为首的天上统治体系掌管各类事物。由此,道教创造了一个几乎无所不包的庞杂的神仙体系。这一神仙体系大体分为五类:神仙、天仙、地仙、人仙、鬼仙。

道教的经典,收集在《道藏》中。现存最完整的《道藏》是明代的《正统道藏》与《万历续道藏》。道教的主要经典有《道德真经》(即《老子》)、《南华真经》(即《庄子》)、《太平经》、《阴符经》、《周易参同契》、《黄庭经》等。

二、中原佛教

(一)佛教起源

佛教是当今世界三大宗教之一,产生于公元前 6—5 世纪的古印度,创始人是乔达摩·悉达多。"释迦牟尼"是佛教徒对他的尊称。他又被称为"佛"

或"佛陀",意思是"觉者"或"觉悟了真理的智者"。据传释迦牟尼是古印度迦毗罗王国净饭王的太子,生于公元前565年(卒于公元前485年),母亲生下他7天后就去世了,幼年时代的释迦牟尼由姨母养育。释迦牟尼在他成长过程中不满建立在种姓制度基础上的僧侣神权统治,又深感人生老病死的种种苦难,毅然抛弃舒适的生活出家修行。他先是到深山修苦行,但毫无所获。35岁时在一棵毕波罗树下经过49天静坐沉思觉悟成佛(从此这种树被称为"菩提树","菩提"意为"觉")。释迦牟尼成佛后,首先把自己悟出的佛法传给五名亲族随从,五人听后,欣然皈依,至此,佛、法、僧俱足,标志着佛教正式诞生。

释迦牟尼悟道成佛后,就开始收徒传法。他的弟子们将他生前所说的佛法理论、佛教戒律及弟子们对佛法的阐释编辑成经、律、论"三藏",并经多次补充修订,汇编成书,称为《大藏经》。

依据《大藏经》,佛教的基本教义是以"四谛"说、缘起论和业报轮回说为教理,主张依据"三藏"修持戒、定、慧三学,以断除烦恼,摆脱痛苦,达到"涅槃"的境界。

(二)佛法东传

佛教诞生后随着传播范围逐渐扩大,大约在公元前3世纪,佛教从印度传播到国外,逐渐成为世界性的宗教。大约在公元前2世纪,佛教先后沿着贯通亚洲大陆的丝绸之路、南方海路和陆路三条路线传入中国。

中国佛教界和学术界认为佛教正式传入中国的时间是在西汉末期哀帝元寿元年(前2年)。佛教自传入中国到与中国文化融合,经历了一个漫长的历史过程。汉、晋时期,中国人把它看成一种神仙方术,佛教在这一时期主要以佛经的翻译、解说、介绍为主,僧人在译经时结合了当时中国的实际情况,用儒道思想解释佛经。南北朝时期,从广译佛经进入到深入地研究佛经,讲经和著述之风甚盛。佛教僧人也进一步把佛教的思想和儒、道思想相融合,开始创建具有中国文化色彩的佛教宗派。隋唐时期由于统治阶级的大力扶持,中国佛教达到鼎盛,也是中国佛教的成熟期,这一时期出现了许多富有中国文化色彩的佛教宗派,主要有天台宗(也称法华宗)、华严宗、禅宗、净土宗、唯识宗、密宗、律宗、三论宗。其中在中国历史上影响较大的宗派有天台宗、唯识

宗、华严宗、禅宗和净土宗。这几个宗派后来也传播到了朝鲜、日本和越南。宋明以后，佛教真正与中国文化融为一体，出现了儒、释、道三教合流的局面。

第三节　宗教与中原文化

一、道教对中原文化的影响

从道教在中国形成和发展的过程来看，道教与中国古代诸多文化形式之间的关系都十分密切，这也是中国传统文化会通精神的结果。例如，鲁迅先生就曾说过："中国文化的根柢全在道教。"在中国历史的发展过程中道教对中国传统文化产生了深刻的影响。

道教以认真、执着的态度和接近科学的方法来追求、实践神秘、虚幻的宗教理想，这主要表现在炼丹术和中医学方面。炼丹术在中国起源很早，战国时，燕齐方士间就有神仙传说和求取仙药的事，到秦汉便有了炼丹术和黄白术。道教通过对炼丹术的吸收和实践积累了许多理论和经验。例如，东晋葛洪的《抱朴子·金丹篇》对"还丹"的化学反应有一个概括："丹砂烧之成水银，积变又还成丹砂。"丹砂就是硫化汞。对丹砂进行烧炼，其中所含的硫变成二氧化硫，离析出水银，再使水银与硫黄化合，便生成硫化汞，这不但开了我国化学之先河，而且也是现代化学之先声。另外，我国四大发明中火药的制作原理就来源于道教的炼丹术。

道教在中医学上更是硕果累累。道士们视疾病为长生不老的障碍，莫不兼修医术。东晋道士葛洪是中国古代著名的医学家，他的《肘后备急方》对天花病、结核病、寄生虫病、麻风病的记载，以及针对某些疾病的治疗方法，均居世界领先地位。陶弘景的《神农本草经集注》是对古代中药学的总结。唐代道士孙思邈更被奉为"药王"，他的《备急千金要方》30卷，《千金翼方》30卷，对于药方之制作方法、疾病的诊断、治疗和预防等都有详细的记载。道教对古代养生的影响也非常巨大，如气功、导引、按摩等，其源头就是道教之守一、存思、服气、内丹等修养方法。

道教对于古代文学艺术的影响也非常大,如六朝出现许多志怪小说,其中不少作品专为道教而作,如《汉武帝内传》《海内十洲记》等;有些作品则与道教的思想内容关系十分密切,如六朝时的《搜神记》《后搜神记》,明代《西游记》(除《西游记》以佛教为题材外,其余均写道教神仙)及后来的《封神演义》等。中国古代诗词也多有表现神仙、道情的作品,如汉代之后出现了许多游仙诗,至唐之李白,自号"谪仙人",信道虔诚,颇具仙风道骨,写了很多与道教有关的诗作,"五岳寻仙不辞远,一生好入名山游"。另外,道教对中国的建筑、绘画也产生了较大影响。

道教对古代民俗的影响非常广泛、深刻,有些影响甚至延续至今。例如,对城隍、土地、灶君之崇拜和祭祀,几乎遍及全国各个地区、各个民族乃至各家各户。这种信仰究其源头说,也许是出自原始宗教的地神崇拜。中国的老百姓,不管信仰道教与否,对这些神灵大都很恭敬,祭拜也颇殷勤。在一些较边远的地区,至今有些家庭的灶台上还贴着诸如"上天言好事,下地保平安"的对联,旨在请求灶神为一家人祈福保平安。每逢年末岁首,道教对于民俗的影响表现得更明显。春节是中国人最隆重的传统节日,在这个节日里,从喜庆、娱乐到饮食、祭祀,集中地体现了中国民间风俗和传统文化的特点。节日到来之前,很多人就忙于贴门神、灶马,画桃符、钟馗,迎赵公元帅,十分热闹。此种习俗,自宋代一直延续到近现代,有些甚至延续至今。其中门神、灶马、桃符、钟馗等,均出自道教。

二、佛教与中原文化

(一)禅宗与禅学

"禅"是从梵文的"禅那"音译过来的,它的意思是"思维修"或"静虑",属于菩萨行六度中的一度,指的是一种修行的方法。作为一种传统的宗教意识形态,禅宗创造性地把印度佛学与中国文化二者有机地结合在一起,构成了最具中国特色的佛教体系。它以众生的心性本源为核心旨趣,通过不同形式的修禅来实现其所追求的价值理念。其特征通常被概括为"教外别传、不立文字、直指人心、见性成佛"。禅学是佛教的禅法理论,中国佛教的重要学说。

禅作为佛教的修持活动,有小乘、大乘的区别,而其共同目的是通过安静身体,集中精神,排除内心的干扰和外界的诱惑,将思想专注于一定的观察对象,按照佛教的立场和义理进行思考,以根除烦恼,去恶为善,转痴为智,以得到精神解脱。

(二)白马寺

洛阳白马寺,位于河南省洛阳市老城以东 12 千米处,始建于东汉永平十一年(68 年),是佛教传入中国后兴建的第一座寺院,距今已有 1900 多年的历史,占地面积约为 200 亩,现存的遗址古迹为元、明、清时所留。寺内保存了大量元代夹纻干漆造像,如三世佛、二天将、十八罗汉等,弥足珍贵,堪称世界著名伽蓝。洛阳白马寺也因此被认为是中国佛教的发源地,有中国佛教的"祖庭"和"释源"之称。

东汉永平七年(64 年)正月十五元宵佳节(或云四月初八),汉明帝刘庄(刘秀之子)夜寐南宫,梦见一个高大的金人,身长丈六,自西方而来,在殿庭上飞绕。第二天早晨,汉明帝召集大臣,告其所梦。傅毅启奏道:臣闻西方有神,名曰佛,形如陛下所梦者。汉明帝听了之后信以为真,便派郎中蔡愔、秦景等 10 余人,出使西域,拜求佛经、佛法。

永平八年(65 年),蔡、秦等东汉使者告别帝都,踏上了"西天取经"的万里征途。

永平十年(67 年),汉使、梵僧以白马驮载佛经、佛像同返国都洛阳。汉明帝见到佛经、佛像,十分高兴,对二位印度高僧极为礼重,亲自接待,并将他们安置在当时负责外交事务的官署——鸿胪寺暂住。

翌年,汉明帝敕令于洛阳城西雍门外三里御道北兴修僧院。"于其壁画千乘万骑,绕塔三匝,又于南宫清凉台及开阳门上作佛像。"(《理惑论》)为纪念白马驮经,取名"白马寺"。这就在东土大地,周、孔、老、庄之邦,洛河之滨,天子脚下,诞生了中国最早的一座佛寺——洛阳白马寺。"寺"字即源于"鸿胪寺"之"寺"字,后来"寺"字便成了中国寺院的一种泛称。此后不久,汉明帝又以摄摩腾之对,敕令兴建齐云塔。

佛教在中国扎根、传播最初的 200 年,整个过程都与白马寺息息相关。这里是中国第一次西天求法的产物,是最早来中国传教弘法的僧人的居所;这里诞生了第一部中文佛经和中文戒律,产生了第一个中国汉地僧人;等等。1961年,洛阳白马寺被中华人民共和国国务院公布为第一批全国重点文物保护单位;1983年,被国务院确定为全国汉传佛教重点寺院。

(三)禅宗祖庭少林寺

少林寺,位于河南省郑州市登封市,始建于北魏太和十九年(495年),是孝文帝为了安顿印度高僧跋陀落迹传教而兴建的一座寺院,因坐落于嵩山腹地少室山茂密丛林之中,故名"少林寺"。少林寺不仅是禅宗的发祥地,还是中国功夫的发祥地,有"禅宗祖庭,功夫圣地"之称,被誉为"天下第一名刹"。禅宗祖庭是禅宗宗派的发祥地,是祖师大德修行正果、开宗立派的根本道场。作为祖师曾经居住或者传道的地方,祖庭处处体现了祖师的生活真谛、深刻鲜活的教义思想和精神。因此,祖庭是神圣的、至高无上的,是汇聚着祖师的灵气和浸染祖师精神的地方,也因此成为海内外信众的精神家园与信仰圣地。

北魏孝明帝孝昌三年(527年),释迦牟尼佛第二十八代徒菩提达摩来到少林寺。他在跋陀开创的基础上,广集信徒,传授禅宗,东魏孝静帝天平三年(536年)传法于慧可,从此禅学在少林寺落迹流传。达摩是历史上的一个真实人物,在文献记载中原是一个前来传教的外来僧人形象,所用笔墨寥寥,但正是这几笔不多的描写,给后世带来了无限的想象空间。达摩在不同时代被逐渐神化、具象化,成为一代祖师。伴随着佛教的发展及禅宗的兴起,其影响不断扩大,从宗教世界扩散到世俗社会,上至贵族,下到平民,几乎无人不知。从艺术、政治、文化等多方面也可窥得禅宗的思想所在,这也验证了禅宗文化的传播过程中,达摩作为中土禅宗初祖的重要地位。作为禅宗祖师,达摩在佛教发展史中所起的作用,不仅体现在《二入四行论》等经典著述,他一生之中诸多事迹通过语言、文字、雕刻、绘画、音乐等艺术形式,经过历代演绎,为普罗大众所耳熟能详。

自达摩祖师后,少林寺又因历代少林武僧潜心研创和不断发展的少林功夫而名扬天下,素有"天下功夫出少林,少林功夫甲天下"之说。2010年8月,

包括少林寺常住院、初祖庵、塔林、东汉三阙、中岳庙、观星台等在内的历史建筑群被联合国教科文组织列为世界文化遗产。

(四) 玄奘西行

玄奘本姓陈,名祎,河南洛阳缑氏(今河南偃师缑氏镇)人,我国汉传佛教四大佛经翻译家之一,中国汉传佛教唯识宗创始人。他13岁出家,21岁受具足戒,曾游历各地,参访名师,学习《涅槃经》《摄大乘论》《杂阿毗昙心论》《俱舍论》等经论。因为感到各师所说不一,各种经典也不尽相同,于是决定西行求法,以解迷惑。他曾陈表朝廷奏请去西方求法,未被允准。

贞观三年(629年),朝廷因饥荒允许百姓自行求生,他即从长安出发,经姑臧出敦煌,经今新疆及中亚等地,辗转到达中印度摩揭陀国王舍城。进入当时印度佛教中心那烂陀寺,师从戒贤学习《瑜伽师地论》《显扬圣教论》《对法论》《集量论》《中论》《百论》《俱舍论》《大毗婆沙论》《顺正理论》《因明论》《声明论》等论典,着重钻研《瑜伽师地论》,兼学梵书《声明记论》。不久,声名大起。5年后,游历印度东部、南部、西部、北部数十国。回到那烂陀寺后,戒贤让他主讲《摄大乘论》《唯识抉择论》。玄奘著《会宗论》三千颂,融会了空有二宗,批驳了师子光反对《瑜伽师地论》的观点,因而受到戒贤的赞赏。曾和"顺世论"者辩论获胜;还奉戒贤之命独自同小乘论师辩论并获胜。戒日王在曲女城为玄奘设无遮大会,玄奘宣讲大乘教义,获得更大声誉。

玄奘于贞观十九年(645年)返回长安。史书记载,玄奘西行求法,往返17年,旅程5万里,所历"百有三十八国",带回大小乘佛教经律论共520夹,657部。他归国后受唐太宗召见,住长安弘福寺,后又住大慈恩寺。从贞观十九年开始,约20年间,主要从事译经事业,先后译出大小乘经论共75部1335卷,其中主要有《大般若经》《解深密经》《大菩萨藏经》等。他还曾把《老子》和《大乘起信论》译为梵文,传入印度;将入印路途见闻撰写《大唐西域记》12卷。

(五) 佛教对中原文化的影响

佛教在传入中国和实现民族化的过程中,极大地丰富和充实了传统文化的内涵,对中国的哲学、文学、美术、雕塑、音乐、建筑等文化形态,乃至中原民众的生活习俗,都产生了极为深远的影响。

在哲学方面,自魏晋之后,中国古代哲学就与佛教结下了不解之缘,如魏晋玄学,先是作为般若学传播的媒介,进而与般若学交融汇合,最后为般若学所取代。隋唐时期佛学发展鼎盛并成为当时社会势力极大的思想潮流。至于宋明理学,在思维模式、修行方法等方面,受到佛教的影响也十分明显。总之,佛教思想中对宇宙、对人生的分析,蕴含着独到的哲学智慧,对中国传统文化中重经验的直觉思维方式具有极大的启迪作用。

在文学方面,对佛经的翻译,就是我国翻译文学产生的标志;汉译佛经的流传在我国创造了变文、俗讲、语录体等新文体;中国评话、评书、戏曲、俗文学等深受其影响;佛经中的幻想、夸张等写作手法对中国小说亦有影响。例如,许多志怪小说,特别是神话小说《西游记》更是以佛教故事为主题的经典之作。而向来被称为中国古代文化之冠冕的诗、书、画都很注重"境界",而"境界"与佛教的"禅机"多有相通之处。至于雕塑、造像、建筑等也都受到佛教艺术的影响。

佛教对语言学也有深刻的影响,我们日常流行的许多用语,如"清规戒律、一尘不染、一针见血、天花乱坠、醍醐灌顶、世界、实际、平等、刹那"等都来自佛教,它们极大丰富了中国的语汇,成为中国语言的一部分。另外,佛经用梵文写作,梵文是拼音文字,发音变化要求严格。通过佛经翻译也促进了中国音韵学的发展。

在长期的中国化过程中,佛教的轮回、天堂地狱、因果报应等观念对广大民众也产生了不同程度的影响。尽管佛教宗派众多、信仰方式各异,但由于众佛以拯救众生,慈悲为怀,因而赢得了中国善男信女们的顶礼膜拜。由于民众对佛教的信奉,除了遍布城镇乡村的佛寺庙宇外,名山胜地也有大量的佛教圣迹。每当岁时年节,佛诞日,人们往往不分远近前往拜谒、磕头烧香,以求心灵的安慰。另外,佛教的超度、赶庙会、放生、素食等活动和规诫,也成为民间习俗,影响着人们的生活。

第八章

中原武术文化

武术在我国有着悠久的历史,起源于我国远古祖先的生产劳动。人们在狩猎的生产活动中,逐渐积累了劈、砍、刺的技能。这些原始形态的攻防技能是低级的,还没有脱离生产技能的范畴,却是武术技术形成的基础。武术作为独立的社会文化现象,是同中华民族文明的产生同步的。

第一节 中原武术的起源与发展

一、中原武术的起源

武术有着悠久的历史,是中华民族在长期生活与斗争实践中不断积累和发展起来的一项宝贵的文化遗产。河南是少林拳、陈氏太极拳、苌家拳、形意拳四大拳派的发源地。全国129个武术拳种中,在河南流行的就有40余种。

古时河南称中州,又叫中原,是历代帝王兵家必争之地。"得中原者得天下"与"逐鹿中原"等成语更是进一步证明了这一地域长期有着战争。在历史的长河中,上古、中古灿烂的华夏文明先后出现在中原大地。中原武术就是在中原所特有的历史、地域中孕育出来的,形成了以少林拳系和太极拳系为主的中原武术文化。少林拳源于嵩山少林寺,自北魏以来广为流传。太极拳在温县的陈家沟孕育,从清代流传至今,不断发展。在长期频繁交流和各种文化的冲击、渗透、影响下,嵩山少林拳与温县陈家沟的太极拳共同成长为中原武术的典型。

晚清以来,开封的查拳、猴拳、梅花拳,安阳的弹腿,豫东的洪拳,淮阳的六步拳,博爱月山寺的八极拳,朱仙镇的汤瓶拳,以及博爱王堡的枪法(系明万历年间由唐村太极宫董秉乾所传),汜水、三门峡市陕州区、禹州市的弹弓,淮阳的棍术,长垣的六合枪,开封的剑术与跤术,滑县的虎尾镰,鹿邑的跤术等,都曾名噪一时。

回看殷墟废址,古老的冷兵器时代,周武王就给大武舞中的"夹振之而四伐"作过战斗诠释;三国时魏文帝曹丕在《典论·自序》中记载了当时的剑术"四方之法各异,唯京师为善",还创造了与将军邓展斗剑"三中其臂"而不败

的记录;北宋靖康之难,二帝被俘,河南产生了一位"还我河山"的民族英雄岳飞,他的教射师傅则是周同;少林武僧助李唐之后,历代武僧为光大少林武功作出了不可磨灭的贡献;明清时期武术大盛,陈王廷、苌乃周创造出中国名拳;近代查拳大师常振芳在开封长期授拳艺播天下;1936年在德国柏林奥运会期间,表演中国武术的国术队员中就有5位河南籍选手;中州武术文化孕育了新中国第一代河南籍武术名家常振芳、张文广、刘玉华。

另外,河南还为新中国竞技武术培养了许多杰出的人才。轰动世界的武打电影《少林寺》就是以少林寺的历史题材和人文背景拍摄的。

中州武术是生长在中州地域内的一种文化形态,在它的发展过程中,无疑受到中州地域内不同时期的政治、经济、军事和文化的影响,并在这种特定的历史环境和文化氛围中逐渐成熟和完善,沿着自身规律向前发展。

二、中原武术的发展

中原武术文化是中华武术的瑰宝之一,是中原文化的一种重要载体。发展中原武术对发展河南文化事业、文化产业都有极其重要的作用。世界的武术发展要看中国,而中国的武术文化发展要看河南。进入21世纪后,中原传统武术文化在各个方面都取得了长足的进步。2008年5月,"中原武术文化研究中心"在郑州大学体育学院正式挂牌成立。这一研究中心的成立标志着中原武术文化研究又向前迈出了新的一步。以少林文化为核心的各种武术培训学校已经具有较大的规模,每年都吸引着成百上千的武术爱好者前来学习,有些武校已经享誉海内外。以少林武术文化为亮点的武术文化主题类的大型武术表演层出不穷,山地实景演出剧目《禅宗少林·音乐大典》的出炉,就是此类演艺的一大亮点。少林寺每年都吸引着成千上万的人前来参观,不仅传播了少林文化,同时也为当地带来了颇丰的收益。

当今,太极拳已经成为我国盛行的一种拳术,为增进人民健康作出了一定的贡献,并逐步引起国际体育界和医学界的重视。全国许多高校将太极拳列为大学体育课的必修内容,对传播太极拳术、太极文化起到了一定的帮助。河南省一些高校还设立了太极拳文化研究中心等科研机构。

第二节　中原少林武术

少林武术历史悠久,源远流长,历经千百年的洗礼仍然能够永葆本色,就是因为少林武术守住了自己的根,守住了自己的魂,少林武术在融百家之长为己所用后仍能做到不变其根本,实属难能可贵。在后来的发展过程中,又不可避免地受到中国传统文化的影响,被植入了中国传统文化的因素。

一、少林武术简况

在历史发展过程中,少林寺可能一直重视武术练习,选拔一些身体素质好的弟子组成武术练习队,既担负保卫少林寺安全的使命,也经常参与国家的军事活动。遗憾的是,由于年代久远,少林寺早期习武的细节记载已找不到。到了明代,著名军事家戚继光在组织编写军事著作《纪效新书》时,大量借鉴了少林武术的内容,对少林武术文献的流传起到了重要作用。在明代,少林寺经常派出子弟参与抗倭战争。顾炎武在《日知录》中写道,少林寺僧人月空法师受命参与抗倭。这批少林弟子组成一支队伍,对入侵我国的倭寇给予了痛击。后来,这支队伍全部牺牲在抗倭斗争中。正是在一次次参与保卫国家的过程中,少林武术的名声流传开来,有了"天下武功出少林"的美名。清初,朝廷对少林寺仍十分重视,但之后则出于地方社会管理的目的,对少林寺武术练习活动作出了限制,少林寺进入了较长的衰败期。清代中期,很多武僧离开了少林寺,走向全国各地,也将少林武术传播到了全国各地。有些明清时期编写的少林武术典籍,一直流传到了今天。比如,明代少林弟子程宗献的《少林棍法阐宗》是当时棍法的集大成者,清代少林弟子编写的《拳经拳法备要》则是清代拳法的重要典籍。近代之后,少林武术流传于各地。中华人民共和国成立之后,我国武术界开始形成"南拳北腿""南武当、北少林"的说法,少林寺成为当代中国武术文化的重要基地。

二、少林武术的当代价值

(一) 文化价值

少林武术受佛教影响较大,文化是一个民族能够持续传承发展的重要基石。广义的少林武术并不仅指拳脚动作,正如少林寺方丈释永信在2005年将"少林功夫"提交申报"世界非物质文化遗产"时所言:"少林寺申报的是'功夫',而不是武术。功夫是修行,是参禅,练功夫的真正目的,是为彻底改变一个人的品行素质。少林僧人的练武,正是一种修行。"少林武术追求的是一种精神的自拔和自我的超越,这是十分难能可贵的。

少林武术不仅仅受到佛教思想的影响,同时还受到儒家和道家思想的影响。王玉滇在《破译少林武术起源之谜》中指出,僧稠禅师是少林功夫无可争辩的开创者,但是僧稠禅师不是自幼在少林寺习武,事实上少林寺是在僧稠禅师16岁时才建成的,而僧稠禅师33岁身怀绝技时才皈依佛门。由此看来,少林武术早于少林寺。因此早期的武术原本就是民间流传的武术,只是在结合了佛学理论之后升华成了少林武术,所以少林武术必然受到当时处于封建社会统治地位的儒家思想的影响。儒家思想作为统治阶级所推崇的思想,必强调"忠君爱国",《少林十戒约》中的"肄习少林技击者,必须以恢复中国为意志,朝夕勤修,无或稍懈"正是受儒家思想影响的表现。同时,儒家思想中的刚健有为、自强不息也对少林武术产生了深刻影响,少林武术的每一个套路、每一个动作无不刚猛有力、迅疾威武。道家思想对少林武术的影响主要表现在"气"的理论和谦逊的品质上。少林武术是至刚至猛的拳术,长期习练拳术,如果得不到静养的话容易造成阳气宣泄,对身体健康不利。少林武术很注重内功的修炼,《罗汉行功合谱》中写气的重要性:"天地万物皆一气之所结成,天地无气则阴阳息,万物无气则生机灭,养气固不重哉?而人为万物之灵,则养气尤为重。"少林武术在中国传统文化的大氛围内逐渐糅进了传统文化的因素。少林武术的谦逊主要表现在少林武术善集百家之长为己所用。许多武术门派排斥异己,不善于自我发展和创新,总是故步自封,固守着所谓的"传统",殊不知传统的东西拿来为今天所用才是真正的传统。少林武术以其博大的胸怀、谦逊的品质、好学的态度向百家学习,将所学的"术"用禅宗加以解释和指导,使其变为自己的东西。这样既完善了少林武术又不失少林武术之真谛。诸如少林太祖长拳、少林弹腿、少林通背拳等都是少林武术谦逊博学的见证。其中"洼则盈"就是教育世人要始终保持一种谦逊的品质,只有这样才能够不断学习新知识,才能不断完善自我和实现自我。

少林武术以佛学思想为指导,兼受儒家、道家思想的影响,在中华大地上经历千年仍蓬勃发展,少林武术是中国文化的活化石,具有重要的研究价值和意义。

(二)道德价值

少林武术的道德价值在于少林武术在发展历程中揭示了真正意义上的武德。由于传统武术的迅速没落,现在很多人不了解什么是真正的武德,或者说是分不清武德和传统儒家伦理道德。武术道德的缺失已经严重影响到武术的发展和传播。

武术在古代社会生存,就必须遵守处于统治地位的儒家伦理道德的规范,以儒家伦理道德为纲,也就是说武德必须在儒家道德许可的范围内。然而武德又不同于传统的儒家伦理道德,国际孙禄堂武学研究会副主席童旭东先生曾言:"武德之所以是武德,不同其他道德的特征有三:其一,其德来自武;其二,其德的内涵与武不可分,具有其他道德所不具备的内涵,即不可替代;其三,其德的表达形式只能以武表达。"

有人认为讲武德就是一味地谦让,就是不动手不较技,其实那就离武德的本意更远了。所以,对于人而言,真正的德不是任何束缚自己的外来物,而是通过自由意志对自我的规定:自律。而这一自律的内容并非仅仅存在于自我的认识中,而是可以被他人感知的。之所以被他人感知和承认,是因为具有利他的特性。因此德的基本特征有两个:其基础是自律;其表征是利他,利他是德的形式,这个形式是可以被感知的,这就是道德感。将这两者结合起来就是在具有损害他人的能力的情势下,通过自律没有损害他人,这就是德。同样,武德也不能是来自任何外加的戒律,而是自律。而且武德不同于一般道德之处,就是必须以格斗制胜能力为前提、为条件。一个没有格斗制胜能

力的人只可能涉及一般道德,而谈不上武德。谈论武德,其基本前提有二:一是自律,二是技击制胜能力。

少林武术千百年来始终站到正义的一方,匡扶正义,做到技不乱施、谦让于人,从很大程度上阐释了传统武德的真正意义。

(三)传承价值

少林寺在长期的生产实践中依据生存以及发展的需要,创编出了极具民族特色,且具有健身、防卫、娱乐等功能为一体的传统武术,也就是传承至今的少林武术。其作为传统武术文化的重要组成部分之一,深受民俗文化的影响,并在各个方面都有显著的印记,体现了中华民族自古至今的尚武精神。

少林寺内持久浓郁的尚武习俗,使得僧人习练武术已有千年历史。少林尚武习俗源远流长,历史上诸多英雄好汉习得少林武术,谱写出了一个个可歌可泣的动人事迹。嘉靖年间,倭寇在我国东南沿海一带肆虐,少林寺组织了一队僧众,去往前线抵抗倭寇,战斗中人人奋勇杀敌,后因寡不敌众,均英勇牺牲。习练少林武术的僧众们为国家为民族作出了杰出的贡献。在经历过多次的战乱之后,少林武术在中原大地上茁壮成长起来,并以少林武术文化为基础,促进民族尚武精神的养成。

少林武术由蕴含攻防技击的一众技术组成,此外其所包含的精神力量产生于少林功夫在历史的演变之中的信仰习俗。功夫一词起初是佛教用语,禅宗修行的成果称为"功夫"。例如,坐禅被佛教称为做功夫,僧人通过做功夫(即坐禅)以达到开悟的状态。少林僧人的习武是强身健体、保家卫国的一种途径,同时也是一种提高自我修养的方式,因此少林寺称之为禅武(亦称禅武合一),此外在少林寺中更是有"禅武同源,禅拳归一"的说法,意为修武亦为修禅,修禅达到一定境界又可使武术得到提升。

少林寺内在保持着浓郁尚武习俗的同时,受到佛家慈悲为怀、众生平等观念的影响,少林武术的修炼者普遍形成崇德扬善、谦和含蓄的行为习惯,使得习练者在行为上处处体现着佛家思想的影子,这也使得少林武术的习练者们在积年累月中形成了一种为人处世的德行基础。

自习近平总书记提出文化自信以来,国家以及人民越来越重视民族优秀文化对提升文化自信以及民族自信的重要作用。十九大报告中进一步指出："文化是一个国家、一个民族的灵魂。文化兴国运兴，文化强民族强。没有高度的文化自信，没有文化的繁荣兴盛，就没有中华民族伟大复兴。"文化自信和文化认同更是文化可持续性发展的重要因素之一，因此，少林武术适应了时代的要求，应以文化自信和文化认同为核心，深化少林武术文化特色，对少林武术进行传承与发扬。少林武术虽动作大开大合，展示出刚猛之风，但实际上却是刚柔并济，注重以巧取胜，呈现出少林武术独具特色之魅力。少林武术具有丰富的哲理内涵，这使得少林武术出于俗而又不俗。少林武术中的"禅武合一"达到了一种和谐，使得少林武术更便于传承以及发展。

中华人民共和国成立后，社会的变化日新月异，经济、政治以及文化更是与时俱进，在新时期背景下，人们的生活水平以及生活习惯随之发生了变化，人们对于精神的追求也有所提升。目前我国在传承和发扬民族优秀传统文化时，还面临着外来文化的冲击与挑战。少林武术更应认清新时期产生的变化，直面自身，进行相应的调整及改变。在武术的传承与发展上，少林对其训练以及推广方式进行了革新，通过武术表演以及竞赛的方式对少林武术进行推广与传播；此外依据国家的政策导向并运用现代科技等方式，将少林武术推向全国、面向全世界。少林武术以民族文化为核心，其以弘扬民族优秀文化、传递民族自强不息精神、促进社会安定以及增强民族自信为主要的功能，并具有一定历史价值、文化价值、健身价值、教育价值以及艺术价值。少林武术中蕴藏的民俗文化价值能够更好地展现民族的文化内涵，对少林武术的民俗特征进行深度探析，能使更多的人了解少林武术，了解中华优秀传统文化以及武术的民俗风情，从而促进国家以及社会的发展。

第三节　陈家沟太极拳

"太极"一词源出《周易·系辞传》："易有太极，是生两仪。"含有至高、至极、绝对、唯一之义，太极拳即取义于此。太极拳的渊源，其说法不一，有谓创始于唐代隐士许宣平者，有谓创始于唐代李道子者，有谓始自梁元帝时的程

灵先者,也有人谓太极拳是殷利亨所传,当时此拳名为"后天拳",还有人认为是元代辽阳人张三峰所创立。但无论如何,陈式太极拳发源于河南温县陈家沟这一事实则是毋庸置疑的。以陈式太极拳为母体的杨、武、吴、孙等其他太极流派的广泛传播也是从另外的角度印证了陈式太极拳在中华武术中的重要地位。

一、陈式太极拳的渊源

陈式太极拳的创始人是陈王廷,又名陈奏庭,系明末清初文、武庠生,自幼天资聪慧,勤奋好学。陈王廷天生面部血色就红于常人,再加上他蓄有美髯并且经常以红色的战马为坐骑,因此江湖中人都称他为"二关公"。陈王廷武艺精湛,箭术也超群,在明崇祯年间的一次应试考武举中,他就以一马三箭、三马九箭的成绩获得了在场所有人的喝彩。然而当时却因为小人从中作梗,擂鼓报靶的鼓吏受人贿赂,陈王廷与冠军失之交臂。由于不满当时昏暗腐败的考评制度,陈王廷怒发冲冠,驾着骏马挥舞大刀劈死了鼓吏,逃离了校场。

关于阴阳,易学认为,凡属于温热的、上升的、明亮的、兴奋的、轻浮的、活动的等方面的事物或现象,纯属于阳的范围;凡属于寒冷的、下降的、灰暗的、抑制的、静止的等方面的事物或现象,纯属于阴的范围。而太极拳就顺从阴阳变化之理,在一招一式之中,阴中含阳,阳中具阴,阴阳互变,相辅而生。

陈王廷在创造太极拳时,把始祖陈卜所传授下来的一百单八势长拳等技术与导引方法相结合,在周身放松的条件下,形体的运动符合并且能够促进血液的循环,起到练拳养生的作用。吐纳术就是呼吸之术;吐,意为呼气;纳,意为吸气。太极拳把拳术的形体运动与养生学中的导引、吐纳等理论相结合,使形体运动更有益于身体健康和技击功能的发挥。

陈王廷把拳术与经络系统的联络作用相结合,形成了太极拳理论之一的"一静无有不静,一动百骸皆随"。陈王廷又将拳术与经络的运输作用相结合,通过经脉运行气血而营养阴阳,以丹田刚中柔表之气,使练习者体格强健,内气充足,同时还使其身体各部位活动轻盈,以己之静化彼之动,以柔克刚。

从技术上来看,陈王廷创立的陈式太极拳堪称综合了明代拳术的百家之长,特别是以抗倭英雄戚继光的武学成果为基础,从而独树一帜。

陈王廷在创立陈氏太极时是以祖籍山西洪洞旧传拳术作为基础,对各家武术博采众长。民间古有十六家拳法,陈王廷对这些拳艺取其精华去其糟粕,吸取了其中二十九势编入太极拳套路。陈王廷还从戚继光所编的《三十二式拳经捷要》中精心选取了二十九式,结合陈家祖传拳法等,形成了创新的陈式太极拳。

从明末清初的陈王廷至陈长兴,历经五传,完成了陈式太极拳的基本演变,在这一阶段推出了在太极拳领域具有开创性意义的理论著作,代表性的有陈王廷的《拳经总歌》《太极拳十大论》《用武要言》等。

至陈长兴、陈有本一代时,陈王廷时期七个套路中的一百零八式长拳和太极拳二至五路,已逐渐被舍弃,很少有人练习,取而代之的是陈式太极拳一路和炮锤(先称之为二路),在一路的基础上又分演出老架、新架。新架扬弃了原有的一些高难动作之后又发展出了赵堡架,代表人物有陈清平等。经过这个时期的发展,基本上完成了陈式太极拳以及赵堡太极拳自身的改造,形成了现代意义上传统太极拳的雏形,并为衍生出新的太极拳流派打下基础。

从杨露禅陈家沟学拳到孙禄堂晚年定孙式太极拳,是中华太极拳的流派定型期。在太极拳史上,陈式太极拳第六代传人陈长兴打破门户之见,毅然将陈式太极拳传于河北杨露禅,决定了杨式、吴式、武式、孙式等太极拳的形成与发展。在这一时期出现众多的太极拳大家,如陈长兴、杨露禅、孙禄堂等的武功事迹在中华武林脍炙人口。层出不穷的太极理论成果同样构成了中华武林的一大景观。

中华人民共和国成立后,陈式太极拳和其他太极流派一起,开始了以服务大众为宗旨的广为流传阶段。1956年,国家体委创编了简化太极拳剑,到1979年编制完成了简化24式太极拳,32式太极剑,48式太极拳等。为了适应国内外比赛,创编了陈、杨、吴、武、孙五式太极拳竞赛套路。总体来看,目前流行的各式太极拳虽在风格和特点上有所不同,但从套路结构和拳势名称以及锻炼要领上看,都与陈式太极拳有着明显的技理渊源。

太极拳真正进入鼎盛时期,则是在20世纪80年代以来。为了进一步弘扬太极文化,加强国际太极拳的交流与发展,太极拳发源地从1992年开始,已

成功举办了多届国际太极拳年会。各种太极拳交流大赛与太极拳报告会也在各地如火如荼地举行。

二、陈式太极拳的养生价值

太极拳是中华武术的重要组成部分,也是中国宝贵的文化遗产,具有内外兼修、柔和、缓慢、轻灵、刚柔相济的特点,深受大众欢迎。习练太极拳不仅能强身健体、修身养性,还具有养生功能。以陈式太极拳的养生价值为目标,通过文献资料法、逻辑分析法、专家访谈法等方法展开研究,发现陈氏太极拳在人体生理和心理方面都有重要的养生价值,不仅对人体具有保健作用,还能改善人的体质,帮助疾病的康复,同时可以调节人们的心理状态,改善人的社交环境。

静以养心,太极拳中的静是指在安静的环境下,用平和的心态,心无杂念地专注于拳法的练习,这时大脑中的神经系统趋于放松状态,能让意识变得平静,压力得到消除,紧张情绪得以缓解。

快节奏的生活方式使人变得浮躁、冷漠。繁重的工作压力和生活负担使很多人郁郁寡欢、精神萎靡、情绪消极。太极拳要求习练者在心境平和、去除杂念的情境下进行,在聚精会神的练习中,感受呼吸的变化,放松身体肌肉,能够有效缓解精神上的压力和大脑的疲劳。太极拳的练习中,有柔和、舒缓的音乐相辅助,丰富了太极拳的练习,使练习者心胸开阔,身心得到放松,享受练习太极拳带来的快乐,进一步愉悦心情。

每个人都是独立的个体,但又依靠着整体来壮大。陈式太极拳的动作简单易学,符合全民健身政策的要求,适合不同人群练习。太极拳是一项集体参与的活动,众多人群参与锻炼可以增进彼此的感情,形成团结友爱、互帮互助的氛围,在处理人际关系时利用太极拳中的画圆,可将人与人之间的关系变得融洽。太极拳刚柔并济,可以磨砺练习者的性格,经过一段时间太极拳的练习,可以培养其沉着冷静、个性刚强的性格,解决问题时干脆利落,面对困难时勇往直前。太极拳讲究内外平衡,这是指人的内心和外界复杂环境相适应,通过练习太极拳可强大自我的内心世界,劳逸结合的生活方式有利于改善与他人之间的社交关系。

第四节　中华武术的传承

中华武术的发展是"社会人"随着"文化生态"的变化对武术不断进行发展创造的结果。生存在变化着的环境下的武术文化，为了更好的发展，也要发生适应性的改变，否则将面临淘汰的危机。

一、中华武术传承的现状

（一）传承主体的活态化

中华武术是先辈们在漫长的历史过程中创造和积淀下来的传统文化，它充分体现了中华民族共有的文化价值观念和审美理想，其中既有与体育活动相关的身体运动内容，又有与中华民族历史息息相关的传统文化现象，是一种"活态文化遗产"。人类的生存和发展受周遭环境的影响和制约。在讨论事物生存和发展状况时，首先要看其生存发展的环境，否则毫无意义。随着世界政治、经济、文化、思想等全球化的发展，我国各项事业的发展既迎来了机遇又充满了挑战，面对世界范围内各类休闲体育的发展，作为我国传统文化标志的武术更应作好传承与发展。文化自信是一个民族自立于世界之林的先决条件，发展传承本民族文化、提升国民文化自信是现今教育领域的重点。

（二）传承主体的普及化

从文化学上看，任何一个人，都是历史文化的遗传物，都是当代文化的承载者和未来文化的创造者。对于当代人来说，历史并非只意味着时间上的过去，还真切地涵盖着现在和未来。现世的每个人，既承载着历史又延续着历史。正如王文章所言："要使非物质文化遗产的传承形成一条永不断流、奔腾向前的河流，'人'是决定性因素，因为一旦老艺人离世，他身上承载的某种非

物质文化遗产就会随之消亡,所以,解决传承主体即传承人的问题,乃是当务之急且是重中之重的大事。"中华武术的传播虽可借助某些物化、形象的媒介,但大多是口传心授、言传身教、心领神会的非物质形态,而这些非物质的文化形式有别于物态的、静止的、有形的文字形态,即使通过文献典籍的形式被记录下来,也要通过我们的揣摩、探究才能将其进行一定程度的复原。但是要想达到原来的习练境界和深度也是极其困难的,其传承形态主要依靠"人"这一特定的文化创造主体和接受主体展开。而中华武术作为口传心授的活态人所展示的文化,在某种程度上,"人"的因素比以前所传授的技术体系、伦理体系、文字记载等更重要。所以对传承人的保护工作更是十分重要的。

(三)传承本体生存力的顽强化

当下休闲体育凭借自身能满足人们各种趣味的个性化功能在不知不觉中进入人们的生活,占据世界体育流行前线。由此反观武术,旧时期那种自上而下强制性整齐划一的运行机制已步履维艰。中华武术是中华民族的智慧结晶,为强身健体之术、修德养性之道。它植根华夏,内容博大精深,有着悠久的历史和广泛的群众基础,是中华民族在长期生活与斗争实践中逐渐积累和发展起来的一项宝贵文化遗产。中华武术深知作为一种文化形态置身于全球化系统中,只有其内部价值体系与外部的社会环境处于和谐的动态平衡并在新环境中寻求平衡时才能成长发展。倘若这种平衡被打破,而不能及时调整,那么,它所面临的就是生存危机。随着时代的变化,中华传统武术为了更好的生存和发展,其功能指针在不断地调整方向,内容也在趋向丰富。这完全反映了中华武术具有顽强的、生生不息的生命力。

二、中华武术的传承路径

(一)注重传承人的培育

传承人是非物质文化遗产传承的守护神,传承人对传承中华传统武术有着承上启下的重要作用。在当今快速发展的时代背景下,很多年轻人的视线并未停留在传统武术上,认为传统武术既不能安身立命,又无用武之地,导致传统武术的传承人少之又少。对传统武术的传承人要建立有效的传统保护机制、给予经济支持、构建科学的人才培养体系等,使中华传统武术更加"年轻化"。

中华武术承载着中华优秀传统文化的基因,闪烁着古人智慧的光芒。然而,近代以来,由于冷兵器时代退出历史舞台、受到外来文化的强势入侵和经济全球化的发展,中华武术逐渐褪去了应有的技击、教化功能,以保家护身、教化育人、武以载道为功用的中华武术成为体育场上竞技比美、观赏娱乐的体育项目。武术的文化属性逐渐被体育属性取代,从而催生了当前武术发展的一系列问题。这是重视武术体育属性而忽视武术文化属性结果的体现。中华武术的发展必须提升到文化的层面上来,以文化当先为准绳,深入挖掘中华武术文化蕴含的思想观念、人文精神、道德规范,结合时代要求继承创新,并将这种文化思维贯穿到竞技武术、传统武术、社会武术、学校武术的教学、训练、竞赛、传播之中,以实现中华武术育人、正人、载道之本源功用,只有这样才能让中华武术展现出永久魅力和时代风采。

(二)认识传承的意义

受很多文艺作品的影响,大众对于中国传统武术存在误解。首先需要正确认识传统武术,明确传统武术的根本目的、本质属性和价值功能;其次是理解传统武术的礼仪文化价值,即武术体现出儒家尊重师长的文化思想。正确认识中国传统武术,才能传承"中国味"的传统武术。

(三)落实传承措施

新时代是中华武术转型发展的绝佳时机,中华武术要想发展必须转变思路,依附西方体育文化发展中华武术的思维方式是不可取的,中华武术的发展必须摆脱西方体育文化理念的束缚,追根溯源,以中华传统文化为立足点,以中华技击思维模式为切入点,以新时代需求为落脚点,继承与创新,大力开发武术文化空间,构建中华武术真正的中国形象。这就要求我们必须重视传统武术文化的发展,在推广传播中华武术技术的同时将中华传统文化和民族

爱国情怀贯穿始终,始终坚持文化当先原则,大力弘扬民族传统武术文化,保护传统武术传人,普及全民传统武术文化知识和技能,使中华传统武术文化深入人心,健康人身,凝聚民心。

第九章 中原传统伦理道德

中国在漫长的历史发展过程中,形成了丰富的传统伦理思想。中国传统伦理思想涉及上下五千年中华民族对伦理道德的理论与实践,涉及中国古代思想家们对伦理道德问题的深邃思考和智慧达观,不执着于探索世界万物的起源,不偏执于外在物质条件的满足,不过分寻求人们自身的享乐,而是以独特的精神、价值和气象,探索人生的意义和价值,探索伦理规则和个体美德在人类社会发展中的重要作用。中原伦理学既是中华民族伦理思想的有机组成部分,同时又扎根于中原地区独特的生产生活实践和文化土壤之中,具有显著的地域特色。

第一节 传统伦理思想的孕育与发展

伦理道德作为生活秩序和自我人生规范的自觉理性约定,是构成中国传统文化的一个重要组成部分。合理地继承和弘扬中国伦理道德传统,对我们加强道德修养,充实自我心性,为现代化的和谐社会建设提供精神及道德方面的保障,有着重要的现实意义。

在中国古代汉语中,"道"与"路"相通,"德"与"得"相通。可见,从语义学上讲,道德就是人对于由道路引申为必然之则的一种内心悟得。"伦理"一词也有类似的意思:"伦者,类也","理者,琢玉也"。"伦理"是指人作为类的存在而对行为规范加工升华的理性自觉过程。它对社会生活秩序的规范和探讨在传统文化中占有中心地位,并制约着文化内容的方方面面。中国传统伦理思想的发展,可分为三个阶段。

一、中国传统伦理思想的孕育展开阶段

先秦时期,从公元前21世纪起到秦王朝建立前,其间经历了夏商周和春秋战国两个阶段,是中国奴隶制社会向封建制社会转变的重要时期,一些初具伦理色彩的思想逐渐展开。

"伦理"一词,最初出现在《礼记·乐记》中:"乐者,通伦理者也。""伦"即"偶"意,指人们彼此之间。古代将治玉的工作称为"理",意思是顺着玉纹琢

磨,引申为有条不紊的"条理",又由自然的条理意义指向人文社会的秩序。人一生下来就处于与他人的相互关系之中,协调人们之间关系的,就是伦理道德。

伦理道德是文明社会的产物。远古"五帝"时代,有平等互助、讲信修睦的朴素风尚,但这是一种自发的传统习惯,人们对自身的道德生活尚无自觉意识。"三王"(禹、汤、文王)时代,中国开始了文明的历程,但夏代是否有伦理道德意识,至今尚未见到文字记载。《尚书》所言"惟殷先人,有册有典",为我们提供了商代伦理道德的一些根据,但"商俗尚鬼""先鬼而后礼",因而不可能在商代就有系统成形的伦理道德观。西周在宗法等级的基础上,提出了一套以"孝"为主的道德与宗教、政治融为一体的思想体系。

西周的道德纲领是"有孝有德"。孝的产生,一方面反映了父子血缘的亲情,另一方面也反映了财产(或地位)继承的权利义务关系。孝道通过子女奉养和敬服父母,配之以父慈、兄友、弟恭,使宗族和谐;通过子孙"永言孝思",对祖先祭祀不绝,宗法等级秩序和天子、诸侯、宗子的统治地位得以巩固。周人"勤用明德""以德配天""敬德保民"。此处的德主要指君德、政德。可见,它所规范的只是王者、君子而已。有德、有孝的精神成为后来儒学伦理的重要思想来源。春秋战国时期,诸子百家争鸣,学术思想界出现了空前的繁荣局面,中国伦理道德思想全面产生。这一时期代表中国古代伦理思想的,主要是以"仁"为最高道德准则的儒家、以"义"为最高道德准则的墨家、以"礼"为最高道德准则的法家和以"道"为最高道德准则的道家。其中,儒家的"仁"最具影响,而且成为中国伦理传统的主导思想。

儒家创始人孔子提出了"仁者爱人",他说:"恭、宽、信、敏、惠""能行五者于天下,为仁矣"。孔子提出,"为人由己",只要克己修身,笃实躬行,便可成为"仁人"。他把孝悌视为"仁"的根本,正所谓"孝悌也者,其为仁之本与"(《论语·学而》)。孔子提出仁的内涵是"仁者爱人",出发点是"孝悌"。孔子认为,"仁"既是一切德性的根源,又是德性的最高境界,同时还是道德行为的推动力。孔子仁学思想的提出,是中国古代伦理道德思想从自发走向自觉的基本标志之一。

孟子对儒家的伦理思想的发展完善也有重要贡献,他提出了性善论,并论证了仁、义、礼、智这些道德的充分必要性,说明这些道德意识正是人与禽兽的区别。孟子还从发挥人的主观能动性出发,论述了"尽心知性""寡欲"和"养吾浩然之气"等修养功夫,使人学思想更趋完善。孔孟伦理道德学说被称为"孔孟之道"。

墨家创始人墨子以"义"为最高的伦理道德原则。"义"即"兼爱",而所谓"兼爱"就是"视人之国,若视其国。视人之家,若视其家。视人之身,若视其身"(《墨子·兼爱》)。墨子认为只要使彼此利益兼而为一,人们就会彼此相爱。他说:"爱人者,人必从而爱之。利人者,人必从而利之。"(《墨子·兼爱》)墨子的思想与儒家相对立,如儒家主张爱人是由亲及远的差别之爱,墨家则主张一律平等的兼爱;儒家繁礼,墨子节用;儒家重丧,墨子节葬;儒家主张音乐教化,墨子非乐;儒家远鬼,墨子明鬼;如此等等。墨子富有极强的社会责任感和勇于自我牺牲的精神,为天下兴利除弊是他一生积极奔走的唯一目的。

以管仲为代表的早期法家以"礼"为最高伦理道德准则。管仲把"礼、义、廉、耻"定位为国之"四维",且把"礼"放在首位。作为儒家代表人物的孟子也讲"礼",但儒家的"礼"更多的是指内心由仁义而衍生的自觉规范。法家则把"礼"理解为外在的法度,管仲等思想家对"礼"的解释偏重于社会对个体行为的约束和限制,是以政治代替伦理。所以,其"礼"包括了国家制度、等级秩序等内容。发展到后期,韩非把伦理道德视为亡国之术,一切规范都追求国家暴力化,认为一切唯有靠国家暴力机器——"法"来维护。这种伦理思想经秦国的暴政而亡后,逐渐被历史所摒弃。

以老子、庄子为代表的道家学派以"道"为最高伦理道德准则。在老子看来,"道"是宇宙万物包括认识在内的一切存在的最高最普遍的规律,其本质是无为,即人的德性应该是崇尚无知、无欲、无为。老子的理想社会就是"小国寡民",是"邻国相望,鸡犬之声相闻,民至老死,不相往来"(《老子》八十章)。道家的另一个代表人物庄子则进一步指出:"至人无己,神人无功,圣人无名。"(《庄子·逍遥游》)这种伦理思想虽然与正统的儒家思想相背离,但这种"隐世"的人生哲学对积极"入世"的儒家是一个极有价值的补充,对后世的影响也非常深远。

诸子伦理思想的相互对立,说到底都表现为各自对周礼的不同立场和态度。各种思想对立、批判、否定的结果,促进了相互之间的交融和渗透,最终使儒家伦理精神的运作和道家的人生智慧结合起来,即入世与隐世、人伦情感与人生智慧、心与身相结合,由此构成中国伦理的理想性与世俗性、进取性与柔韧性的相辅相成,互渗互补。

二、中国传统伦理思想的抽象发展阶段

先秦时期,虽然已经形成了中国传统思想体系的基本要素,但尚无一家能占主导地位。经秦汉、魏晋、南北朝到隋唐,是中国封建社会从建立之初到走向鼎盛的时期,也是中国传统伦理思想的抽象发展、演变综合和大一统、封建化时期,体现出社会发展的必然性与文化发展的能动性相结合的鲜明特点。其间又经历了两汉儒学、魏晋玄学、隋唐佛学和儒学复兴的不同发展时期。

(一)两汉儒学

秦统一中国后,由于过分强调"以法为教""以吏为师",重法轻德,以单纯的暴力去维护专制统治,结果事与愿违,短命而亡。西汉统治者吸取了秦亡的深刻历史教训,需要一种与大一统封建中央集权相适应的意识形态作为国家的正统思想。西汉初年,陆贾指出:武功只能得天下而不能治天下,治天下还得"顺守",即用伦理教化实现长治久安。汉高祖刘邦非常赏识这种观点,遂实行"休养生息"政策。西汉中期,儒学大师董仲舒提出"罢黜百家,独尊儒术",明确指出要以儒家的仁义道德治理天下。汉武帝接受了董仲舒的这一治国之术,从此儒家思想便成为封建社会正统之学,儒家伦理随之也上升为国家道德学说。董仲舒将仁、义、礼、智、信列为"五常之道",把它与"君为臣纲,父为子纲、夫为妻纲"的"三纲"一起,作为封建道德的核心内容,成为中国古代社会处理人与人之间关系的最基本的伦理道德准则。儒学的独尊,董仲舒伦理体系的出现,标志着中国伦理精神的封建化和抽象化的统一。

(二) 魏晋玄学

儒家伦理思想在东汉受到王充等唯物主义思想家的批判,加之汉末以后社会变乱迭起,反映在政治思想领域中的一个突出现象,就是儒学独尊地位的丧失和魏晋"玄学"的兴起。玄学注重探讨抽象的理论问题,主张远离"事物"和"世务",以老庄之道反对儒学的入世。玄学主张"贵无""贱有",反对仁义教化,否定三纲五常,推崇自然人性。玄学家出言以玄远为高雅,崇尚虚无无为之理。他们对人生问题的关注,一方面有批判享乐主义、纵欲主义的合理之处,另一方面又鼓吹"性各有分"的性命论以及由此导出的"各按其分"的人生观,已失去了庄子思想中的独立人格和批判精神,形成了一种苟且偷安、纵欲混世的人生态度。

(三) 隋唐佛学

玄学之后,源于印度的佛学理论也在南北朝开始流行。宣扬苦海无边、因果报应、灵魂三世轮回等教义。它有自己的一套伦理观,即苦谛、集谛、灭谛和道谛的"四谛"之说,主张禁欲主义和个人的出世修行。这自然与儒家入世的伦理道德相悖。佛学在诸如对生命之欲导致人生之苦的精致分析、善恶因果报应的定数揭示等问题上,对这一时期伦理道德的发展无疑有许多启迪之处。但由于它所倡导的是一种神学禁欲主义,而且竭力主张个人出世修行,决定了它不可能成为积极维护当时社会等级秩序的伦理形态。所以,复兴儒学就成为历史的必然。

(四) 儒学复兴

南北朝时,身为道士的葛洪批判了玄学思想。他尖锐地斥责了魏晋玄学中"唯贵自然"的论调,反对"放达"的人生态度。他说如果那样去为人处事和安身立命,那么社会就将"风颓教沮"。他大声疾呼要恢复仁、义、忠、孝等道德规范。葛洪的言行,为儒学的复兴奠定了一定的思想理论基础。

儒家伦理道德的复兴开始于唐代的韩愈。韩愈反对佛教,其武器就是"道统论"。所谓"道统"就是孔孟的封建伦常等级秩序。韩愈认为,当时社会

上存在诸多时弊的重要原因是不重视"先王之道",而佛、道之说的流行又加剧了这种社会弊端。因此,他著文大声疾呼恢复儒家的"道统"。他指出:"吾所谓道也,非向所谓老与佛之道也。尧以是传之舜,舜以是传之禹,禹以是传之汤,汤以是传之文、武、周公,文、武、周公传之孔子,孔子传之孟轲。"(《原道》)韩愈的道统论继承了汉代经学,也为宋明理学的产生奠定了思想基础。

三、中国传统伦理思想的辩证综合阶段

从宋代至鸦片战争前,是中国传统伦理思想从辩证综合、发展完备到走向衰落的阶段。宋明理学的创立标志着中国古代伦理思想已全面完善与成熟,它不仅全面复兴了儒家伦理道德,而且吸收了道学、玄学和佛学的合理成分,建构起中国古代庞大而精致的伦理道德体系。儒学以新的形态重新取得了独尊的地位。

宋明理学视"理"为世界本体,认为"理在气先""理先于天地"。在伦理观上其核心内容就是要存天理、灭人欲。宋明理学的创立者程颢、程颐在伦理观上把"天理"和"人欲"对立起来,认为"无人欲即皆天理"(《二程全书·遗书》卷一五)、"不是天理,便是人欲"(《二程全书·遗书》卷一五),所以,为了保存"天理"就要去掉"人欲"。朱熹也指出:"圣贤千言万语,只是教人明天理、灭人欲。"(《朱子语类》卷一二)并认为:"宇宙之间,一理而已……其张之为三纲,其纪之为五常,盖皆此理之流行,无所适而不在。"(《朱子大全·读大纪》)关于道德修养问题,宋明理学主张"格物""致知"。所谓"格物",即"是物物上穷其至理"(《二程全书·遗书》卷二五);"致知"就是自己认识自己心中之"理"。其核心就是要穷"为人君止于仁,为人臣止于敬"的内心固有的天理。宋明理学的伦理思想是禁欲主义的、反人道的,但它综合了自古以来各家各派的思想,正是在这个意义上表明宋明理学是中国古代传统伦理道德的成熟与完善。而且,宋明理学也开拓了古代伦理思想的新领域,在心性等问题的研究上达到新的深度和高度,其思想价值是不能否定的。

明代中叶以后,封建制度开始走向衰落,资本主义开始萌芽。为适应时代的这一"天崩地裂"的变化,反封建专制、反理学伦理的启蒙思想开始产生,合乎市民社会的新伦理逐渐占据主导地位。

明末清初，一批进步思想家从社会发展的现实出发，展开了对宋明理学的批判总结，他们在人性论、理欲观、道德修养论等方面，均提出了新的观点，并集中批判了理学思想纲领——"存天理，灭人欲"，尝试把矛头指向封建礼教，具有一定程度的早期民主主义色彩和反封建的启蒙意义。例如，李贽反对把天理与人欲对立起来，他认为人欲恰恰是纯真的源于本心的东西，在《焚书·答邓石阳》中，他甚至断言："吃饭穿衣，即是人伦物理。"顾炎武则明确区分了传统伦理道德"忠"规范要求下的"保国"与"保天下"的不同含义，倡导"天下兴亡，匹夫有责"的爱国主义道德观，并主张把"廉耻"作为道德修养的一个中心环节。王夫之作为中国古代杰出的思想家之一，在伦理思想上，一方面明确反对"存理灭欲"说，主张天理寓于人欲之中；另一方面，批判了自秦汉以来确立的伦理道德维护皇帝"一姓之私""一家之法"的封建主义本质，主张"天下为公"，崇尚"以身任天下"的爱国主义道德理想。清初唯物主义思想家戴震则进一步批判了空谈义理的虚伪性，指出理学的实质是"以理杀人"，明确提出了"归于必然，适完其自然"的新道德观。启蒙思想家的新伦理观，为其改良主义在道德观上"冲决网罗"，为民主主义革命者的道德观革命开了先河。

综上所述，中国传统伦理思想体系的形成和发展有两个基本特点：首先，它是中华民族各种文化精神相互整合而形成的有机体，儒家、道家、佛家是基本构成元素，其中以儒家伦理为主流和主体；其次，它随着中华民族与中国社会的发展而生长发育，其间，阶级性与民族性、时代性与普遍性交错在一起，相辅相成，浑然一体。

第二节 中原伦理学的核心要义

一、孝道

孝道是中国传统伦理道德的重要内容。孔子伦理思想的核心是"仁"，而"仁"的根本就是孝悌："孝悌也者，其为仁之本欤。"儒家的孝悌即所谓父慈子

孝、兄友弟恭。为此,孔子要求弟子"入则孝,出则悌,谨而信,泛爱众,而亲仁"。孔子讲的孝悌,并不是单纯的赡养,而是要对父母、兄弟怀着诚心诚意的爱的感情。孔孟"父慈、子孝、兄友、弟恭"的孝道,是一种家庭伦理美德。这种美德对于形成一种浓烈的家庭亲情,促进家庭的和谐稳定,以致整个社会的和谐稳定,都具有重要的作用。也正是这种孝道之德,塑造了中国人"老吾老以及人之老,幼吾幼以及人之幼"的高尚社会道德风尚。

二、礼仪

中国是礼仪之邦,注重礼仪是中国人立身处世的重要美德。"礼"在孔子看来是指典章制度,就是周代奴隶制的宗法等级制度,讲"礼"的目的是通过对人们"齐之以礼",以维护奴隶制。当然,孔子讲的礼也有"礼仪""礼貌"的含义。孔子说:"不学礼,无以立。"孟子在阐述其人性善的伦理道德观时,把"仁、义、礼、智"视为"四德",认为礼的"端"即根源是"辞让之心",就是对长者、上级的尊重,对兄弟朋友的辞让。

中国传统文化之"礼仪",追求的是一种"谦"的态度,一种"和"的目的。中国人以"谦让"为美德,而这一美德之实现,正是靠"礼"的辞让之心。同时,讲"礼"可以使上下左右的人际关系和谐、和睦。孔子说:"礼之用,和为贵,先王之道,斯为美。"(《论语·学而》)

三、诚信

中国古代的伦理道德中,在为人处世上特别强调诚信。孔子说:"人而无信,不知其可也。"孟子说:"诚者天之道也,思诚者人之道也。"荀子说:"养心莫善于诚。"两汉以后,"信"更成为中国传统道德的"五常"之一。而所谓"诚",就是要对上忠诚、对友真诚;所谓信,就是信用和信誉。

四、爱国

爱国主义是中华民族的优良传统,一代又一代的仁人志士们伴随着祖国的兴衰成败,忧国忧民,以天下为己任,造就了精忠报国的浩然正气和民族气节。

中国古代的爱国主义思想源远流长。屈原的"虽九死其犹未悔"的坚定意志,诸葛亮的"鞠躬尽瘁,死而后已"的爱国品格,范仲淹的"先天下之忧而忧,后天下之乐而乐"的高尚爱国情操,陆游的"位卑未敢忘忧国"的忧思意识,文天祥的"人生自古谁无死,留取丹心照汗青"的爱国信念,卫青、霍去病的"匈奴未灭,何以家为"的英雄气概……至今仍是激励中华民族前进的巨大精神力量。岳飞《满江红》:"怒发冲冠,凭栏处,潇潇雨歇。抬望眼,仰天长啸,壮怀激烈。三十功名尘与土,八千里路云和月。莫等闲,白了少年头,空悲切!靖康耻,犹未雪。臣子恨,何时灭!驾长车,踏破贺兰山缺。壮志饥餐胡虏肉,笑谈渴饮匈奴血。待从头,收拾旧山河,朝天阙。"亦闪烁着爱国主义思想的光辉。

爱国之情源于浓浓的乡土之情,是乡土之情的升华,具有质朴乡土情结的中国人,自然深深依恋着自己的祖国。从中国古代传统伦理"修身、齐家、治国、平天下"的价值取向中,可以明确感受到中华民族爱国主义的美德。

五、为公

"天下为公"是中国古代伦理道德的价值理想。《礼记·礼运》所描述的大同社会,其基本精神就是一个"公"字。"大道之行也,天下为公,选贤与能,讲信修睦。故人不独亲其亲,不独子其子,使老有所终,壮有所用,幼有所长,鳏寡孤独废疾者皆有所养……是为大同。"儒家伦理观的核心范畴"仁"的含义就是无私利他,墨家伦理道德的核心范畴"兼爱",同样是无私为公。

中国传统伦理"为公"的美德,其社会根源是宗法社会家庭本位的社会结构和礼教文化的传承,这种美德培育了中国人"国家兴亡、匹夫有责"的强烈社会责任感,造就了一批批舍小家顾大家的杰出志士仁人。

六、慎独

"慎"者,谨慎,当心也;"独"者,单独,独自也。所谓慎独,就是在独处的时候,无人监督的情况下,要严于律己,慎守道德,自觉按照一定的道德原则和规范,并以此为行为指南。中国传统伦理道德非常重视慎独,《礼记·中庸》讲:"道也者,不可须臾离也,可离非道也。是故君子戒慎乎其所不睹,恐惧乎其所不闻。莫见乎隐,莫显乎微,故君子慎其独也。"慎独,无论是作为一

种道德修养方法,还是伦理道德修养所要达到的一种崇高境界,都是很难做到的。一个人要是能做到慎独,那么,他在任何情况下就都能按照道德规范行事。

慎独作为一种修养方法,要求道德主体要时刻严格要求自己,要"自我立法",要运用"理性的自律",要在"隐"和"微"这种小事上下功夫,唯有如此,才能培育坚强的道德意志。慎独作为一种道德修养所要达到的境界,要求道德主体谨守道德规范,即"克己复礼",在"深渊"和"薄冰"面前,要"吾日三省吾身:为人谋而不忠乎?与朋友交而不信乎?传不习乎?"

七、重义

关于义与利的关系,中国传统伦理道德总的价值取向是重义轻利,这种"重义轻利"并不是把义与利对立起来,而只是说在义与利发生矛盾时的一种选择。重义的价值取向是中华民族伦理道德思想的精华,不能因其"轻利"的一面而否定它的价值。这种崇高的美德,造就了中华民族"杀身成仁""舍生取义"的伟大品格。每当中华民族处于危急关头,当义利出现矛盾时,正是"重义轻利"的仁人志士们从"义"出发,舍弃自我私利,才得以救国家民族于危难之中。

八、勤俭

勤劳的品性是中国人的传统美德。"头悬梁""锥刺股""废寝忘食""十年寒窗",正所谓"天行健,君子以自强不息"(《周易·乾卦·象传》)。在这种美德的影响之下,中国人创造了华夏民族光辉灿烂的物质文明和精神文明。崇尚勤劳的同时,中国人也崇尚俭朴。孔子指出所谓君子之德即"温、良、恭、俭、让"。老子也提出为人处世要"一曰慈,二曰俭,三曰不敢为天下先"。三国时,诸葛亮更为明确地提出"俭以养德"的思想。

勤俭,是一个民族生存发展的需要,是居安思危的忧患意识,也是一种道德修养。"成由勤俭,败由奢。"春秋时,有人批评鲁国大夫季文子"无衣帛之妾,无食粟之马",实在有损国体。季文子反驳说:"吾观国人,其父兄之食粗而衣恶者犹多矣,吾是以不敢。人之父兄食粗衣恶,而我美妾与马,无乃非相

人者乎!"(《国语·鲁语》)

九、勇敢

勇敢,即"勇者不惧"。勇敢就是不畏惧可怕的事物。中国传统伦理推崇之勇敢是智勇和义勇,即孟子所谓的"大勇"。孟子把勇敢分为三种:凭蛮力的血气之勇,凭意志的意气之勇,恪守道德信念的"大勇"。《左传》说:"率义之谓勇","死而不义,非勇也"。荀子也指出:"义之所在,不倾于权,不顾其利,举国而与之不为改视,重死持义而不挠,是士君子之勇也。"(《荀子·荣辱》)勇敢的美德不仅是君子修德之需要,更是一个民族生存发展之必须,勇敢才能克险阻、抵外侮,才能保证一个民族自强不息,勇往直前。

十、律己

孔子说:"多责己而少责人,则远怨恨。"严于律己、宽以待人是中国人为人处世的另一美德。在律己之德下,传统伦理要求做到修己和克己。强调律己,自然就要求宽人,所以传统伦理非常强调对人要宽容大度、宽宏大量。律己之美德造就了中国人忍让、谦逊的性格,培育了中华民族笃实宽厚的民风。而谦逊本身就是一种追求"和"的品德,是通过对他人的尊重,来创造"和"的关系。

十一、尊师

尊师重教就是尊重人才、尊重知识,就是重视传道授业解惑和培养人才的作用。《荀子·大略》曰"国将兴,必贵师而重傅""国将衰,必贱师而轻傅"。一个不重视文化教育、不重师重傅的民族,注定是没有前途的。所谓尊师,不仅是对教师所从事的职业的敬重,而且是对其身上所体现的人类文明价值的仰慕和崇尚。道家始祖老子认为"不贵其师"者,"虽智大迷",即不尊重师长者,表面上看似有智慧,实际上是极为愚蠢的。唐代著名文学家韩愈在《师说》中也曾言道:"古之学者必有师。"宋代政治家、思想家、文学家王安石在《请杜醇先生入县学书》中言道:"君不得师,则不知所以为君;臣不得师,则不知所以为臣。"明清之际的陆世仪在《思辨录辑要》中,则充分肯定了教师

的地位和作用:"师之一字,是天地古今、社稷生民、治乱安危、善恶生死之关也。"

十二、清廉

清廉主要包括廉洁自守、反贪拒贿、以德养廉三个方面:

第一,廉洁自守。为官者当以廉为要,为人也要以廉为本。武则天作《臣轨》以规范官员的道德行为,专设《廉洁》一章,将廉洁作为官德之本,把廉吏视为官吏之宝。要做到廉洁奉公,既要坚守道德底线,又必须坚持政治原则,志行修洁、自奉简俭、固守清廉。

第二,反贪拒贿。为政者不仅要洁身自好,而且要敢于同贪赃枉法、行贿受贿作斗争。清人张伯行给自己和部下定了一条"金绳铁矩":"一丝一粒,我之名节;一厘一毫,民之脂膏。宽一分,民受赐不止一分;取一文,我为人不值一文。"把收受贿赂看作是丧失人格、出卖灵魂之事,嫉贪如仇。

第三,以德养廉,即从人生观的根本上去解决问题,树立正确的利益观、公私观。用孔子的话说就是"君子务本"。隋代王通在《中说·王道》中言道:"廉者常乐无求,贪者常忧不足。"历史上的清官廉吏无不生活俭朴,能够"不以物喜,不以己悲",独居守心,知足常乐,不苟取,不贪求,保持清廉的美德。

十三、务实

所谓务实,即须讲求实际,务必不事浮华。在长期的道德实践中,中华民族形成了许多以"实"为价值标准的道德行为规范和美德。孔子曰:"知之为知之,不知为不知,是知也。"(《论语·为政》)要求人们必须树立诚实、踏实、务实的态度。他的"事思敬""执事敬"等论点,也包含着严肃诚实、做事认真务实的思想。孟子曰:"声闻过情,君子耻之。"(《孟子·离娄下》)意思是说,有道德之人对于超过实际的名誉也会感到耻辱,要求不图虚名,名副其实。明代哲学家吕坤曾说过:"实言、实行、实心,无不孚人之理。"(《呻吟语·应务》)如果做到讲真话、做实事,没有不为人所信服的。

以上所述的中华民族主要传统美德,凝结了中华民族的智慧和力量,体现了中华民族的伦理道德思想和实践追求,构成了中华民族伦理道德的核心,是中华民族数千年来得以延续和发展的深厚根基。

第三节　传统美德的继承与发展

人类道德的发展和建设不可能脱离历史伦理文化传统,在当前和未来的社会主义公民道德建设中,必须遵循道德自身发展的规律。中国传统伦理道德思想和现代价值的内容是极为丰富的。我们有责任和义务将中华民族的传统道德规范改造、继承并发扬光大,并且在行动上为和谐社会的构建作出应有的积极贡献。

一、继承和弘扬中国传统美德,有助于全面加强社会主义道德建设,构建起社会主义新道德体系

历史和现实都告诉我们,几千年来中华民族形成的传统美德具有顽强的生命力。它是一宗极为宝贵的历史文化遗产。高度重视、努力继承和弘扬这宗宝贵的历史文化遗产,就能在新的历史条件下,唤起我们民族高度的历史责任感和使命感,增强我们民族的自尊心、自信心、自豪感和凝聚力。它是我们民族迎接新时代的挑战,创造符合时代精神的社会主义道德体系的历史前提和内在动力。

诚然,以为人民服务为核心的社会主义道德体系,乃是适应社会主义政治、经济和人际关系发展的客观要求而产生和发展起来的,是以人类创造的一切优秀道德成果为基础,尤其是以我们民族的优秀道德成果为基础。因此,我们说新的社会主义道德体系的建立必然与我们民族已有的优秀道德传统有着内在的联系。只要我们坚持马克思主义的批判继承的方针,善于用社会主义精神对我们民族优秀道德传统作出科学的梳理、现代的诠释和科学的改造,赋予它符合时代发展的新内容,把它和我国人民在民主革命以及社会主义建设实践中形成的新道德规范结合起来,并吸收世界上及其他国家的先进文明成果,就能建立起具有中国特色、体现时代精神的社会主义新道德体系。

二、继承和弘扬中国传统美德,有助于加强公民道德建设

我们在前面阐述过的诸如胸怀天下、公忠为国的爱国主义精神,博爱大众的利人济世精神,重气节讲操守的人格独立精神,刚健日新、自强不息的积极进取精神,廉洁奉公、清正廉明的清廉精神,忠于职守、尽职尽责的敬业精神,诚实守信、言行一致的诚信精神,勤劳节俭、艰苦朴素的勤俭精神,等等,这些高尚的精神,就是中华民族的传统美德,是我们民族的"民族心"和"民族魂"。

在今天新的历史条件下,找到它们为公民道德建设服务的积极内容,有利于规范人们的思想行为,有利于提高公民的思想道德素质,有利于塑造一代又一代有理想、有道德、有文化、有纪律的社会主义公民。

三、继承和弘扬中国传统美德,可为我国经济发展和社会进步提供精神动力和智力支持,有助于推动我国当前的现代化事业

中华民族优良的道德传统是社会主义现代化建设事业必不可少的重要精神力量和智力资源。历史的发展说明,中华民族的优良道德传统,对于中国社会优良道德风尚的形成,对于中华民族的团结、和谐发展,产生过并正在产生着非常重要的作用。中国及其周边一些国家的经济发展,已经并正在有力地说明,古老的东方传统文化,不但没有影响这些国家的现代化发展,而且已经成为维护社会秩序、改善社会风尚、推动社会进步、协调人际关系、增强国家凝聚力的精神动力和智力支持。因此,在社会主义现代化事业中,我们应当继承和弘扬中华民族的优良道德传统和美德,并使其通过改造和发展,在社会主义现代化中发挥巨大的作用。

继承和弘扬中国传统美德,就是运用马克思主义的历史唯物主义的方法,按照历史分析和现实分析相结合的原则,具体问题具体分析的原则,古为今用、推陈出新的原则,对传统美德诸问题进行系统、全面而又准确地梳理、论述和科学地概括,在立足于继承和弘扬的同时,还需注意清除其中的带封建性的痕迹,而增以具有时代精神的先进内容,从而更好地为现实服务。

第十章 中原古建筑文化

第十章　中原古建筑文化

建筑既是人类进步的象征也与人类的生存和发展息息相关。中原古建筑文化在南宋以前一直处于领先地位,在中国建筑文化中处于核心的地位。在以中原古建筑文化为核心的历史传承中,虽然历经王朝更迭与战争的毁灭,但古代建筑的雄浑壮观、美轮美奂,仍然让我们叹为观止。建筑与人类的关系十分密切,人自出生起就生活在建筑所构成的空间中。而建筑又是一种既有文化艺术形象,又具有不同物质功能的事物。中原的古建筑,无论是宫殿、坛庙,还是园林、住宅,它们的个体和群体形象都与一个时期的政治、经济、文化、技术等诸方面的因素有关。

第一节　中原古建筑的起源与发展

一、中原古建筑所在的地域

华夏族群集中居住在黄河中游地区,这里是华夏文明和中华文明的发祥地。随着华夏民族的大融合以及华夏文明的扩展而逐渐向外蔓延,扩大了以华夏文化为核心的汉族和各民族之间的文化交流和贸易往来,这里被视为天下中心,"中原"的格局逐渐形成。从自然地理角度讲,"中原"成了黄河中下游地区的代名词。

夏商周三代,他们虽然族源不同,但传承的是"中原"一脉的文化。夏王朝基本上是由松散的部族联盟所构成,夏后氏十迁都邑,而且主要集中于今豫中和晋南地区。都邑的不确定性,使得夏王朝的"中原"缺乏一个长期稳定的核心,所以夏王朝的中原文化区也就显得不那么稳固。

商在继承夏的基础上,进行了一次短暂而急剧的对外扩张,商文化的范围西至关中,东抵泰山,南达长江,北面一度进至燕山南麓一带,但很快又缩回至易水河到唐河沿线。此时的中原文化区几乎覆盖黄河中下游流域。其腹地以传统的豫中为中心,向东西均有所扩展,即晋南、豫西、豫中、豫北地区。这一地带也是商王朝的都邑区,标志着中原核心区的形成和成熟。

西周灭商后,实行分封制。周王朝控制的地域又比商时期扩展了许多。

由于西周的都城建在了关中地区的镐京,使得中原核心腹地的范围向西延伸到关中地区,中原大文化区从此固定了下来。

春秋战国时期,表面上看"中原"好像处于分裂,实际上是经过剧烈的文化整合和民族同化,进一步深层次的融合。夏商周乃至诸侯多部族于中原逐渐交融一体,成为一个更大的华夏。自夏代的天下万邦,到商周的分封,再到春秋五霸、战国七雄,邦国逐渐减少的历程,恰恰是中原逐步扩大固化的进程。

从秦一统天下到最后一个中原王朝宋,每一个中原王朝建都选址,基本是沿着中原腹地的东西一线,从西边的咸阳、长安到东边的洛阳、汴梁。这条东西狭长的都邑线,正好是中原地区横贯东西的轴线。自夏以来,历经商、周、秦、汉、魏、晋、南北朝、隋、唐、宋,中原王朝的都城几乎就在这一区域内变迁。

正是中原地区这种稳固的都邑变迁线,使得中原王朝成为一个永恒存在的形象。即便在中原政权受到北方民族入侵而南下偏居之后,中原大地虽被北方民族控制,但"中原"依旧存在于南方政权精神之中。秦代以后,"中原"的意义已经深深融合于中原各王朝的物质和精神世界之中。

二、中原古建筑发展历史

(一)远古时期

在距今约50万年的旧石器时代初期,原始人将天然崖洞作为居住处所,那时还谈不上有建筑存在。在新石器时代的后期,人类从栖息于巢穴的状态,进一步到有意识地建造房屋,出现了干阑式与木骨泥墙的房屋。干阑式的实例,如浙江余姚河姆渡村发现的建筑遗址,距今约六七千年,已有榫卯技术。木骨泥墙房屋实例以西安半坡村和陕西临潼姜寨最具代表性。姜寨有五座"大房子"共同面向一个广场,每座"大房子"周围环绕着若干或圆或方的小房子,其布局反映了母系氏族社会聚落的特色。二者属于仰韶文化时期的居住遗址,其中的"大房子"是仰韶文化时期母系氏族社会议事的地方。龙山文化时期的居住遗址以西安客省庄的一座"吕"字形平面的房屋为例,房屋面积比仰韶时期的小,室内有供存贮的窖穴,表现了父系氏族社会私有财产的出现。建筑技术的进步是地面上铺有"白灰面"。近年在浙江杭州余杭区的瑶山与汇观山发现有祭坛,为土筑的,呈长方形。在内蒙古大青山和辽宁喀左县东山嘴发现了用石块堆成的方形和圆形的祭坛;在辽宁建平县发现了一处内中有女神像的中国最古老的神庙遗址。这些考古发现,使人们对于中国原始社会的建筑水平有了进一步的了解。

(二)夏商周、春秋战国至秦汉时期

至公元前21世纪的夏朝,出现了夯土建筑,有了建于高大夯土台上的宫室。更为重要的是在建筑中逐渐开始体现人与人的关系和等级制度。"天子之堂九尺,诸侯七尺,大夫五尺,士三尺。"(《礼记·礼器第十》)同时还出现了专门管理工程的官职"司空"。从春秋到秦汉,建筑进一步发展,建筑形式不断变化,逐渐形成一套完整的建筑制度,形成了质朴开放的早期风格。

(三)魏晋、南北朝至隋唐时期

魏晋至南北朝时期的社会动荡造成国家分裂,佛教在这种社会条件下得到广泛传播。在佛教文化的影响下,营建宫殿与佛寺的建筑活动极为活跃。而佛教之兴盛则为建筑活动的一大动力。在营建工艺上吸收"希腊佛教式"的各种圆和生动雕刻,如饰纹、花草、鸟兽、人物等,超脱汉时格调的创新作风。遗存至今有石窟、佛塔、陵墓等。到了隋唐时期,佛教和道教两教兴盛,宫殿寺观之建筑均为活跃。其建筑风格,既以倔强粗壮取胜,其手法又以柔和精美见长,诚蔚然大观,形成了雍容华贵的盛唐风格。

(四)两宋时期

宋代是中国古建筑体系的大转变时期。宋朝建筑的规模一般比唐朝小,但比唐朝建筑更为秀丽、绚烂而富于变化,出现了各种复杂形式的殿阁楼台。建筑装饰绚丽而多彩。流行仿木构建筑形式的砖石塔和墓葬,创造了很多华丽精美的作品。建筑构件的标准化在唐代的基础上不断发展,各工种的操作方法和工料的估算都有了较严格的规定,并且出版了由北宋建筑学家李诫编撰总结的建筑文献《营造法式》。《营造法式》是北宋政府为了管理宫室、坛

庙、官署、府第等建筑工程,于北宋崇宁二年(1103年)颁行的,是各种建筑的设计、结构、用料、造价和施工的"规范"。现存的宋代建筑有山西太原晋祠圣母殿、福建泉州清净寺、河北正定隆兴寺和浙江宁波保国寺等。其建筑特征是,屋顶的坡度增大,出檐不如前代深,重要建筑门窗多采用菱花隔扇,建筑风格渐趋柔和。

(五)元明清时期

元朝是中国古建筑体系的又一发展时期。元大都是自唐长安城以来又一个规模巨大、规划完整的都城。它完全按照汉族传统都城的布局特点建造。元代城市进一步发展了各行各业的作坊、店铺和戏台、酒楼等娱乐性建筑。在西藏建造了很多藏传佛教寺院和塔,新疆、云南及东南地区的一些城市陆续兴建了伊斯兰教礼拜寺。藏传佛教和伊斯兰教的建筑艺术逐步影响到全国各地。中亚各民族的工匠也为工艺美术带来了许多外来因素,使汉族工匠建造的宫殿、寺、塔和雕塑等表现出若干新的趋势。现存元代的建筑有山西芮城永乐宫、洪洞广胜寺等。

明清时期是中国古建筑体系的最后一个高峰时期。明朝由于制砖手工业的发展,砖的产量大幅增长。明代大部分城墙和一部分规模巨大的长城都用砖砌筑,地方建筑也大量使用砖瓦。其中琉璃瓦的生产,无论数量或质量都超过以往任何朝代。官式建筑已经高度标准化、定型化。在明末出现了一部总结造园经验的著作——《园冶》,并留下了许多优秀作品。

清朝于1723年颁布了《工程做法则例》,统一了官式建筑的模式和用料标准,简化了构造方法。民间建筑的类型与数量增多,质量也有所提高。各民族的建筑也有了发展,地方特色更加显著。皇家和私人园林在传统基础上有了很大的发展。

三、中原古建筑的特点

(一)以木构架为主的结构方式

中原古代建筑惯用木构架作房屋的承重结构。木构梁柱系统约在公元前的春秋时期已初步完备并被广泛采用,到了汉代发展得更为成熟。木构架结构大体可分为抬梁式、穿斗式、井干式,以抬梁式最为普遍。抬梁式结构是沿房屋进深在柱基上立柱,柱上架梁,梁上重叠数层瓜柱和梁,再于最上层梁上立脊瓜柱,组成一组屋架。平行的两组构架之间用横向的枋联结于柱的上端,在各层梁头与脊瓜柱上安置檩,以联系构架与承载屋面。檩间架椽子,构成屋顶的骨架。这样,由两组构架可以构成一间,一座房子可以是一间,也可以是多间。

斗栱是中原木构架建筑中最特殊的构件。斗是斗形垫木块,栱是弓形短木,它们逐层纵横交错叠加成一组上大下小的托架,安置在柱头上用以承托梁架的荷载和向外挑出的屋檐。到了唐宋时期,斗栱发展到高峰,从简单的垫托和挑檐构件发展成为联系梁枋置于柱网之上的一圈"井"字格形复合梁。它除了向外挑檐,向内承托天顶以外,主要功能是保持木构架的整体性,成为大型建筑不可缺的部分。宋以后木构架开间加大,柱身加高,木构架节点上所用的斗栱逐渐减少。到了元、明、清,柱头间使用了额枋和随梁枋等,构架整体性加强,斗栱的形体变小,不再起结构作用,排列也较唐宋时期更为密集,装饰性作用越发加强,形成显示等级差别的饰物。

木构架的优点:

第一,承重结构与维护结构分开,建筑物的重量全由木构架承托,墙壁只起维护和分隔空间的作用。

第二,便于适应不同的气候条件,可以因地区寒暖之不同,随意处理房屋的高度、墙壁的厚薄、材料的选取,以及确定门窗的位置和大小。

第三,由于木材的特有性质与构造节点有伸缩余地,即使墙倒而屋不塌,有利于减少地震损害。

第四,便于就地取材和加工制作。古代黄河中游森林茂密,木材较之砖石便于加工制作。

(二)独特的单体造型

中原古代建筑的单体,大致可以分为屋基、屋身、屋顶三个部分。凡是重要建筑物都建在台基之上,一般台基为一层,大的殿堂如北京明清故宫太和

殿,建在高大的三重台基之上。单体建筑的平面形式多为长方形、正方形、六角形、八角形、圆形。这些不同的平面形式,对构成建筑物单体的立面形象起着重要作用。由于采用木构架结构,屋身的处理得以十分灵活,门窗柱墙往往依据用材与部位的不同而加以处置与装饰,极大地丰富了屋身的形象。

中原古代建筑的屋顶形式丰富多彩。早在汉代已有庑殿、歇山、悬山、囤顶、攒尖几种基本形式,并有了重檐顶。以后又出现了勾连搭、单坡顶、十字坡顶、盂顶、拱券顶、穹隆顶等许多形式。为了保护木构架,屋顶往往采用较大的出檐。但出檐有碍采光,屋顶雨水下泄易冲毁台基,因此后来采用反曲屋面或屋面举折、屋角起翘,于是屋顶和屋角显得更为轻盈活泼。

(三)中轴对称、方正严整的群体组合与布局

中原古代建筑多以众多的单体建筑组合成一组建筑群体,大到宫殿,小到宅院,莫不如此。它的布局形式有严格的方向性,常为南北向,只有少数建筑群因受地形地势限制采取变通形式,也有由于宗教信仰或风水思想的影响而变异方向的。方正严整的布局思想,主要是源于中国古代黄河中游的地理位置与儒学中正思想的影响。

中原古代建筑群的布置以一条南北向的纵线为主轴线,将主要建筑物布置在主轴线上,次要建筑物则布置在主要建筑物前的两侧,东西对峙,组成一个方形或长方形院落。这种院落布局既满足了安全、向阳、防风寒的生活需要,也符合中国古代社会宗法和礼教的制度。当一组庭院不能满足需要时,可在主要建筑前后延伸布置多进院落,在主轴线两侧布置跨院(辅助轴线)。曲阜孔庙的主轴线上布置了十进院落,又在主轴线两侧布置了多进跨院。奎文阁前为一条轴线,奎文阁以后则为并列的三条轴线。至于坛庙、陵墓等礼制建筑布局,那就更加严整了。这种严整的布局并不呆板僵直,而是将多进、多院落空间,布置成为变化且颇具个性的空间系列。

(四)变化多样的装修与装饰

我国古代建筑对于装修、装饰极为讲究,凡一切建筑部位或构件,都要美化,所选用的形象、色彩因部位与构件性质不同而有所区别。

台基和台阶本是房屋的基座和进屋的踏步,但给以雕饰,配以栏杆,就显得格外庄严与雄伟。屋面装饰可以使屋顶的轮廓形象更加优美,如故宫太和殿,重檐庑殿顶,五脊四坡,正脊两端各饰一龙形大吻,张口吞脊,尾部上卷,四条垂脊的檐角部位各饰有9个琉璃小兽,增加了屋顶形象的艺术感染力。

　　门窗、隔扇属外檐装修,是分隔室内外空间的间隔物,但是装饰性特别强。门窗以其各种形象、花纹、色彩增强了建筑物立面的艺术效果。内檐装修是用以划分房屋内部空间的装置,常用隔扇门、板壁、多宝格、书橱等,它们可以使室内空间产生既分隔又连通的效果。另一种划分室内空间的装置是各种罩,如几腿罩、落地罩、圆光罩、花罩、栏杆罩等,有的还要安装玻璃或糊纱,绘以花卉或题字,使室内充满书卷气。

　　天花即室内的顶棚,是室内上空的一种装修。一般民居房屋制作较为简单,多用木条制成网架,钉在梁上,再糊纸,称"海墁天花"。重要建筑物如殿堂,则用木条在梁架间搭制方格网,格内装木板,绘以彩画,称"井口天花"。藻井是比天花更具有装饰性的一种屋顶内部装饰,它结构复杂,下方上圆,由三层木架交构组成一个向上隆起如井状的天花板,多用于殿堂、佛坛的上方正中,交木如井,绘有藻纹,故称藻井。

　　在建筑物上施以彩绘是中原古代建筑的一个重要特征,是建筑物不可缺少的一项装饰艺术。它原是施之于梁、柱、门、窗等木构件之上用以防腐、防蠹的油漆,后来逐渐发展演化而为彩画。古代在建筑物上施用彩画,有严格的等级区分,庶民房舍不准绘彩画,就是在紫禁城内,不同性质的建筑物绘制彩画也有严格的区分。其中和玺彩画属最高的一级,内容以龙为主题,施用于外朝、内廷的主要殿堂,格调华贵。旋子彩画是图案化彩画,画面布局素雅灵活,富于变化,常用于次要宫殿及配殿、门庑等建筑上。再一种是苏式彩画,以山水、人物、草虫、花卉为内容,多用于园苑中的亭台楼阁之上。

(五)写意的山水园景

　　中原古典园林的一个重要特点是有意境,它与中国古典诗词、绘画、音乐一样,重在写意。造景家用山水、岩壑、花木、建筑表现某一艺术境界,故中原古典园林有写意山水园之称。从造景艺术创作来说,它摄取万象,塑造典型,

托寓自我,通过观察提炼,尽物态、穷事理,把自然美升华为艺术美,用以表现自己的情感。赏景者触景生情,进而升华为一种意境,故赏景也是一种艺术再创作。这个艺术再创作,是赏景者借景抒情,寄寓情思的自我表现过程,是一种精神升华,并达到更高一层的思想境界。

在中国古典园林中,景的意境大体分为治世境界、神仙境界、自然境界。儒学讲求实际,有高度的社会责任感,关心社会生活与人际关系,重视道德伦理价值和治理国家的政治意义,这种思想反映到园林造景上就是治世境界。老庄思想讲求自然恬淡和修身养性,以静观、直觉为务,以浪漫主义为审美观,艺术上表现为自然境界。佛、道两教追求涅槃与幻想成仙,园林造景上反映为神仙境界。治世境界多见于皇家苑囿,如圆明园四十景中约有一半属于治世境界,几乎包含了儒学的哲学、政治、经济、道德、伦理的全部内容。自然境界大半反映在文人园林之中,如宋代苏舜钦的沧浪亭、司马光的独乐园。神仙境界则反映在皇家园林与寺庙园林中,如圆明园中的蓬岛瑶台、方壶胜境,青城山古常道观的会仙桥,武当山南岩宫的飞升岩。

中原古代建筑艺术的精神内涵特征有三:

其一,审美价值与政治伦理价值统一。艺术价值高的建筑,同时也发挥着维系、加强社会政治伦理制度和思想意识的作用。

其二,植根于深厚的传统文化,表现出鲜明的人文主义精神。

其三,总体性、综合性很强。往往动用一切因素和手法综合成一个整体形象,从空间组合到色彩装饰都是整体的有机组成部分,抽掉其中任何一项都会影响整体效果。

第二节　中原都城建筑

中原地区是中国古代文明的重要发源地,是我国历史上多个朝代的政治、经济、文化中心。不同的朝代、不同的文化、不同的地域、不同的风土人情和不同的统治阶层,选择了不同的城市作为都城进行营造,以满足其政治、经济、军事、文化、社会发展的需要,也形成了具有不同历史、文化、社会特征的都城。

第十章 中原古建筑文化

中原地区地理位置处于黄河中下游,位于古代中国的腹地,有利于统治阶层对国家的统治。因此,中原地区是历朝历代优先考虑的都城选址。中国历史上做过都城的城市加到一起,不少于二百,其中大部分建在中原地区。在中原地区众多城市中,洛阳、开封、安阳、郑州四大古都,以其深厚的历史文化底蕴和独特的建造艺术,展示了不同都城的规划建造艺术风格,成为不同朝代的政治经济文化中心、都城建造的典范。这些都城,在规划上,一般都以皇宫为中心,周围是纵横交错的街道。在建筑物的群体布置上,体现一种整齐规范的形制。

一、安阳商代殷墟都城

殷墟是中国商朝后期都城遗址,位于河南省安阳市西北郊的洹河南北两岸,以小屯村为中心,面积约36平方千米。商后期叫北蒙,又称殷,公元前14世纪盘庚迁都于此,至纣亡国,共传8代12王,前后达273年。周灭殷后,曾封纣之子武庚于此,后武庚因叛乱被杀,殷民迁走,逐渐沦为废墟,故称殷墟。

殷墟由殷墟王陵遗址、殷墟宫殿宗庙遗址、洹北商城遗址等共同组成,大致分为宫殿区、王陵区、一般墓葬区、手工业作坊区、平民居住区和奴隶居住区。殷墟遗迹主要包括城墙基址、大灰沟、道路、夯土建筑基址、地穴和半地穴居住址、灰坑窖穴、水井、祭祀遗存、手工业作坊遗址、王陵区、家族墓地和车马坑等。殷墟是中国历史上第一个文献可考,并为考古学和甲骨文所证实的都城遗址,因而殷都安阳排在中华古都之首。

殷墟宫殿宗庙遗址就建在殷墟宫殿宗庙区内,是世界文化遗产、中国考古学的诞生地、甲骨文发祥地,是中宣部公布的全国百个爱国主义教育示范基地之一。

二、汉魏洛阳城和隋唐洛阳城

(一)汉魏洛阳城

汉魏洛阳城位于今河南省洛阳市东15千米偃师、孟津相邻处。西周初营建洛邑,在此筑城,称成周。因城在洛水之北,战国时称洛阳。秦时为三川

郡。西汉刘邦初建都于此,后迁长安。东汉光武帝建武元年(25年)在此定都,改洛阳为雒阳。其后曹魏定都时复改为洛阳,西晋亦以此为都。北魏孝文帝太和十八年(494年)自平城迁都于此。隋大业元年(605年)在今洛阳市区处建东都,故城遂沦为废墟。因该地在汉魏两代最为繁盛,故史称汉魏洛阳故城。

汉魏洛阳城现存平面为长方形并由城墙围合,城墙四周分别设置城门。南城墙因洛河北移被水冲毁不复存在,北、东、西三面城墙保存较好。包括西北隅金墉城在内,北墙全长约3700米,宽25~30米;西城墙残长约4290米,宽约20米;东城墙残长约3895米,宽14米;城墙周长14千米,城墙高出地面5~7米。城墙采用夯土版筑,版筑夹棍眼的痕迹犹存。部分城墙上设置有向城外突出的墩台,西墙北段有4座,北墙东段有3座。墩台间距为110~120米,类似后世城墙所筑的"马面"。在城墙外侧均设置护城河,遗迹清晰可见。北魏外城郭破坏殆尽,现存南郭城有少量夯土垣墙残段。

城墙四周设置多座城门。西城墙设5座城门,除北起第二门为一门二洞外,皆为一门一洞。最北一门是北魏的承明门;向南是北魏的阊阖门,即东汉的上西门;再南是北魏的西阳门;再南是东汉的雍门,北魏时废;最南是北魏的西明门,即东汉的广阳门。北城墙设2座城门,西面的一门三洞,是北魏的大夏门,即东汉的夏门,东面的门洞已损坏,有一条土路通过,是北魏的广莫门,即东汉的谷门。东城墙设3座城门,皆为一门一洞。北起第一门是北魏的建春门,即东汉的上东门,与阊阖门相对。第二门是北魏的东阳门,即东汉的中东门,与西阳门相对。第三门是北魏的青阳门,即东汉的旄门(又称望京门),与西明门相对。文献中所载南城墙的4座门,自西向东为北魏时的津阳门(东汉津门)、宣阳门(东汉小苑门)、平昌门(东汉平城门)、开阳门(东汉同名),均没于洛水已无迹可寻。

汉魏洛阳城共设东西横街4条,南北纵街4条,均与城门相连。其中由东城墙的建春门向西直通西城墙的阊阖门的横街,全长2510米,宽35~51米,是一条横穿宫城的主干大道;由东城墙东阳门向西直通西城墙西阳门的横街,全长2630米,宽约41米,该街从宫城南侧通过,将全城分为南北两半;北从宫城南门起,向南一条纵街直达洛河边,是通过南城墙宣阳门的铜驼街,为全城的南北中轴线,残长 1650 米,宽 40～42 米。街道两旁发现有大面积的夯土建筑基址,应是文献上记载的左卫府、右卫府、太尉府、司徒府等衙署和太庙、太社的遗存。

东汉时期,城内主要建筑为南宫殿和北宫殿。曹魏、西晋变化不大。北魏时建立了单独的宫城。北魏的宫城位于城内北中部,南北长 1398 米,东西宽 660 米,占全城总面积十分之一左右,是最重要的中心建筑区。宫城的南、东、西三面城门已找到,南门也称阊阖门,门洞阙口宽约 46 米,门两侧有厚大的夯筑土阙,形制雄伟;东门云龙门与西门神虎门相对。宫城内西部有一座大型夯土台基,东西长 100 米,南北宽 60 米,高出地面 4 米左右,应是北魏太极殿遗址。在宫城其他地方还发现夯土台基 20 余处,亦为宫殿遗存。

城的西北隅有曹魏时期修建的金墉城,由 3 个南北相连的小城组成,平面呈"目"字形,南北长约 1048 米,东西宽约 255 米。3 城之间有门道相通,城墙宽 12～13 米,残高 6 米左右。城内也发现有 20 多处夯土台基。金墉城北靠邙山,可俯瞰洛阳全城,是进攻和防守的制高点,在城墙的外壁上,每隔 60～70 米也有一座向外突出的墩台,可见这里应是一座军事要塞。

作为中国古代早中期都城的典型代表,汉魏洛阳城建都朝代众多,城市规模和形制布局也是在不断修建和增扩的过程中逐渐发展变化的。正是由于该城在中国古代所处的中心地理位置,以及长期作为都城首选之地的重要影响力,该城形制的每一次变化都融合了多元文化的文明与文化特征,成为某一阶段或时期城市布局、形制的典范,对其后中国古代都城形制乃至东亚各国都城的发展变化均产生了显著的影响,在中国古代都城发展史上起到承前启后的作用,是中国古代最重要的都城遗址之一,对研究中国古代建筑史、城市发展史,特别是研究都城规划设计的演变史具有极其重要的科学价值。

(二)隋唐洛阳城

隋唐洛阳城以"前直伊阙,背依邙山,左瀍右涧,洛水贯其中,有河汉之象"的地理环境因素,宫城、皇城偏隅郭城西北部的独特布局,整体划一、以里见方的里坊建制,在中国都城建设史上具有重要的历史地位。隋唐洛阳城,是隋唐时期的陪都,始建于隋炀帝大业元年(605 年),唐、五代、北宋相继沿用,长达530余年。隋唐洛阳城初名东京,大业五年(609年)改称东都,武则天光宅元年(684年)改称神都,唐玄宗天宝元年(742年)复名东京,是当时全国的政治、经济、文化中心,丝绸之路的东方起点和隋唐大运河的中心,曾是世界最繁华的国际化大都市,在中国都城发展史上具有重要地位。

1. 建都的必然原因和设计理念

早在西周初年,周公选择在伊、洛盆地的"天下之中",建设成周洛邑,从思想理论、伦理道德和地理方位实践上最早认识了"东西南北中""五方"之"中"的都城中心地位,从地理位置上提出了都城必居"天下之中"的概念,第一次从政治、经济、文化、环境内涵上确立了都城选址居中的重要标准和基本原则。把都城建于国土之中,既是控制天下的原点,从政治、军事上形成对天下的有效控制,又有利于对全国四方有力的控卫,显示出帝王至高无上的尊严,还便于政令迅速通达,地方朝觐和交纳贡赋,体现"王业不偏安"、积极向上的统治思想,符合中国社会以和谐为主旨的天人合一的观念。

隋唐洛阳城的规划设计完美地与洛阳的山川地貌结合在一起,真正地达到了天人合一的规划理念。隋唐洛阳城采用"天人合一"设计理念,把都城规划和天上星辰相对应。中国古代将天空中央分为太微、紫微、天市三垣。天市垣位于紫微垣东南方,紫微垣在天市垣西北。隋唐洛阳城外郭城象征天市垣,宫城象征紫微垣,因此,紫微城在都城西北隅,外郭城在都城东南方。太微垣在紫微垣东北,象征政府机构,但传统理念上的皇城在宫城南,因此又在宫城之东建立东城,将诸多政府机构布置于此,如九寺(大理寺、鸿胪寺等)和尚书省等。又因为天界西边是西王母所居的瑶池,因此隋唐洛阳城之西建有西苑,象征天之瑶池。但紫微垣位于北天中央,因此隋唐洛阳分为城和苑两部分,城西面并未建设城墙和城门,而是连通西苑,由此使得宫城紫微城位居整个洛阳的北极中央的位置,即"紫微正中""建中立极",从而使得整个隋唐洛阳城的布局完美与天上星辰相对应。

都城设计者果断地改变了中国传统左右对称的城市布局,使这座城市别具风韵,城市的各部分与天子联系在一起。以洛水的流水喻天汉银河,把京城看成天帝的皇居"紫微宫",架在洛水上与宫城的南边正门相连的最大的桥叫"天津桥"。"天津"意思是天上疆界上的港,在这儿停、发驶往银河的船。

而洛阳的定鼎门大街，连接宫城正门和郭城正南门"定鼎门"的御道，"天街"有天子之街的意思，对应于天上的"天街"星座。

2.都城布局

隋唐洛阳城遗址位于河南省洛阳市城区及近郊，地跨洛河两岸。南对伊阙，北依邙山，东逾瀍河，西临涧水，洛水贯穿其间。据勘查，宫城、皇城在郭城的西北隅地势高亢处，宫城在皇城之北，宫城北面有曜仪城、圆璧城前后重叠，又有东、西隔城分列左右。皇城东厢有东城，其北有含嘉仓城。郭城东北部及洛水南岸部分为里坊区。现存遗址东北至白马寺镇唐寺门，东南至李楼乡城角村，西北至邙山镇苗湾，西南至王城大道与古城路交叉口，面积约51.9平方千米。

隋唐洛阳城分为外城、皇城（太微城）、宫城（紫微城）三重城垣。外城周长28千米，城垣全部以夯土筑成，基址宽15~20米。洛阳城的平面呈方形，东城墙长7312米，南城墙长7290米，西城墙长6776米，北城墙长6138米，墙下有石板砌成的下水道。

外城城垣的四面共有8座城门，南墙定鼎门城门宽28米，东西两门宽7米，中门道宽8米。城内街道纵横相交，宽窄相配，由街道分割成众多的里坊，形成棋盘式的城市布局。定鼎门大街是城的主干道，这是隋唐洛阳城中最重要的街道，宽度达116米，最宽处达147米。根据《唐六典》记载，城内分布有103坊，现已探明的有64坊。坊的平面呈正方形，边长500~580米不等，每坊的四周都筑有围墙，墙的正中辟有门，坊的正中设有十字街。城内还设立三市，三市是全国著名的贸易市场，以南市最为繁华，市内纵横街道各有3条，四面各辟有3门，交通十分便利。

隋唐洛阳城平面布局和建筑形制奠定了中国宫城的基本格局，是隋唐以后宫殿建筑的范本，被宋朝皇宫、元朝皇宫、明清故宫所仿效，甚至影响到日本、朝鲜和韩国等东亚国家。

三、北宋开封城

开封地处中原腹地，黄河之滨，至今拥有4000多年的建城历史，古称老丘、大梁、陈留、汴州、汴梁、东京等。夏朝、战国魏，五代之后梁、后晋、后汉、

后周、北宋、金朝等八朝先后建都于开封,这也是开封被称为八朝古都的原因。

北宋开封都城,在中国城市建筑史上具有承前启后的意义,它跟唐代城市有继承关系,在许多地方又跟明清城市有相似之处。

(一)建都历史渊源

早在战国时期,开封就是魏国都城所在地,当时叫大梁。到唐代,城市有了很大发展。至五代时期,除后唐建都洛阳外,后梁、后晋、后汉和后周都把开封作为都城。北宋建都开封,是从五代时期沿袭过来的。开封在五代周世宗时期曾进行过大规模的扩建,如扩大市区范围、扩展街道、加强城市绿化、发展水路运输等。

(二)城市平面布局

首先,里坊制解体,街坊制形成。

开封城内沿河布满了客店区、各种医铺、药铺等,传统的里坊制彻底废除,代之而起的是布满繁华街市的不夜城,这是中国城市发展史上,古代都城的转折点。

其次,改善交通系统,注重防火和城市卫生及绿化等。

由于都城开封是经过多个朝代发展扩建的,所以建筑密度很大,土地利用率很高,防火等级也相应有更高的要求,北宋时有专门的消防队和瞭望台。

由于开封地理位置优越,是河运的中心,城内有五丈河、金水河、汴河、蔡河穿过,其中汴河是远通江南的漕运渠道。"东南万物,自此入京城,公私仰给焉"就是对汴河的描述。所以,此时的开封水运更为畅通。

再次,木工技术的创造。

开封的多座桥梁是用木材做成的拱形桥身,桥下无柱,有利于舟船通行。张择端的《清明上河图》中绘有此桥。

从元朝时期开封作为陪都,随着明清时期都城南京、北京的发展,开封也逐渐没落。数百年黄河洪水的不断冲击,使得开封遗址没于地下。所幸文献资料比较齐全,对于研究古都开封有很大的帮助。

四、郑州商代遗址

郑州商代遗址,位于中国郑州市,为商代早期(前16世纪—前13世纪)都城遗址,是商王朝的开国之都、商汤王之"亳都"所在,是中华早期文明探源的重要载体。遗址面积约25平方千米,包括三重城垣遗址、宫殿区遗址、居住聚落遗址、墓葬区、手工作坊遗址、窖藏坑等遗迹类型,出土了大量石器、陶器、铜器、玉器、骨器等生产工具和生活用具,其中以周长约7千米的(内城)城垣遗址和分布范围巨大的宫殿区遗址保留最为完整,也最具历史文化价值。

郑州商代遗址城垣为夯土版筑,平面为长方形,横断面呈梯形,北城墙长1692米,西城墙长约1700米,南城墙和东城墙均为1870米,城墙周长近7000米,西城墙和北城墙西段破坏较严重,残墙大部分被埋在地面以下,东城墙和南城墙的大部分还保留在地面上,城墙底宽20~30米,顶宽5米多,高约10米;在城垣外有数段夯土外城墙,城市带有外城。郑州商代遗址宫城内,分布着20多处宫殿基址。郑州商代遗址宫殿属框架结构建筑。

郑州商代遗址有城墙、宫殿夯土基址、手工作坊、墓葬、青铜器窖藏、祭祀遗址等一大批遗迹,出土了青铜器、陶器、原始瓷器、玉器、石器、骨器、象牙器、习刻字骨等大量遗物。

郑州商代遗址三重城池和宫殿区的整体形制奠定了中国城市发展的基础。三座窖藏坑内出土的大批王室青铜礼器,为郑州商代城市使用的下限年代、商王室的祭祀礼制、青铜重器的铸造工艺和装饰艺术等提供了重要的学术研究资料,遗址的发现对认识商代前期历史、对商文化研究和中国早期青铜文明研究以及中国古代城市的形成发展研究具有重要的意义。

第三节 中原宗教建筑

一、佛教建筑

佛教起源于古印度,东汉永平年间传入中国。为佛教活动所建造的相关

建筑物和构筑物称为佛教建筑。佛教建筑包括寺院、佛塔、经幢及石窟寺等，不同时期和不同规模的佛教场所，其佛教建筑布局和建筑风格有所不同。传入之初，寺院建筑参照印度佛寺模式，以塔为中心，四周建有殿堂。晋唐以后，殿堂逐渐成为主要建筑，塔被移于寺外。许多寺院都在深山密林中，寺院主要殿堂比较规整，沿中轴线自南而北依次为山门、天王殿、大雄宝殿、法堂、毗卢殿或藏经楼、方丈室等。东侧有僧房、香积厨、斋堂、职事房、茶堂、延寿堂等。西侧多为接待云游僧人的禅堂等。一些大寺院，门前还有放生池。石窟也是佛教建筑的一种建筑形式，往往建造在大山深处悬崖峭壁之上，以凿洞穴、雕刻佛像存放佛教经文和佛教故事为主题，形成石窟雕塑景观，以开展诵经、传经等佛教活动，形成石窟寺。

（一）洛阳白马寺

白马寺古建区坐北朝南，为中轴对称格局，布局规整，主次分明。寺内主要建筑都分布在中轴线上，自南向北依次是山门、天王殿、大佛殿、大雄殿、接引殿和清凉台，两侧还有钟鼓楼、门堂、云水堂、客堂、斋堂、祖堂、禅堂、方丈院等附属建筑。

其中，天王殿为高台歇山式建筑，初建于元代，明代重建，东西面阔5间，南北进深3间，殿内正中安置着从故宫运来的雕龙贴金佛龛，内供明代"夹纻"大肚弥勒佛像、四大天王像、韦驮天将像等。大佛殿始建于元代，明代重建，后又多次修葺，高台歇山式建筑，双下昂六铺作斗栱，东西面阔5间，南北进深3间，是寺院佛事活动场所，也是僧人早晚课诵的地方。接引殿原为明代建筑，清同治年间（1862—1874年）毁于大火，光绪年间（1875—1908年）重建，硬山式，面阔3间，进深2间。清凉台位于白马寺的后部，是一座砖砌的高台，东西长42.80米，南北宽32.40米，高约6米，雄浑古朴，蔚为壮观。毗卢阁，高耸竖立于清凉台上，是白马寺最后一座大殿，面阔5间，进深4间，长17.03米，宽11.7米，高约15.5米，殿顶为重檐歇山式。

法宝阁与藏经阁分别位于清凉台的东、西两侧，建于1995年，二阁大小形制一样，重檐歇山式，阁的台基高5米，东西长25.2米，南北宽22.5米，台基为钢筋水泥构架。台基上建五开间的重檐歇山式大殿，东西长18.5米，南北宽

12.95 米,朱漆圆柱,额枋彩绘,上覆灰色筒瓦。

(二)嵩山少林寺

少林寺位于河南省登封市西北部,其东北 74 公里为省会郑州市,正北过鄂岭口即为洛阳市偃师区,自偃师向西北行可达九朝古都洛阳市。少林寺坐北向南,面对少室山阴,背依五乳奇峰。少林寺像嵩山的一颗璀璨明珠,镶嵌在太室山与少室山相接的山口中间,尽览二室之胜,气魄之大,山林之幽,令人叹为观止。少林寺常住院建筑在河南登封少溪河北岸,从山门到千佛殿,共七进院落,总面积约 57600 平方米。常住院的建筑沿中轴线自南向北依次是山门、天王殿、大雄宝殿、藏经阁(法堂)、方丈院、立雪亭、千佛殿。另外,寺西有塔林、北有初祖庵、达摩洞、甘露台,西南有二祖庵,东北有广慧庵。

(三)洛阳龙门石窟

石窟原为佛寺的一种建造形式,是僧侣为了静修而在山中开凿的洞窟寺庙。这种石窟寺自魏晋传入中原之后,很快就与中原传统建筑相结合,与原来的形制大不相同。这些洞窟中一般只有佛像和壁画,作为拜佛之用,而在窟前或旁边另建寺院,供僧侣住宿诵经。中原的石窟寺院是收藏雕塑、壁画和文物的宝库。河南洛阳龙门石窟即是著名的石窟寺院。

龙门石窟位于洛阳市城南 6 千米处的伊阙峡谷间。由于地处都城之南,古代帝王拟己为"真龙天子",故又称"龙门"。龙门石窟开凿于北魏孝文帝迁都洛阳之际(493 年),之后历经东魏、西魏、北齐、隋、唐、五代的营造,从而形成了南北长达 1 千米,具有 2300 余座窟龛、10 万余尊造像、2800 余块碑刻题记的石窟遗存。

(四)开封大相国寺

开封大相国寺以其独特的建筑风格和丰富的文化内涵吸引着无数游客。寺内的大雄宝殿、钟楼、鼓楼等建筑都是中国古代建筑艺术的杰作,其中大雄宝殿内的壁画更是有着"中国第二敦煌"的美誉。在这里,你可以感受到佛教文化的深沉内涵和古建筑的精美绝伦。

大相国寺位于开封市中心,是中国著名的佛教寺院,始建于北齐天保六年(555年)。原名建国寺,唐代延和元年(712年),唐睿宗因纪念其由相王登上皇位,赐名大相国寺。北宋时期,大相国寺深得皇家尊崇,多次扩建,占地达500余亩,辖64个禅院、律院,养僧千余人,是京城最大的寺院和全国佛教活动中心。《水浒传》描写的鲁智深倒拔垂杨柳的故事,就发生在其所辖之地。后因战乱水患而损毁。清康熙十年(1671年)重修。保存有天王殿、大雄宝殿、八角琉璃殿、藏经楼、千手千眼佛等殿宇古迹和半云巢、无心处等72小景。

隋、唐、五代至宋,佛教发展进入鼎盛时期,这时的佛教建筑也完全变成了中原佛教建筑。最突出的特点是寺庙的布局逐渐向宫室建筑形制转化,在建筑群中引入了中原传统建筑中轴线的概念和手法,以塔为中心变成了以佛殿为主体,建筑群向心布置变成了沿南北轴线展开的布局。原来作为整个寺院中心的佛塔的地位已被供奉佛像的佛殿所代替;以佛塔为中心的廊院式布局,变成以大殿为主,左右各置一座配殿,形成三合或四合院的形式,佛塔退居到后面或一侧另成塔院,或作双塔置于大殿及寺门之前。这种排列体现了中原传统建筑重视群体组合、精于空间经营的特点。

二、道教建筑

道教建筑是用以祀神、修道、传教以及举行斋醮等祝祷祈禳仪式的建筑物。汉称"治"。至晋或称"庐",或称"治",或称"靖"(又作"静")。南北朝时,南朝称馆,北朝称观(个别称寺)。唐始不复称馆,皆以观命名。唐宋以后规模较大者称宫或观,部分主祀民俗神之建筑或称庙。"观"原是一种楼阁建筑,本为观览瞭望之用。因为道教有"仙人好楼居"之说,所以楼阁成了道教建筑的特点之一,其建筑也以观为名。到了唐代,不少皇帝崇信道教,将观易名为宫,以示尊重,以后人们便以宫来称呼道教建筑。道教建筑为地道的木构架建筑体系。它与其他类型的中原传统建筑一样,在建筑布置上以轴线为主,左右对称。在空间安排上,沿轴线布置层层院落,形成一定的秩序和节奏。在建筑装饰上,除了有作为道教标志的八卦太极,象征神仙和吉祥到来的暗八仙外,还有表示长生不老和长寿的鹤、鹿、龟、灵芝、仙草。道教的宫观还多建于名山大川之间,体现了道教崇尚自然、追求清静脱俗的生活文化色彩。中原地区现存的道教建筑,有河南嵩山中岳庙、周口太清宫等。

(一)嵩山中岳庙

嵩山中岳庙位于登封市区少林大道东段,是中国道教的发源地,五岳之中现存规模最大、保存最为完整的道教庙宇。嵩山中岳庙始建于秦,现存建筑400余间,金石铸器200余件,古柏300余株,是全国重点文物保护单位,世界文化遗产。庙内的《中岳嵩高灵庙碑》是中国道教立碑之祖;宋代镇库铁人是中国现存形体最大、保存最好、造型最佳的铁人;汉代石刻翁仲是中国现存年代最早的石雕翁仲。

(二)周口太清宫

周口太清宫位于河南省周口市鹿邑县,是道家创始人老子的诞生地。太清宫的前身是东汉延熹八年(165年)创建的老子庙,唐高祖李渊将其定为太庙,建起宫阙殿宇;唐玄宗开元三十年(742年)正式改称"太清宫"。自靖康之乱后,太清宫屡遭破坏,后又数度修缮。现存建筑为明清时期所建。

三、伊斯兰教建筑

伊斯兰教约在唐代传入我国。其建筑的形式与布局,与我国历史悠久的佛寺、道观有所区别。如伊斯兰教的礼拜寺常建有召唤信徒礼拜的邦克楼或尖塔,以及供膜拜者净身的浴室。殿内不置偶像,仅设朝向圣地麦加的神龛,装饰纹样只用可兰经文或植物纹样、几何纹样等。唐、宋、元时期的礼拜寺,在建筑上仍保持了较多的外来影响,有高矗的光塔、葱形尖拱券门和半球形穹隆结构的礼拜殿。至元代,伊斯兰教建筑已吸取了中原传统建筑的木架构体系和平面布局,不过仍保留了许多阿拉伯建筑风格,带有过渡性的成分。至明、清时期,伊斯兰教建筑除了神龛和装饰题材外,所有建筑的结构与外观,都已完全采用中原传统的木架构形式,形成了以木结构殿堂楼阁为主体的中国伊斯兰教建筑风格。

（一）郑州清真寺

郑州清真寺，位于郑州市管城回族区清真寺街北段，因在北大街附近，故又得名"北大街清真寺""北大清真寺"，是郑州创建最早、规模最宏大的清真寺。在中国古代，来自中亚地区的异域使者，从陆上丝绸之路进入中国新疆、宁夏、甘肃、山西和河南等地；从海上丝绸之路到达广东、福建等地，他们或经商，或入仕，促进了中外贸易往来、文化交流，在世界史上留下了浓墨重彩的印记。作为全国重点文物保护单位，郑州清真寺不仅是这一段辉煌历史的见证，更是因其独特的建筑艺术成为研究中原地区清真寺建筑和伊斯兰文化的重要载体。

郑州清真寺内殿宇肃整、古槐参天、古碑林立、文物荟萃。整座寺院坐西朝东，由主院和北跨院组成。主院沿中轴线依次排列有照壁、正门、望月楼、礼拜大殿和窑殿。望月楼两边分列有掖门，沿中轴线两侧分布有厢房。北跨院建有经学、武学和沐浴室。如今，经学、武学等建筑已经不存，照壁同样已毁，如今进门后看见的照壁为新修的建筑。

寺院的正门是木结构建筑，平面呈长方形，柱网对称布局，面阔3间，进深2间，为单檐歇山式建筑。建筑正门下部筑有基座台明，台明之前筑有月台，月台前三步通长台阶以四条垂带石分隔，台明后明间设台阶一级，阶条石内用方砖铺地。台明上布置有柱础，明间中柱用夹杆石，山面檐柱外侧建有砖墙，中柱间有三对实榻大门，走马板处作有隔栅。

建筑的檐柱头上有深浮雕雀替，额枋上置有斗栱，上部用飞椽挑出檐口，四翼角起翘，屋顶两端出山短小，外安搏风板和悬鱼。屋面覆灰色筒板瓦，正脊两端安龙吻，中部有龙首宝瓶脊刹，四垂脊上饰龙头，下有垂兽。戗脊上饰三件走兽，端部置戗兽，角梁前饰套兽，下悬风铃。这种建筑手法在清代建筑中很常见。

正门地面青砖铺地石做边，明间前后外檐柱是小八角石柱，置于莲花石柱础之上，其余柱为木质，立于柱顶石上。建筑的木构梁架明间采用穿斗式，而次间采用抬梁式，这两种形式的结构共同用于一组建筑之上的做法多见于河南南部的古建筑，郑州地区则很少见到。

望月楼是供阿訇起斋观月、宣经之用。北大寺的望月楼平面呈正方形，柱网对称布局，木构架承重，砖墙围护，面阔 3 间，进深 2 间，是二层歇山式阁楼。建筑采用青砖铺地，地阶条石砌边，四方台明前后各设一步台阶。石柱用于外檐，木柱置于楼中。柱和枋上置斗栱承托檐部，下檐斗栱是一斗二升交麻叶头，明间两攒斗栱，次间无平身科，山面中部一攒，麻叶头做成卷云纹，并高于足材。角部额枋有平直状出头，平板枋出头为抹角状。下檐设前后檐廊，山面用墙体维护。墙体的上中部开圆窗，是龟背窗格，墙内侧有照壁相对应，明间前金柱中装两块板门，门柱间空当用余塞板封堵，抱鼓石置门前，金柱至檐柱间砌墙，后金柱间安四扇四抹隔扇门，与前面的板门和墙体、天花板围成底部半封闭空间。一层顶部一块天花板开梯口，其下设活动爬梯。二层楼上，四根通金柱变成了上檐的檐柱，两柱之间各装四扇四抹隔扇窗，中部两扇开启，可供通风和眺望，其上额枋出头分瓣，平板枋抹角。

建筑顶部檐口以斗栱和椽飞挑出，四角起翘，形成翼角，加上屋面及脊饰组成二层歇山屋顶；屋面饰黄花绿瓦，正脊中部置龙首宝瓶脊刹，垂脊、戗脊表面雕花，用兽做头，戗脊上安龙、凤、海马三件走兽，上下角梁头下悬风铃，山面用琉璃搏风板和悬鱼维护檩头。上出檐退于下檐内，形成流水阶梯屋面。建筑内部采用的是抬梁式结构，整座建筑小巧玲珑，造型精美。

还有拜殿、掖门、女学殿等清真寺特有的建筑。

（二）开封东大寺

开封东大寺是中原地区最大的清真寺。唐永徽二年（651 年）伊斯兰教传入中国。唐宋时期，开封已有信仰伊斯兰教的回族先民居住的"蕃坊"。元代各地回族军士集中开封屯田定居。明代开封修了不少清真寺，居民围寺而居形成"坊"，呈大分散、小聚居格局。开封东大寺、文书寺、草三亭清真寺、朱仙镇清真寺都是此时奠定规模，并逐步形成了具有中原伊斯兰文化特征的"经学""武学""女学"的三学教育。

该寺坐西朝东，占地面积 6600 平方米，院分三进，庭院开阔，整个寺院青砖碧瓦，建筑宏伟，错落有致，风格古朴。大门明三暗五，前立门狮，脊顶七孔仙桥装饰别具特色，门楣镌刻的"护国清真""护国佑民"题词，使人们联想起

东大寺回民助清堵水的传说。二门三间,两侧廊房与二院南北讲堂走廊向西环绕到大殿陪殿。1995年新增建的高大月台面积有360平方米,由青石栏杆围绕,把翻修后的大殿衬托得更加宏伟。大殿钩心斗角,雕梁画栋,上立宝瓶。殿高三丈有余,宽六丈,深七丈二尺,能容纳600多人礼拜。殿内装修设施别致,富丽堂皇,庄严肃穆,下铺地毯,采光充足,格外明洁。

第四节 中原传统民居

中原传统民居的建筑艺术是中国传统建筑的重要组成部分。中原传统民居的雕刻非常精湛,通常采用手工进行,且需要经过长时间的反复琢磨和细致雕刻才能完成。中原老房子的雕刻元素也非常丰富,包括花草、动物、人物、器物等各种形态,其中最具代表性的是龙、凤、狮、麒麟、莲花等。中原地区的传统民居是中国传统民居建筑的代表之一,中原传统民居采用砖木结构,由厚重的青砖和木材组成。这种结构坚固耐用,可以经受住各种天气和自然灾害的考验。中原传统民居在设计上非常别致,以"四合院"为主要形式,具有分散布局和不规则形状的特点。这些房子外观华丽、精美,往往有着雕花、镂空和彩绘等装饰。中原老房子的房间布局合理,大门、窗户、天窗等位置设置得当,可以实现通风透光。同时,中原老房子也是夏季防暑遮阳、冬季保温防寒的理想居所。中原老房子的空间布局非常合理,往往能够满足家庭生活的各种需要。一般而言,进门后首先是院子,然后是客厅、卧室、厨房等室内空间。中原传统民居的形式非常多样,不同的地区和不同的历史时期都有不同的风格和特点。例如,河南洛阳的"坡屋顶"、开封的"歇山顶"、商丘的"四合院"、郑州周边的"灰瓦青砖"等。

一、中原民居——四合院

中原民居之四合院以豫北地区为典型代表。豫北是指河南省内黄河以北的地区,包括今安阳、新乡、焦作、濮阳、鹤壁、济源六市。西依太行山与山西省的长治、晋城交界,北隔漳河与河北邯郸毗邻,南面和东面临黄河与洛阳、郑州、开封相接。

就院落类型而言,同是四合院,北方民居为御寒、争取日照,院落尺度通常较宽大,而南方民居为求遮阳、避雨和防潮则仅为狭小的天井。而自然条件介于两者之间的豫北地区,其院落尺度则介于两者之间,特殊的山地及人文环境也塑造出了具有地方特色的豫北山地传统石砌民居。

院是豫北民居的基本形式,豫北民居的基本形式是院的原型构成的三合院(又称抽屉院)、四合院(又称盒子院)住宅。前堂后寝、中轴对称;正厅两房、主次分明;院落相套、规整严谨。

正房(又称堂屋或上房)一般朝向较好,供老人居住,在正房的中间堂屋是室内陈设集中的地方,这也是风水观念中的核心,常设有红木桌椅、案桌、床等,一张条几居中紧靠后墙供奉祖宗牌位,或后墙挂祖先遗像、祖训,下方常供地脉龙神牌位,象征宅基核心,即"穴"。

围绕院子布置厢房(又称陪房),厢房一般由晚辈居住或作厨房用。这种布局表现出的向心性是宗族观念和封建家长制的反映,风水观念也体现在"蕴藏生气"的空间观念中。豫北大部分民居都不设后窗,且前面的窗和门都较小,整个房子的采光通风较差。这也是受风水理论"藏风聚气说"的影响,也是受中国封闭文化的心理影响。

豫北地区传统院落由建筑和围墙围合而形成封闭空间,既能有效抵御自然灾害和社会不安定因素的侵扰,又能满足房屋采光、通风等要求。

传统建筑通过运用院落的组合手法来满足各类建筑的功能使用要求,反映出空间不同的个性特质;受自然环境和人口密度影响,各地院落宽窄大小、院落布局等特点差异明显;空间组合上考虑功能,灵活布局;在群体文化内涵方面表现出群体空间礼仪、秩序和文化延续等特征。以木结构体系为主的汉族民居,从南到北,随着地形与气候的变化而千差万别。一般来说,北方墙厚,屋顶厚,院落宽敞,造型粗犷质朴。南方屋檐深,天井狭小,讲究通风与避光,造型秀丽轻盈。

黄河流域中下游地区的四合院可视作华北地区传统住宅建筑的典型。这种住宅布局的特点是严格区别内外,尊卑有序,讲究对称,对外隔绝,自有天地,强烈体现了封建宗法制度的影响。

四合院的大门一般位于住宅东南。这是受以阴阳五行学说为基础的风水观的影响而形成的。入门折西,则为前院。前院很浅,以倒座为主,用作门房、客房、客厅,外人只可到前院。过前院北侧的中门则进入内院,内院由正房及耳房和两侧厢房组成。正房以北有时仍辟有小院,布置厨、厕、贮藏、仆役住室等,称后罩房。这种内外有别,尊卑有序,等级分明的方式,充分体现了传统伦理观念。大型四合院,则沿纵深方向增加院落,各院落之间以过厅相连,但每个院落的正房凸出在中轴线上。规模更大的四合院,则再增加平行的几组轴,在厢房位置辟通道开门相通,形成跨院,向横向发展。四合院有房屋垣墙围绕,对外不开敞,面向内院,院内栽花植木,形成安静闲适的居住环境,庭院面积较大,各房通风日照条件都很好,防风沙、防噪声、防干扰,十分理想。

二、窑洞与地坑院民居

黄河中游一带的窑洞住宅,有靠山窑、地坑院和锢窑三种。靠山窑依山势开洞,层层叠叠,气势磅礴;地坑院在地面挖掘深坑制造人工崖面,形成庭院,别有风味;锢窑是用砖或石加固的窑洞,往往成四合院式布局。这种窑洞住宅,壁厚顶高,冬暖夏凉,建筑材料简单经济,施工便利,成为因地制宜、因材致用的典范,极富人与自然的亲和感。

(一)窑洞民居

窑洞民居是旧石器时代洞穴民居的直接延续,是独特的民居形式,具有浓厚的民俗风情和乡土气息。窑洞民居亦称横穴民居。或认为中原地区的黄土阶地断崖,为横穴的制作提供了理想的地段,横穴是通过掏挖而形成的空间,本身无须复杂的建筑技术,容易制作,且可保持黄土的自然结构,比较牢固安全。它不但能满足遮风避雨的要求,而且由于有较厚的土地覆盖,故亦具有优良的防寒避暑功能。中国发现的最早的窑洞民居,是山西石楼岔沟发现的窑洞房子。黄河中下游地区的郑州市的荥阳、巩义,洛阳的偃师区、新安县和三门峡市的渑池县等均有保存完好的窑洞民居。岔沟的窑洞房子,其中一座属仰韶文化时期,其余属龙山文化时期。这批窑洞房子保持着非常原始的特点,其平面呈方圆形,入口缩小,火塘设在中央。龙山文化的窑洞,通常还掏挖有贮物用的小壁龛。山西襄汾陶寺龙山文化遗址也发现了较多的窑洞房子,其主要形制是四壁向上弧收成穹隆顶,高约 2 米。属新石器时代的甘肃镇原常山下层文化,也发现了单室圆形土窑式或半土窑式房子,其中第 14 号房子,距地表深 0.7~1.3 米,房基修在生黄土中,由住室、门洞、坑道和房顶四个部分构成,住室口小底大如圆形袋状,房子地面用火烧烤成硬面,硬面上有路土,室内有四根木柱,门道位于住室与坑道之间,作拱形顶,坑道是长条形竖井土坑,出口处有 20 厘米高的台阶,这是一种仿窑洞式的建筑。山西夏县东下冯遗址发现的窑洞式房子,恐怕与襄汾陶寺龙山文化窑洞式房子有一定渊源。西周时期丰镐遗址发现的土窑式房子,是先在地面上挖一口径 5.9 米、深约 5 米、平面为椭圆形的深坑,再从一壁掏出窑洞,坑底有一条供出入的土坡道将住室分为两半,坑底不平,常有 1~3 个灶。

(二)地坑院民居

地坑院民居在河南三门峡陕州区、山西运城、甘肃陇东的庆阳及陕西的部分地区均有分布。其中河南三门峡境内保存得较为完好,特别是在陕州区东凡塬、张村塬、张汴塬这 3 个高台平原地带,许多村民仍居住在地坑院里,至今仍有 100 多个地下村落、近万座天井院。现存最早还住人的院子已有 200 余年的历史,已住过 6 代人以上,保存较好的村庄有张村塬的人马寨和庙上村等。

第十一章

中原科技文化

中原地处黄河中下游,是黄河流域科技文化发祥地的核心地区。中原科技文化硕果累累,科技精英群星灿烂。据考古资料证明,七八千年前,黄河流域就已经出现了农耕文明。三皇之首的伏羲教人们"作网罟",开启了渔猎经济时代;神农炎帝制作耒耜,教人们种植五谷,开创了农业时代。陶器、瓷器最早出现在河南。仰韶彩陶造型精美,唐三彩驰名中外,钧瓷色彩缤纷,汝瓷古朴典雅,代表了历史上陶瓷制作技术的最高水平,具有极高的美学艺术价值。河南是冶铸文化之乡。安阳殷墟出土的后母戊大方鼎,是迄今发现的最大最重的青铜器,其冶铸技术和工艺达到那个时代最先进的水平。郑州发现的汉代冶铁高炉,为世界上最早的椭圆形高炉。在古代天文学方面,被誉为"科圣"的东汉太史令张衡,发明的地动仪比西方早了1700年。唐代河南人僧一行,比英国天文学家哈雷早1000年提出了"恒星自行"的观点。中国的四大发明,都与中原地区有着深厚的渊源,在中原孕育发展。

第一节　农耕文化

中国是农业大国,是世界农业的发源地之一,而我国的农耕最早兴起于黄河流域所在的中原地区,由此形成了悠久和丰富的农耕文化。农耕文化是指人们在长期的农业生产实践中探索积累的农耕技术、农业制度、农学思想及由此产生的农业发展成果等物质财富和精神财富的总和。

一、原始农业的形成及其向传统农业的转变

中国农业最早在中原地区兴起,始于距今10000年左右的新石器时代。很久以前的原始时代,黄河中下游一带自然植被茂密,遍布郁郁葱葱的森林和草原,土壤肥沃,特别适合农业生产,从而成就了这里的原始农业。

上古时期,号称"神农氏"的炎帝在淮阳建都,他"因天之时,分地之利,制耒耜,教民农作",成为中华农耕文明的始祖。河南原始农业遗址,主要集中分布在豫中地区的裴李岗文化时期,距今有七八千年之久。当时,种植业已是先民们的主要产业形式,人们过着相对安定的定居生活,农业聚落大量

涌现。

到距今7000—5000年的河南仰韶文化时期,出现了大型定居村落,还出现了家畜饲养业,农业进入了锄耕(或耜耕)阶段。距今4000多年的龙山文化时期,中原农业又由锄耕阶段进入犁耕阶段。大禹采用疏导的办法治水,保证了农耕事业的顺利进行。

到公元前21世纪,中原地区进入了文明社会,中原农业和农耕技术的发展也进入新的时期,即从原始农业阶段过渡到传统农业阶段,其主要特点是由使用木石农具、刀耕火种过渡到以铁犁牛耕为其典型形态,中原农业开始走向精耕细作的传统农业阶段。

夏、商、周时期,中原农业进入了沟洫排灌的农业时代,作物施肥,病虫防治,土地连作与休耕制被人们所采用,农业生产进步较快。这个时期中原地区的农业种植主要以粟黍为主,兼有稻、麦等其他品种。同时酿酒业发明并逐渐发展起来,这说明农业生产有了较大发展,粮食已经有了一定的剩余。除了粮食生产之外,当时还饲养"六畜"(马、牛、羊、猪、狗、鸡),种桑养蚕,种植蔬菜、油料,樵采捕捞,进行农副产品加工等。特别是农桑并重的生产结构,成为中国传统小农经济的基本特征。

到魏晋南北朝时,以保墒防旱为中心的精耕细作的技术体系基本形成,这一技术体系,至今仍是中国北方农业重要的增产措施之一。

二、古代农耕工具与农耕技术

(一)农耕工具

耒耜,木质双齿,是最古老的耕作工具,相传是神农氏发明的。可以说,耒耜的发明是农业文明开端的标志。随着文明的进步,木质的耒耜被安装上金属刃口,或者整体换为金属,品种也繁多起来,形成锸、铲、锄、犁铧等,耒耜退出了历史舞台。但人们没有忘记这种工具的开创之功,很多农具的名字都是"耒"字旁,如"耙""耱""耥""耧""耖"等。后来,人们将"耒耜"作为所有农具的统称。

最初的犁是石头犁。把石块磨成三角形,中间钻出一个圆孔,用藤索皮筋在上面绑一根木棒,最早的复合农具就做成了。此前耒耜翻土由上而下间断作业,犁则是由后向前连续作业,效率大为提高,在耕作史上有划时代的意义。此后,铜犁、铁犁,以至耕犁、曲辕犁的发明,使犁铧在土地上的运行越来越快捷。

中原地带使用的旱地犁,由犁铧、犁壁、犁辕、犁箭、犁床、犁梢等部件组成。这种犁巧妙地利用前进时产生的推力,使耕起的土垡沿着犁铧后面的弧形犁壁升高并翻转,把表层土翻压在下面,使土壤表层的枯草秸秆、杂草种子、病虫的虫卵都被埋进土里,可增加土壤肥力,减少作物病虫害。

犁过的田地,"耙"就派上了用场。耙大约在南北朝时开始使用,最初是单梁耙,一根木梁上安一排铁齿;随后出现双梁耙,分方耙和人字耙两种。耙能把翻起来的土块弄得细碎平实,使庄稼的根儿与土壤很好地附着在一起,既耐旱又防病虫害。耙后的土壤细碎疏松,易使土壤中水分蒸发,这时"耱"就派上用场了。耱跟耙很像,不过没有铁齿,木梁间用荆条编成席状,用以平摩压实表层土,达到保墒、提墒的目的。

通过犁、耙、耱这些环节,收拾好土壤,就用耧车(也称耧犁)进行播种。用耧车播种,开沟、下种、覆土一气呵成,并且种子入土均匀,深浅一致,节省种子。播种后,还要用砘车压地。砘车大约发明于宋元时期,由一根木轴和两三个石轮组成,用以碾压播种后的沟垄,使种子与土壤紧密结合,防止土壤水分蒸发,便于种子吸收水分、养分,容易发芽、生长。

周朝晚期,铁制农具在中原地区渐次使用。两汉时期,中原冶铁业非常发达,官府对农具的制造和推广也非常重视,铁制农具被广泛应用。就垦耕工具来说,除了铁犁外,还有铁齿耙、钁(即镢,相当于现代的铁镐、铁镢)和臿(即锹)等。此外,还有新型的覆土工具、田间管理工具、灌溉工具、收割脱粒收藏和运输工具、加工工具等,到东汉时又出现了水磨。

(二) 农耕技术

农耕技术与农耕工具相辅相成,互相促进。农耕技术的不断进步,促进中原农业不断向前发展。

垄作的出现是夏商周时期农业生产技术的一大进步。开水沟与田间打

垄成为一大发明,开沟既可排水亦可灌溉,作垄则有利于保墒防旱排涝。甲骨文中"田"字的各种方块形状,就应是商代"区田"的写实。这个时期各种农田水利工程得以修建,陂塘如芍陂,渠系工程如漳水十二渠、水井等,为中原地区农业生产的发展提供了强劲的推动力。此外,春秋战国时期,适时耕作、因土耕作、条播技术也已出现和推广。

周朝晚期,耕作方式上出现了耦耕和犁耕,并重视深耕和修苗的作用。中原先民们还在田间管理方面创造了一套独特的做法——锄地。

汉代,中原地区在耕作方法上还使用了代田法。代田法就是把作物种在沟内,等到禾苗出土以后,结合中耕除草用垄土壅苗。这样一来,农作物扎根深,既能防风抗倒伏,又可以做到保墒抗旱。代田法的垄和沟采取年年轮换的方法,今年做垄的地方,明年变为沟;今年做沟的地方,明年变为垄,这就是史书中所载的"岁代处",也是代田法得名之由来。由于代田总是在沟里播种,垄沟互换就达到了土地轮番利用与休闲,体现了"劳者欲息,息者欲劳"的原则。代田法在使用时又结合新式农具,所以大大提高了劳动生产率和单位面积产量。

因为中原地区春季干旱多风,土壤中的水分容易蒸发,成为影响产量的大问题,先民们多方探索,最后从耕作方式上找到了有效办法,到了魏晋南北朝时期,形成了以保墒防旱为中心,以耕—耙—耱—压—锄相结合为主要标志的精耕细作技术体系。

这些耕作方法,中原的劳动人民已使用了 2000 年左右,十分适应黄河中下游的气候条件,被视为耕作史上最杰出的创造之一。直到唐代中期,中原农耕技术不仅在中国,而且在整个世界上都是最先进的。后来随着民族的融合特别是中原人的南迁,先进的农业技术与理念传播到南方,从而奠定了南方水田耕作技术发展的基础。

三、古代农业制度与农学思想

(一) 古代农业制度

中国古代的农业制度和理念与中原密切相关,中原古代农业制度包括耕作制度与土地制度等多种制度。

耕作制度,是指农作物栽培中土地利用方式和保证农作物高产、稳产而有关农业技术措施的总和,在历代农业生产中都占有重要地位。它的核心是正确处理用地和养地的矛盾,使土地保持肥沃。中原古代的耕作制度大体经历了西周至战国时期的熟荒耕作与休耕制、秦汉至隋唐时期的轮作复种制、宋元至明清时期的轮作复种制和间作套种制三个发展阶段。轮作复种制和间作套种制等延续至今。

应当说,土地制度是中原农耕文化中最重要的制度文化。在中国古代史上,土地制度可分为三个阶段:第一阶段是原始社会的土地氏族公社所有制,第二阶段是奴隶社会的奴隶主贵族土地国有制,第三阶段是封建土地所有制。古代中国不同阶段土地制度的变革与斗争,多在中原地区演出一幕幕生动的话剧。商鞅变法废除井田制引起贵族怨恨,最后兵败被俘,车裂而死,就是悲壮的一幕。由此完全可以说,中国古代农业的制度变革与中原密切相关。

(二)古代农学思想

中原传统农业是建立在直观经验基础之上的,但它不局限于单纯经验的范围,而是形成了自己的农学理念。这种农学理念是在实践经验基础上形成的,表现为若干富于哲理性的指导原则,因而又可称为农学思想。这自然要提到两部著作:一部是战国时期吕不韦组织编写的《吕氏春秋》,另一部是北魏贾思勰所著的《齐民要术》。吕不韦是战国末年卫国濮阳人,著名商人、政治家、思想家,后为秦国丞相。吕不韦组织编写的《吕氏春秋》中的《上农》《任地》《辩土》《审时》四篇,集中反映了战国时期的农学体系,是古代农业科学思想的发端,体现了上农(重农)思想、农业灾害防御思想,首次明确提出天、地、人(即"三才")为农业生产的三大因素。贾思勰是青州益都(今山东寿光)人,北魏、东魏时期大臣,中国古代杰出的农学家,他编著的综合性农书《齐民要术》,系统地总结了秦汉以来我国黄河流域的农业科学技术知识,是世界农学史上最早的名著之一。该著作由耕田、谷物、蔬菜、果树、树木、畜产、酿造、调味、调理、外国物产等各章构成,是中国现存最早的、最完整的大型农业百科全书。

中国古代农耕文化的核心,是古代的天、地、人"三才"理论在实践中的指导和运用。"三才"是哲学,也是宇宙观,用在农业生产上,是一种合乎生态原理的思想。"三才"在中国农业上的运用,并表现为中国农业特色的,是二十四节气、地力常新和精耕细作,这三者便是对应于天、地、人的"三才"思想的产物。《吕氏春秋》中的《上农》《任地》《辩土》《审时》四篇,是融通天、地、人"三才"的相互关系而展开论述的。西汉《氾胜之书》的"凡耕之本,在于趋时、和土、务粪泽",可作技术看,也可视为"三才"的具体化。这种思想贯穿于后来的《齐民要术》等所有农书,无不以"三才"理论为其立论的依据。这种理论把农业生产看成庄稼、天、地、人诸因素组成的整体,它所包含的整体观、联系观、动态观贯穿于我国传统农业生产技术的各个方面。正是在这种整体观的指导下,人们看到了生物体这一部位与那一部位之间、这一生育阶段与那一生育阶段之间的关联,看到了农业生态系统内部各种生物之间的关联,并加以利用。在"三才"理论系统中,人不是以自然主宰者的身份出现的,而是自然过程的参与者;人和自然不是对抗的关系,而是协调的关系;因而产生了保护自然资源的思想。农业生物在自然环境中生长,有其客观规律性。人类可以干预这一过程,使它符合自己的目标,但不能凌驾于自然之上,违反客观规律。因此,中国传统农业总是强调因时、因地、因物制宜,即所谓"三宜",把这看作一切农业举措必须遵循的原则。但人在客观规律面前并非无能为力,当人们认识了客观规律,就有了主动权,可以"盗天地之时利",可以"人定胜天"。

"三才"理论是精耕细作技术的重要指导思想。精耕细作的基本要求是在遵守客观规律的基础上,发挥人的主观能动性,以争取高产。精耕细作技术,是建立在对农业生物和农业环境诸因素之间的辩证关系的认识基础之上的。

第二节 传统陶瓷技术

中国是陶瓷的发源地,陶瓷是火与土相结合的智慧结晶。"陶瓷"包含

"陶"和"瓷"两个大类。《辞海》上"陶瓷"的解释是"由黏土以及长石、石英等天然原料经混合、成形、干燥、烧制而成的耐水、耐火、坚硬的材料和制品的总称,包括陶器、瓷器、砖瓦等"。可见陶器与瓷器既有联系又有区别。瓷器是在陶器生产的基础上发展而来的,二者的区别主要表现在:一是原料,陶器的原料主要是黏土,瓷器的主要原料是高岭土;二是烧成温度,陶器的烧成温度在800℃左右,而瓷器的烧成温度在1200℃以上;三是器表,陶器器表一般不施釉,即使施釉也是低温釉,瓷器的釉料有高温釉与低温釉两种,高温釉瓷在高温下与胎体一次烧成,低温釉瓷先高温制成素胎,然后在瓷胎表面施低温釉,第二次低温烧成。陶瓷是中华民族文明史上的宝贵财富,而且对世界文化的发展产生了深远影响。

一、陶器的演化与制陶技术

(一)陶器的发明及其演化过程

在旧石器时代,人们在烧烤食物的过程中发现,经火烧烤后原本松软的泥土会变硬,经火烧过的地面能耐雨水冲刷,从而逐渐认识到泥土在火的作用下会变得坚硬的特性。在长期的生产和用火实践中,人类逐渐掌握了黏土的性能,认识到黏土和水掺和后具有可塑性,干后可定型,被火烧过后具有坚硬、不漏水和耐火的特点,可以用手随意把它塑造成各种形状,经过曝晒或火烧,即可盛放东西。因此,陶器是随着人类在用火烧烤食物和取暖的过程中,经过长期观察,不断实践和反复试验而发明的,是人类第一次利用自然、改造自然,制造出自然界所没有的物质来作为用具的一大发明。陶器的出现是人类从旧石器时代迈进新石器时代的一个重要标志。

在史前时期,由于黄河流域土地的特点,使得黄河流域的陶器呈现出绚丽多彩的特点。在河南新郑裴李岗文化遗址中发现的陶器以红陶为主,有泥陶和夹砂陶两种,均为手制,纹饰以素面为主,器形比较简单,有碗、钵、壶、罐、鼎等。仰韶时代在黄河流域兴起了彩陶文化,仰韶文化陶器以细泥红陶和夹砂红陶为主,也有极少量的灰、黑、白陶,其工艺水平已经达到相当高的程度。

灰陶是继红陶之后，黄河流域先民们的又一伟大创造。陶器色泽的变化与烧成温度有着重要的关系，尤为重要的是灰陶将陶制品从日常生活用品推向建筑用品，灰砖、灰瓦的大量运用极大地改善了人们的生活条件，是技术进步的标志之一。灰陶生活器皿在龙山文化时期发达后，在夏、商、周时期被广泛应用，秦、汉时期，将灰陶制品的使用推向了高峰。秦汉以后，灰陶制品在黄河流域的民间生活中仍极为常见，并延续到今天。

在史前时期黄河下游地区的山东龙山文化主要以黑陶制品为主，其烧制技术在当时达到制陶业的高峰。黑陶分细泥、泥质和夹砂三种，其中以细泥薄壁黑陶具有较高的制作工艺。

白陶系指表里和胎质都呈白色的一种陶器。白陶器在黄河中下游商代文化遗址中多有发现，在安阳发现最多，器形有罍、壶、斝、卣、盂、簋等，这些白陶器的胎质纯净，洁白而细腻，器表又多雕有各种精美图案，具有较高的工艺价值。

在黄河中下游还发现有印纹硬陶，如二里头文化晚期的叶脉纹硬陶片，商代后期的河南、河北、山东等地也发现有小口颈、折肩鼓腹圆底的硬陶瓮等。印纹硬陶的胎质较一般的泥质要细腻和坚硬，烧成温度也较高，烧成后其胎质与器表颜色均呈紫褐色、红褐色、灰褐色与黄褐色。

在陕西关中地区首次发现了西汉武帝时的铅釉陶器，随后在黄河流域大量出现，并在东汉时期的墓葬中常常可以看到，常见器物有鼎、盉、壶、仓、灶、井及家畜圈舍，水碓、陶磨、作坊、楼阁、池塘、碉楼等各种模型明器。从目前来看，铅釉陶器应是专为丧葬之用的明器。

(二) 陶器的制作技术

从河南裴李岗文化、仰韶文化和龙山文化时期的陶器来看，其制作大致有选料、淘洗、制坯、纹饰、晾晒、烧结等程序。制陶首先要选料，即制备陶土，泥质类陶器是就地取材，一般选择遗址周围沙粒少的黏土作为陶土。选好的陶土一般要放进淘洗池内淘洗，陶土经沉淀，反复揉打，具有一定的韧性，便于制作陶器。裴李岗文化早期的泥质陶器多选用天然黏土，未经人工淘洗，但中期以后的陶土已经开始淘洗。河南舞阳贾湖遗址就发现了一处淘洗池。

裴李岗文化时期，陶器以手制为主。将加工好的陶泥制成泥片或泥条，再用泥片或泥条盘筑成陶器器形。为防止炊具类陶器烧裂，在陶土中加入石英砂、云母片、滑石粉等羼和料。仰韶文化时期，开始出现慢轮，此时期的陶器经慢轮修整的增多，使得器壁厚薄均匀，器形明显规整。慢轮是一种以脚踏作为动力的圆盘，泥料在转动的圆盘上用圈（圜）筑法制成陶器毛坯。龙山文化时期，出现了快轮制陶技术，陶器制作的质量和效率都大为提高。快轮制陶是利用轮盘快速旋转所产生的惯性力直接将泥料拉坯成形，一些小的陶器，如碗、器盖、杯等，可以一次成形；大型陶器，如高柄豆、圈（圜）足盘、高领瓮等，可以分段制作然后接合而成。龙山文化时期的袋足陶器的制作还使用了模制法。模制法是先制成袋足模，然后制成袋足，最后将袋足与轮制的上半身粘接成袋足器。

陶器的毛坯成形后，要经过修整，如拍打、滚压纹饰、器物颈肩部的打磨等。这些修整多是在陶坯未干时进行的。用陶拍拍打毛坯表面，可以使之光滑，或可以拍压纹饰。很多陶器上的绳纹是利用圆形木棍绕绳子，在未干的陶坯上滚压而成。滚压的方向不同可出现竖绳纹、斜绳纹、交错绳纹等。陶坯颈肩部的打磨多是在轮子上抹平或磨光。陶坯制成后要进行晾晒，等待烧制。

陶坯的烧结是制陶的最后一道工序，也是最关键的一步。从早期陶器多有生烧、陶体烧结程度不均来看，此时的陶器可能是露天烧结的。随着陶器烧结技术的不断改进，到裴李岗文化时期，烧制陶器多使用简单的横穴式陶窑。到了龙山文化时期，多用竖穴窑烧制陶器。这种竖穴窑较裴李岗文化和仰韶文化时期的横穴窑前进了一步。河南三门峡市陕州区庙底沟龙山文化时期的陶窑为竖穴窑。窑体由火膛、火道、窑室三部分组成，窑室位于火膛之上，火膛较深，位于窑底的火道分三股主火道，两侧的主火道还有支火道，火道上还分布有多个火孔。火焰很均匀地从窑底的火道再进入窑室，使窑内的温度提高。

商代已有专门的制陶作坊，而且制陶业内部有了固定的分工。考古工作者在郑州商城西城墙外发现一处规模较大的商代制陶作坊遗址，有升焰窑式陶窑14座及10多座小型房屋，据探测其窑场面积有1万多平方米。在这里

发现的陶器绝大部分为泥质陶盆和陶甑,应是一处专门烧制盆、甑等泥质陶器的作坊。

(三)陶瓷工艺的结合——唐三彩

唐代三彩陶器,简称"唐三彩",是在汉代绿黄釉陶和北朝彩绘釉陶基础上烧制的以黄、绿、白或黄、绿、蓝、赭等为基本釉色的低温釉陶器。

唐三彩的坯胎原料,是经过精细加工的高岭瓷土,器物成形后,先素烧至1100℃,然后再以900℃的氧化焰进行二次焙烧。由于三彩器中含有大量的铅,铅的氧化物作为熔剂,降低釉料的熔融程度,在烧制过程中各种着色金属氧化物熔于铅釉中并向四方扩散和流动,各种颜色互相浸润,形成一种绚丽多姿、流畅多彩的艺术效果。

唐代的三彩釉陶器多用作随葬用的明器。从考古发现看,以西安和洛阳较为集中,它最早发现于唐高宗时期,而以武则天和唐玄宗时期最为盛行。

唐三彩种类繁多,凡是与生活相关的器具三彩器中都有反映,大致可分为:一是生活用具,如瓶、壶、罐、钵、杯、盘、碗、盂、烛台、枕等;二是建筑家具类,如各种房屋庭院、家具杂物、井磨仓灶、亭台楼阁、假山水榭等;三是动物类,有马、骆驼、驴、牛、羊、狗、狮、虎以及镇墓兽;四是人物类,题材广泛,上至达官显贵,下至平民仆从,这些人物俑一般形体较小,雕塑精美,细部刻画生动,具有极高的艺术价值。

二、瓷器的发展与瓷系的形成

(一)早期瓷器的演化

原始瓷器可追溯于商周时期,在黄河流域的河南、陕西、河北、山西、山东等地均有发现。商代制作的原始瓷器,又称釉陶,釉色鲜艳,色彩光亮,硬度高,吸水率低,实用而美观,其制作技术代表了当时制陶工艺的最高水平。商代原始瓷器在郑州商城和安阳殷墟皆有出土。商代原始瓷器由高岭土经1200℃以上温度烧制而成,胎质细腻坚硬,胎色多为灰白色,也有近似纯白略呈淡黄色,少数为灰绿色或浅褐色,釉面多均匀光亮,色泽美观。原始瓷器的这些特征基本上都与瓷器应具备的条件相近。但它们与瓷器相比又具有一定的原始性，其胎料不够精细，烧成温度略嫌偏低，还有一定的吸水性，胎色白度不高，没有透光性，器表釉层较薄，胎釉结合较差，易剥落。西周时期的原始瓷器质地比较细腻，硬度较强。春秋时期的瓷器质地更加细腻，多为轮制成型，器形更加完整，胎壁厚薄均匀。

秦汉时期制瓷业有了新发展，制瓷的工艺与风格也与商周时期的原始瓷器有较大区别。学者们对东汉时期包括洛阳中州路和烧沟汉墓中出现的瓷片进行严格的科学分析，发现这个时期瓷器的化学组成分布图上的位置，Fe_2O_3 和 TiO_2 的含量、烧成温度、显气孔率和吸水率等方面，无论从外表到内在的成分均已十分符合近代瓷的标准。

(二) 瓷系的形成与发展

河南早期瓷器以青瓷为主。郑州商代原始瓷尊，是目前发现最早的原始青釉瓷器，距今已有 3500 余年的历史。西周春秋战国时期，原始青瓷工艺得到初步发展，生活器皿和酒器出现。东汉时期，青瓷工艺逐步完善，胎质坚密，釉层匀净，全部达到了瓷化的标准。魏晋和北朝时期，青瓷造型更加多样化，运用雕塑、彩绘等技法来装饰，产品完美别致，且受佛教思想影响显著，瓷器纹饰普遍以莲花为题材，素净雅致，形成了浓郁的地方风格。北朝白瓷首创于安阳相州窑。白瓷的出现为后来的青花、五彩、斗彩等各种彩绘瓷器的出现开拓了广阔的前景。隋唐陶瓷业蓬勃发展。隋代的制瓷工艺具有划时代的意义，白瓷工艺臻于完善，开启了我国瓷文化"南青北白"的新局面。隋代的青釉鸡首龙柄壶、白釉点黑彩镇墓兽颇具特色，而唐代的白釉双龙尊、鸡首壶、黑釉蒜头壶风格各异，特别是鲁山花瓷的窑变艺术，别具特色，花色多样，施釉大胆泼辣，具有引人入胜的艺术魅力，为宋代钧窑"窑变"艺术奠定了基础。隋唐时期的瓷业，初步形成了地方特色，如巩义的白瓷、巩义和郏县的黄釉瓷、荥阳与鹤壁的黑釉瓷。五代十国时期的瓷器业得到了长足的发展，尤其是传说中的"柴窑"产品，"青如天，明如镜，薄如纸，声如磬"，传世品罕见。

北宋时期，中原瓷业出现繁荣昌盛的局面，全国五大名窑"汝（河南宝丰)、钧(河南禹州)、官(河南开封)、哥(浙江龙泉)、定(河北曲阳)",河南境内有三个。而民窑也大量出现,如禹州扒村窑、鹤壁集窑、登封曲河窑等,其中修武当阳峪窑、鹤壁集窑、禹州扒村窑、登封曲河窑深受磁州窑的影响。各窑在生产技术、装饰艺术上各有千秋。汝窑以造型秀丽、开片密布而夺得"青瓷之首"的桂冠,钧窑以胎质细腻、窑变美妙、色彩纷呈而独树一帜,官窑以"紫口铁足、金丝铁线"、造型多样而闻名。当时的民窑中也不乏精品,如禹州扒村窑的白釉黑花盆、鹤壁集窑的白釉梅花瓷瓶、登封曲河窑的珍珠地划花人物枕和双虎瓶等。北宋时期,三彩器在河南也得到了很好的发展,尤以济源勋掌窑和新密西关窑的产品为最,后者享有"三彩之精,加彩之美"的盛誉。金元时期,河南瓷业复苏,仿造钧瓷的风气盛极一时,窑变艺术得到进一步发展,磁州窑系的铁锈花工艺获得新生。明清以降,制瓷中心南移,河南瓷业一蹶不振,至现代才得以复兴。

三、陶瓷在中原发展的重要标志

(一) 中原最早具有影响力的陶器文化

裴李岗文化因1977年在河南新郑裴李岗发现而命名。根据考古发掘资料,距今约8000年的裴李岗文化的陶器,以泥质红陶和夹砂红陶为主。裴李岗文化陶器的陶质松,表皮易脱落,大部分还是手工制成,器壁薄厚不均,器物造型较简单,有碗、罐、壶、钵、鼎等,其中最具代表性的有三足鼎、双耳壶等。从装饰上看,泥质陶器多为素面,夹砂陶器表面有简单粗糙的绳纹、划纹、指甲纹、篦点纹等,纹饰较为简洁。

(二) 灿烂非凡的中原彩陶文化

河南是史前彩陶文化的中心区域之一。仰韶村遗址、庙底沟遗址、大河村遗址等出土的大量彩陶,纹饰丰富,使用矿物质着色剂进行彩绘,陶器大多是红胎上画赭、红、黑、白等色彩。图案多数是形式多变的几何形纹,其次是动物、植物纹。丰富的几何纹饰变化复杂,既严谨工整,又粗犷豪放、质朴浑厚、活泼柔和,三角、直线、圆点、斜线描绘体现认识抽象自然的表现力。彩陶纹饰是我国最早的绘画艺术作品。其中大河村仰韶文化遗址出土的双连壶构思新颖、造型独特,被誉为中国最美的彩陶器;彩陶中的太阳纹、日晕纹、星座纹等天象图案,是目前我国发现最早的天文学资料;临汝阎村出土的彩陶缸上的《鹳鱼石斧图》被誉为我国新石器时代画面最大、内容最丰富、技法最精湛的彩陶画。

(三)五彩缤纷的钧窑瓷器

钧瓷始于唐,盛于宋。钧窑窑场主要集中在河南禹州市,已发现窑址达100余处,分为官窑与民窑两种,其中禹州市的八卦洞、钧台一带的窑场为宋代的御制窑场。钧瓷虽属青瓷系统,但工艺独特,尤以"窑变釉"为甚。窑变釉是一种艺术釉,为钧瓷首创,其出现纯属偶然,是在烧制过程中釉料中的铜在高温条件下发生还原反应而自然形成五彩缤纷、变化莫测的釉色,窑变釉色主要有天青、天蓝、月白等以蓝色为主调的乳光釉。最为珍贵的有釉里红、玫瑰紫、茄皮紫、鸡血红等。由于宋徽宗热衷于绘画艺术,因而当时烧制有相当数量的花盆、笔架、笔洗等文具之类的器皿。除此之外,当时所出的器物还有各式造型的花盆和盆奁,以及碗、炉、钵、鼓钉洗、高足碗等。钧瓷的窑变艺术为我国陶瓷工艺、陶瓷美学开辟了一个新境界,影响深远。

(四)五大名窑之首的汝窑瓷器

汝窑一般指北宋汝官窑,位于河南宝丰县大营镇清凉寺村,在临汝、鲁山、郏县等地的窑址中也曾发现汝瓷的踪迹。汝瓷土质细腻,胎骨坚硬,烧造技术精良,釉中的铁还原技术已臻完善,在我国青瓷发展史上具有划时代的意义。汝瓷最大特色是釉中添加的玛瑙粉,使汝瓷"莹如堆脂,色如碧玉"。釉的正色为天青色,其他还有豆青、虾青、粉青等颜色,以天青为贵,粉青为上。汝瓷在莹润的釉色中有细密的开片纹,俗称蟹爪纹。汝瓷因北宋末年金兵入侵而烧造时间短暂,加上技术精湛、烧造成本高等原因,后世虽然不断仿造,但均未成功,因而使传世的汝瓷弥足珍贵。

第三节 传统冶铸技术

《辞源》对冶铸的解释为"冶炼铜铁,铸造器物"。从科学技术上来说,冶铸是指人类在高温条件下对金属矿石所进行的提炼和加工工作。中国古代的冶铸,主要是冶铜和冶铁。冶铜则主要是青铜的冶炼与制造。青铜制造是人类历史上的一项伟大发明,它是红铜和锡、铅的合金,也是金属冶炼史上最早的合金。青铜器发展于夏代、鼎盛于商周、衰落于秦汉之后。我国的冶铁技术不晚于西周晚期,铁器主要有工具、农具和兵器,而礼器较少。我国是最早创造竖炉液态冶炼、液态铸造快速成型等高超冶铸技术的国家,黑心韧性铸铁技术比欧美要早2000多年。

一、青铜器及其冶铸技术的发展

中原青铜时代,大致于公元前2000年形成,历经夏、商、西周和春秋,历时约15个世纪,其中商周时期是青铜时代的鼎盛期,夏商和春秋时期的青铜冶铸是当时先进的科学技术、先秦社会生产力发达的标志。

从考古资料看,中国的青铜时代是在龙山文化晚期开始的,青铜时代作为文明时代的开端是人类社会史上的划时代事件。在中原地区的龙山文化遗存中青铜器的发现屡见不鲜,在河南登封王城岗遗址还发现有鬶形青铜残片。

早期铜器质地较为复杂,有红铜,也有锡青铜。在河南境内,临汝有两个单生铜矿,而登封境内有孔雀石及铜铁硫化矿,汝阳、卢氏、灵宝、淇县等地产锡,为铜锡器的发展创造了条件。因此,在中原地区青铜与红铜可能是并行发展的。

早期铜矿石的冶炼,如在郑州牛砦龙山文化(BT)三层中,便发现有熔化青铜的残炉壁,所见炉子为熔炉而非炼炉,说明当时的冶炼与熔铸已经分工,反映了当时的青铜制造已达到一定水平。

早期铜器的铸造,在甘青地区多见刀、凿、斧、环、匕等,这些工具有的是锻造,有的则是单合范,但山西襄汾县陶寺遗址的锚铃和河南登封王城岗遗址的鬶形器,均是较为复杂的铜器,其特点是薄壁、中空、曲腹,尤其是铜鬶陶范的制作,在外范铸面的变化、范块准确的套合等方面有许多技术要求,这说明中原地区当时的铜器铸造已达到较高水平。

到二里头文化时期,青铜铸造有相当大的发展。二里头青铜铸造遗址是我国目前发现最早的青铜铸造遗址。商代,河南是青铜器制造中心。专门的青铜器作坊大量出现,青铜器无论在造型设计、花纹装饰,还是在铸造技术上都有明显进步,小型器物为一次性合范,大型器物使用分范法。青铜器胎壁厚实,给人以凝重、庄严的感觉;纹饰多彩,形制精美,显示出处于鼎盛阶段的富丽堂皇、雍容华美的气派;其不仅纹饰上刻意讲究,而且广泛使用浮雕装饰,韵味无穷。安阳殷墟妇好墓出土的400余件青铜器,都是工艺精美绝伦、各具特色的青铜器中的精品,尤其是安阳武官村出土的后母戊大方鼎,更是我国目前已出土的最负盛名的四足方鼎。周代铸铜的鼓风设备由皮囊鼓风发展到多杆鼓风,青铜器型更加精致,青铜金银错等装饰出现,大型复杂的器具使用焊接法,纹饰朴实,铭文大量出现。秦汉以后,河南地区的青铜冶铸主要仿制春秋战国时期的产品,青铜文化衰落下去。

二、铁器的发明及其冶铸技术的发展

陨铁是人类认识和使用铁的开始。据考古资料,约在商代末期人们就已经认识到陨铁(非人工铁制品)的强度高于青铜,并将陨铁锻接于青铜兵器的刃部以提高兵器的战斗力。春秋战国时期冶铁业就已经相当发达,汉代是冶铁技术新的高度发展时期,当时河南的冶铁业在全国占有重要地位。

(一)铁器的发明与广泛应用

中国古代铁器的发明是在青铜冶铸的基础上发生的。在河北藁城台西、北京平谷刘家河、河南浚县辛村发现的铁刃铜钺,刃部为陨铁所铸,时代为商代和西周前期。上述器物虽以天然陨铁作原料,但经加热锻造,成为锋利的薄刃。陨铁的利用是黄河流域古代先民们的伟大创造,虽然这时人们还没有直接从矿石中提炼铁的经验,但至少人们已经认为铁的利用较铜具有更多的

优势与潜力。在西周晚期,中原地区的人们就开始使用人工冶铁制品。春秋时期已发现的铁器有人工冶炼的铁块、铁条、铁削、铁锤、铁锛等。

战国时期尤其是中期以后,铁器已得到较为广泛的应用。在河北、河南等地发现了冶铁遗址,铁器的普及主要表现在工具、农具及兵器等方面,农业生产工具有犁铧、钁、铲、锸、镰、锄、耙等;手工业工具有斧、斤、锛、凿、刀、削、锉、锤、锥、钻、针等;武器与装备有剑、戟、矛、镞、匕首、甲胄;生活与日用器具有鼎、盘、炭盆、杯、环、杖与带钩,此外还有板钉与刑具等,可以说铁器一改铜器无法取代石器的局面,在生产生活的各个方面无不渗透。到了汉代,铁器的使用更加广泛,西汉初年铁农具与工具已普遍取代了铜、骨、石、木器而占据主导地位。西汉中期以后直至东汉时期的铁器,出土数量更远远多于西汉初期。汉代铁制工具除斧、凿、锤、钳、锥、钩外,还有泥刀、钻、锲、火钳、剪刀、挂钩、权、链、钉、钎、管子、锯等;农具除钁、锄、铲、镰、犁、锸、耙外,新出土有三齿耙;日常用具有釜、鼎、勺、铃、锅、钉、炉、环、臼杵、带钩;兵器有剑、刀、镞、矛、戟、钺、铠甲等;此外灯、锁、剪、镊、火钳以及齿轮、车轴等机械零件大量涌现,可以说汉代铁器在生活与生产中的各种器具已经定型,自此以后长达2000年间,在中国的广大农村始终使用着这些器具,其工艺技术、形制基本无大的变化。

(二)古代冶铁及铸造技术的发展

考古工作者于1990—1999年在河南三门峡市上村岭虢国墓地的两座国君墓中出土的6件铁刃铜器中发现,铜内铁援戈、铜銎铁锛及铜柄铁削的铁质部分为陨铁,而玉柄铁剑、铜内铁援戈及铜骹铁叶矛的铁质部分为人工冶铁。铜内铁援戈的铁质部分为块炼铁,玉柄铁剑和铜骹铁叶矛的铁质部分为块炼渗碳钢。这说明在西周晚期,中原地区已经有了块炼铁技术和块炼渗碳钢技术。块炼铁技术是在较低温度(800~1000℃)下固态还原铁矿石的炼铁术。块炼渗碳钢技术是块炼铁在炭火中经长时间的反复锻打,碳渗入铁中而增碳使其变硬的炼钢技术。

春秋时期,在块炼铁出现的同时或稍晚,出现了液态铸铁(生铁);到战国早期,液态铸铁冶铸技术就得到了初步普及,并且出现了脱碳铸铁和铸铁脱碳钢,这就从工艺上降低了生铁工具的脆性,提高其韧性,使得铁农具的普及有了技术上的前提和保证。

商周青铜冶铸技术为中国古代液态铸铁的产生做了充分的技术准备,这可以从战国早期的熔炉结构、材料、筑造技术等特点,铸范的形制、材料等特征得出结论。从目前发掘的冶铁遗址看,受冶铜技术的影响,至迟在战国时期炼铁与熔铁铸造已明确分离,也就是一般矿石炼铁多在矿区,熔铸铁器和铁器进一步加工则多在位于平原的城镇。通过对河南登封阳城铸铁作坊遗址、河南鹤壁鹿楼铸铁作坊遗址等的考古发掘了解到,战国早期的熔炉结构与构筑材料、方法等明显是借鉴和继承了熔铜炉的全部技术,为适应较高的熔铁温度进行了改良。筑炉材料可分为草泥炉、砂质泥炉、复合材料炉三种。战国时期除使用传统的陶范、石范外,已经出现了铁范(铜范约出现于春秋时期),但陶范仍然是铁器铸造的主要形式。从战国时期各铸铁遗址出土的陶范情况看,主要是生产工具范,其中尤以农业生产工具铸范数量最多,占出土铸范总数的90%以上。特别是出现了较多的多腔板材范和条材范。从陶范的质地上可分为泥质和砂质两种,多数陶范为砂质,内含较多的砂石颗粒,并掺入适量的植物粉末。这种特制的砂质陶范,具有较高的强度、透气性、退让性和耐火性能,这与所铸的以铁农具为主的较小件铸件的特点相适应。

汉代是冶铁技术新的高度发展时期,而中原地区又是冶铁重地,仅河南就有15地发现有汉代时期的冶铁遗址。其中,泌阳县下河湾村冶铁遗址是我国目前发现的最大冶铁遗址,面积12万平方米以上;另外古荥镇冶铁遗址、西平县汉代冶铁遗址群、舞钢汉代冶铁遗址群、南阳汉代冶铁遗址等都是当时重要的冶铁中心。随着生产技术的进步,西汉用淬火法制造了大量的铁农具,用煤取代炭作燃料,先后使用人力鼓风、畜力鼓风。而东汉南阳太守杜诗发明的水排鼓风,更是冶金史上的一个伟大创举。

三、中原古代冶铸技术的代表性成就

(一)后母戊大方鼎:中华第一大鼎

1939年,河南安阳市武官村出土的后母戊大方鼎是我国商代晚期的青铜

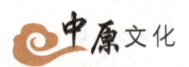

器,是我国目前出土青铜器中最大的一件,也是世界青铜器中罕见的精品。鼎重达 875 公斤,连耳高 130 厘米,长 110 厘米,宽 78 厘米。后母戊鼎立耳、方腹、四足中空,除鼎身四面中央是无纹饰的长方形素面外,其余各处都有纹饰。在细密的云雷纹之上,各部分主纹饰各具形态。鼎身四面在方形素面周围以饕餮作为主要纹饰,四面交接处,则饰以扉棱,扉棱之上为牛首,下为饕餮。鼎耳外廓有两只猛虎,虎口相对,中含人头。耳侧以鱼纹为饰。四只鼎足的纹饰也匠心独具,在三道弦纹之上各施以兽面,衬托出一种狰狞、神秘、规正、威严的气氛。大鼎腹内铸有"后母戊"三字,为籀文。据考证此鼎为商代晚期文丁为祭祀其母所制的青铜器,其造型、纹饰、工艺均达到极高水平,是商代青铜文化顶峰时期的代表作,现藏于中国国家博物馆。

(二)被誉为"中华第一剑"的玉柄铜芯铁剑

1990 年春,在清理三门峡虢国墓地时,从虢国国君虢季墓中发现玉柄铜芯铁剑。剑残长 34 厘米,包括剑身、剑柄、剑格、剑首四部分。由铁、铜、玉三种材料复合而成。铁主要铸造在剑身的刃部,铜铁混铸造,显示出高超的冶铸技术。玉柄由和阗青玉制成,玉质细腻,温润光滑,前端圆弧状内收,表面有斜竖平行线纹饰,玉柄之内的铜芯与柳叶状的铁剑身相连处还镶嵌有条状的绿松石片。剑首呈正方形,有四瓣花萼浮雕装饰。玉柄铜芯铁剑的出土将我国开始人工冶铁的历史向前提了至少两个世纪,表明 2800 多年前虢国的工匠们已熟练地掌握了原始的块炼铁和块炼渗碳钢技术,因而被专家誉为"中华第一剑"。

(三)中国目前发现的最大的冶铁高炉

1975 年,郑州市博物馆对古荥镇冶铁遗址进行发掘时,发现两座规模较大的炼铁高炉残迹。炉基深达 3 米,用夹有木炭的耐火土夯筑而成,炉缸椭圆形,平面 8.5 平方米。炉前清理出多块巨型积铁,最重者达 23 吨。根据炼炉和积铁情况复原,炉高达 6 米,为容积 50 立方米的土冢式高炉,是我国目前发现的汉代最大的高炉。从高炉周围发现的矿石加工场、高架、鼓风设施和矿石、陶排风管、煤饼等遗物,结合炉前设水井、炉后置水池等分析,可知汉代不仅已形成较高水平的冶铸系统,而且已使用煤饼做燃料并应用了预热鼓风技术。铁器中有的做过柔化处理,铁的品种有灰口铁、白口铁、麻口铁、脱碳铸铁、铸铁脱碳钢、古代球墨铸铁等。古荥冶铁高炉的发现,在中国乃至世界冶金史上都占有重要地位。

(四)冶铁鼓风技术的进步——水排的发明

东汉时期,南阳郡冶铁业及冶铁技术均十分发达,在全国占有十分重要的地位。当时南阳郡太守杜诗,做了一件在冶铁技术史、科学技术史上具有重要意义的事情,那就是改进了冶铁鼓风技术,发明了水排。所谓的水排,是中国古代一种冶铁用的水力鼓风装置。它通过滚动机械,使皮制鼓风囊连续开合,将空气送入冶铁炉。这种机械用力少而见效大。水排是利用水流这种自然力来从事手工业生产的重大发明,也使得中国成为世界上最早使用水力鼓风机的国家,比欧洲早了1000多年,表明了汉代冶铁鼓风技术及冶铁技术的先进性。

第四节　传统天文学

我国一直以农业发展为重,远古时期农业发展的每一个进步,都离不开天文学方面取得的成就。传统天文学主要包括天象观测、历法编制以及对宇宙构造理论的创建等方面。黄河流域是中华民族的摇篮,中原地区的先贤们在天象观测方法、天文仪器的创制、历法编制以及宇宙构造理论创建等方面都曾有重大建树。

一、古代天文学的产生及其体系的形成

(一)古代天文学的产生

中原地区的先民,早在旧石器时代,在采集和渔猎生产中,就对太阳的出没、月亮的圆缺、寒来暑往、物候等有了一定认识。进入新石器时代,随着农

业、畜牧业的发展,因掌握季节、不违农时的需要,天文学就在生产实践的迫切需要中诞生了。到了新石器时代中期,人们就已经开始观测天象,并用以定方位、定时间和季节了。在河南新郑裴李岗文化遗址和仰韶文化的西安半坡遗址中,房屋都朝着一定的方向;在氏族墓地上,墓穴和人骨架的头部也都朝着一定的方向。说明当时的人们已经有了一定的确定方位的方法。最早大概是以日升处为东,以日落处为西,以后又掌握了确定南北的方法。太阳和月亮是天空中最为明显、最易观察并与人们的日常生活最为密切的星体,因此也最易受到人们的关注。在郑州大河村仰韶文化遗址中的残损陶钵的肩部和腹部,绘有光芒四射的太阳纹。这说明大河村的远古居民们,已经积累了一些原始的天文知识。同时,早在新石器时代,中原地区已经形成了"四象"概念,四象是中国古代天文学坐标体系的雏形。在河南省濮阳西水坡仰韶文化遗址的45号墓中,墓主人骨架左右两侧,有用蚌壳摆塑的龙虎图案,有人认为它是符合真实天象的特殊天象图。学者冯时认为,45号墓内存在着"二象与北斗"的天象布局,与古代天文学中的二十八星宿及四象的恒星分群系统有密切关系。同时,"二象与北斗"的天象图也为以后形成的表示天空东、西、南、北四大组星象的"四象"分区法找到了来源。这对研究我国天文学的起源具有十分重要的意义。

到了五帝时代,随着天文知识的进一步丰富,便有了原始历法。颛顼时,制定了历法《颛顼历》,初步确定了各星辰的位置,设立了天文官,统一了历法。帝喾"序三辰"以"治历明时",对《颛顼历》作了一定程度的修订。帝尧也曾组织一批天文官到东、南、西、北四个地方去观测天象,以编制历法,预报季节。《尚书·尧典》还记述了当时采用的"期三百有六旬有六日,以闰月定四时成岁"的初始历法。这是把一年定为366日,应是人们对恒星周年运动周期测算得到的结果。由于一年的长度与月的长度不存在整数倍的关系,该初始历法采用了置闰月的方法予以调整,这表明尧时的初始历法是一种阴阳历,也是我国阴阳历的最早记载。

夏代已出现了我国最早的日食、陨星雨、地震记录,创制了天干纪日法。《夏小正》是夏代天文历法发展成就的总结,也是见于记载的中国最早的历法。商代的天文历法成就显著,阴阳历在殷商时期得到较大发展。置闰法成熟,采用了干支纪日法,出现了日历,已将白昼分为明(旦)、大采(或朝)等七个时段,出现了一天分为百刻的制度和"旬"这一名称。天象观测方面,已有日食、月食及世界上最早的新星记载。气象方面也有风、雨等气象的记载及风力、雨量的分级概念,开创了我国传统气象记录的先河。"四仲中星"这项观象授时的重要成果至迟产生于商末周初。宇宙结构的认识上,形成系统的"盖天说"。西周,登封阳城(今告成镇)已设立了专门的观星台,相传西周政治家周公曾在此观星台通过"土圭"观测日影。战国时期,魏国人石申著《天文》8卷,后人把它与齐国人甘德著的《天文星占》8卷合为一部,名《甘石星经》。他们发现了金、木、水、火、土五个行星的出没规律,测定和记录了120颗恒星的位置,创制了世界上最早的恒星表。夏、商、西周时期天象观测、初始历法及测时仪器方面的成就,奠定了中国古代天文学的基础。

(二)古代天文学体系的形成

春秋战国时期是我国历史上的大变革时代,天文学也得到重视和长足的发展。无论是在天象观测、历法修订,还是在天文台的建立及有关宇宙理论等方面,均作出重要的贡献,推动着我国古代天文学体系的形成。

在天文观测方面,这一时期对日、月、五星的观测已比较成熟,使天文观测开始系统化,其重要标志之一是二十八星宿的形成和距度的测定。通过对《汉书·天文志》中保留的甘德的《天文星占》及石申《天文》的研究,夏鼐先生认为,就文献而言,二十八星宿体系成立的年代为战国中期。石申和甘德在按一定方法对恒星进行区划和命名方面做了开创性工作,属于石申区划的星官有120个,计星815颗,属于甘德区划的星官有146个,计星687颗。同时,石申还定出120个星官的标准星具体坐标值,并对121颗标准星具体坐标值加以测定,构成一个完全数量化的著名星表——《石氏星经》。在对五大行星的观测方面也开始精确化。例如,石申和甘德都指出木星的恒星周期为12年(应为11.86年),等等。对异常天象的观测与记录则肇始于《春秋》一书,它是世界关于天琴座流星雨和哈雷彗星、陨星的最早记载,书中共有37次日食记录,这说明当时人们对日食观测的重视并已形成制度。

二十四节气是我国特有的反映太阳周年视运动规律的一种太阳历。它

是在中原地区经过长期孕育并最终形成的。早在传说中的尧帝时代,已确定了春分、夏至、秋分、冬至四个节气。经过长期演化的过程,到战国时期已基本形成了二十四节气的全部名称,与今名完全相同。二十四节气不仅在天文学史上有着重要的意义,而且几千年来,一直对农业生产起着重要的指导作用。

春秋战国时期的历法已开始成熟,其重要成果是古四分历的创制。这个时期,由于长期经验的积累,人们逐渐掌握了十九年七闰的置闰规律,找到了比较准确的朔望月长度($29\frac{499}{940}$)和回归年长度($365\frac{1}{4}$),于是因回归年长度的奇零部分为$\frac{1}{4}$日,便有了"古四分历法"。这一回归年长度比今测的数值仅多11分钟,且回归年和朔望月长度之间的关系也由于十九年七闰的设置而便于调整,使我国特有的阴阳历开始成为具有明确的、规整形态的历法。战国时期,还把二十八星宿的测定结果引入历法的编制之中,并且还把二十四节气及五星位置的推算作为历法的组成部分。日趋成熟、内容丰富的古四分历对近代以前的中国传统历法产生了深远影响。

二、传统天文学的发展

秦汉至北宋的1348年间,中国的政治文化中心一直在黄河流域的中下游地区,这一时期也是我国传统天文学由成熟到鼎盛的重要阶段,无论在天文仪器的研制还是在历法的改进以及宇宙构造理论的创建等方面,都取得了重要的成就。

(一)天文仪器的创制

浑仪是测量天体坐标的重要仪器。先秦时期已出现构造简单的浑仪。西汉时,"落下闳为汉孝武帝于地中转浑天,定时节,作太初历"(《隋书·天文志》)。此时浑仪的结构已有改进。唐代天文学家李淳风于贞观七年(633年)制造出更为复杂、精密的浑仪——浑天黄道仪。这架仪器变古代浑仪的二重环组为三重环组,即六合仪、三辰仪和四游仪,其中的三辰仪是李淳风创造的。唐玄宗开元年间,僧一行受诏改治新历,为此他和梁令瓒合作,又改进了浑仪,制成了新的浑天黄道仪——黄道游仪,改进的仪器要比原来的简便。北宋时浑仪的制造发展到了鼎盛的阶段,并通过改进使其更加简化。这种改进浑仪使其简化精确的趋势直接影响了元代郭守敬创制的简仪。简仪取消了白道环和黄道环,又将地平坐标和赤道坐标分别安装,使除了北极天附近外,全部天区一望无余,我国传统的赤道式天文仪器发展到了一个高峰。

浑象是古代演示天象的重要仪器,它是把太阳、月亮、二十八宿等天体以及黄道和赤道都绘制在一个圆球面上,使人不受时间的限制,随时了解当时的天象。据扬雄《法言·重黎》记载,西汉宣帝时的大司农中丞耿寿昌首先创制了浑象。东汉科学家张衡则创制了著名的水运浑天仪,即采用漏水为动力的机械装置使浑象每日均匀地绕轴旋转一周,自动、形象地把天象演示出来。张衡的这项创制开启了我国水运浑象的先声。唐代开元十一年(723年),僧一行和梁令瓒等人合作制造了开元水运浑天铜仪,它不但能表演天球和日月的运动,还能自动报时。北宋元祐七年(1092年),由吏部尚书苏颂领导制造、吏部守当官韩公廉设计的水运仪象台是我国古代最宏伟、最复杂的一座天文仪器,这套装置是现代天文台跟踪机械——转仪钟的雏形。

(二)传统历法的改进

秦汉以来,历法编制也随着天文仪器及天文观测的进步而得到不断发展。汉武帝时期改革了沿用100多年的秦《颛顼历》,重新编制了新的历法《太初历》。《太初历》以实测历元为历算的起始点,其实测精度较春秋战国时期高,是我国现存第一部完整的历法。东汉末年刘洪的《乾象历》是汉代又一重要的历法,在《乾象历》的编制过程中,把我国古代对太阳、月亮运动及交食的研究推向了一个崭新阶段。隋代天文学家刘焯撰著的《皇极历》吸收了先进的天文学成果,把古代历法推向一个新的高度。唐代著名天文学家僧一行受唐玄宗之命,在大规模的观测成果和前人研究成果的基础上编制了《大衍历》,后经张说、陈玄景等人整理编次,计52卷,于开元十七年(729年)颁行天下,成为后世历法体例的楷模。到了元代,郭守敬等天文学家继承了前代注重仪器制造和天文观测的传统,在广泛积累丰富可靠的第一手资料的基础上,编制了更为精确的《授时历》。明代杰出的科学家朱载堉在总结前人历法

经验的基础上,结合百年天象实践,以万历九年(1581年)为元,制定新历,成功地编制了《圣寿万年历》,我国传统历法发展至巅峰。

(三)传统宇宙观的形成

中国传统的宇宙观也形成于黄河流域。影响较大而又较为系统的是关于宇宙结构的"盖天说""浑天说"和"宣夜说"。

盖天说起源于商末周初。据史料记载,盖天说可以分为三大流派:第一种观点认为,天圆地方,日月逆天体而行,这反映了人们最初的宇宙观;第二种观点认为,天斜倚在上,南边高而北边低;第三种观点则认为,天和地均为拱形,天在上,地在下,日月星辰均附着在天上,绕北天极平转,不会绕到地下面去。太阳的出没与离人的远近相关。盖天说虽是人的认识处在低级阶段的产物,但天穹从正到斜,地形从方到拱,则反映了人们认识事物的进步。

浑天说萌芽于春秋战国时期,在西汉得到发展,而使浑天说臻于完备的却是东汉著名天文学家张衡。他在《浑天仪注》中指出,天体是一整球,地亦为被天所包的球体,并且天是可"绕地下"做圆周运动的。为了使人信服,张衡还制作了水运浑象仪来表示浑天体系的正确性。浑天说由天体运行的表面现象肯定了大地是球形的本质,这是人类认识宇宙的一个重要成果。

宣夜说也是战国时代就已出现的宇宙学说。宣夜说认为,"天了无质",即天是无形无体、无色无质、无边无际的广袤空间;天色苍苍是因为"高远无极",犹如远山色青,深谷色黑,而青与黑只是表面现象,并不是真有一个有形体、有颜色的天壳。在这无限的空间里,漂浮着众多的日月星辰,各有其运行规律,它们依靠"气"在运动。宣夜说提出的天体"高远无极""天了无质"的思想,在人们面前展现出一个茫无涯际、无穷无尽的宇宙空间,这是人类宇宙观的又一突破。

三、中原传统天文学的发展成就与代表人物

(一)颛顼、帝喾时代的天文历法成就

颛顼、帝喾时代是五帝时代的重要阶段,中原是颛顼、帝喾活动和控制地

域的中心地区,在这个时期,天文历法领域取得了显著成就。

颛顼时,制定了历法《颛顼历》。《汉书·艺文志》载有《颛顼历》21卷、《颛顼五星历》14卷。《颛顼历》是"以大火(心宿)为授时星象的自然历",后来又有岁星纪年法的特点。唐尧、虞舜、夏、商、周都沿用了颛顼的历法,秦时历法基本上承袭《颛顼历》,在汉初仍沿用百余年。颛顼确定了各星辰的位置,被认为是主宰北方天神的大帝。颛顼设置了天文官,统一了历法。颛顼任命重、黎为天文官,不仅促成了黄帝历法的中兴,而且促进了《颛顼历》的流传和发展,推进了中国古代天文历法的进步。帝喾"序三辰"以"治历明时",在继承颛顼时代天文历法成就的基础上,通过对日、月、星三辰运行变化规律的观测,对《颛顼历》作了一定程度的修订。

(二)东汉杰出科学家张衡的天文学成就

张衡(78—139年),字平子,南阳西鄂(今河南南阳)人,历南阳郡主簿、太史令、公车府令、侍中、尚书等职,是东汉最杰出的科学家、文学家,是世界上最早的伟大天文学家之一,是世界十大文化名人之一,与哥白尼和伽利略齐名,在中国和世界自然科学史上占有重要地位。1970年国际有关组织用"张衡"二字命名月球背面的一座环形山。1973年,又用"张衡"二字命名太阳系中的一颗小行星。

张衡在天文历法方面的成就,主要是创立了系统完整的天文学说"浑天说",开辟了古代世界地震学研究的新纪元,写下了《灵宪》和《浑天仪图注》两部天文学著作,创制了世界上第一台水力浑天仪、世界上第一台测定地震时间和方向的地动仪、世界上第一台测定风向的候风仪等多种天文、地震、气象观测仪器。

(三)唐代伟大的天文学家僧一行的天文学成就

僧一行(683—727年),俗姓张,名遂,魏州昌乐(今河南南乐)人,他精于天文、历法、数学等,年轻时入嵩山少林寺为僧,开元年间应征入京,主持天文历法工作,在天文观测、历法修订、天文仪器制造等方面作出了重大贡献。

僧一行与梁令瓒合作,在东汉黄道铜候仪的基础上,创制了测量天球黄

道坐标的黄道游仪,并以此测出了二十八宿距天球北极的度数,在世界上第一次发现了恒星位置变化的现象,比英国人哈雷发现恒星移动几乎早了千年;又制成了以漏水转动的演示天象及报时的浑天铜仪,这是世界上较为完善的最早的机械自动计时器,也称机械天文钟,比西方1370年出现的威克钟早了600多年。为编订新历,僧一行组织了一次大规模的天文测量。第一次测出了地球子午线的长度,并开了世界上大规模测量子午线的先河。开元十三年(725年),僧一行在大规模的观测成果和前人研究成果的基础上,正式开始编制历法,到第三年完成初稿,取名《大衍历》。僧一行去世后,又经张说、陈玄景等人整理编次,计52卷,于开元十七年(729年)颁行天下,是当时最先进的历法,对周边许多国家的历法修订产生过重大影响。

(四)明代科学与艺术巨匠朱载堉的天文历法成就

朱载堉(1536—1611年),字伯勤,怀庆府(今河南沁阳)人,明代杰出的科学家、音乐家、艺术家。朱载堉多才多艺,在天文历法方面也取得了显著成就。万历九年(1581年),他完成了《律历融通》这部历学著作。后来,又成功地编制了《圣寿万年历》,同时编著了《万年历备考》一书。这些著作在总结前人历法经验的基础上,有效解决了二十四节气和七十二候的计算,月朔和闰月的安排,每天日影长度和漏刻更点及南中天星象的推求,日、月交食的预报,日、月、五星运行的计算及其在恒星间位置的预报等问题。对回归年的长度及其古今变化问题也提出了新见。他还精确地测量了北京的地理纬度和地磁偏角。

第五节　四大发明

闻名于世的中国古代"四大发明"——造纸术、印刷术、火药和指南针,都诞生于中原这片沃土上。纸的发明是人类文字载体的一次重大革命。在纸发明及其制造技术成熟以后,纸作为书写材料得到了广泛应用,而与之密切相关的印刷术也随之产生。中国古代传统的印刷术包括刻板印刷术和活字印刷术。中国是火药的故乡,发明时间至迟在唐代以前。古代先民们在很早以前便开始了对指南器具的探索,到北宋时期指南针便应运而生。"四大发明"的西传为欧洲的社会巨变提供了极其有利的条件,它们是我国古代人民对世界文明所作出的伟大贡献。

一、造纸术

(一)纸发明前的书写材料

从文字出现开始,人们便先后尝试在陶器、龟甲、兽骨、青铜金属、木简、丝帛上书写文字,这些原始的书写材料,不利于人类文化知识的积累和传播。

在造纸技术发明以前,中原先人也一直进行着书写材料的探索。一是以陶器作为书写材料。这在史前时期的黄河中下游多有发现。例如,河南登封王城岗遗址出土的陶杯底部有烧前刻画的文字。二是以龟甲、兽骨作为刻写材料。在龟甲、兽骨上刻写的文字,即甲骨文。甲骨文主要以安阳殷墟时期为代表。商代后期,商人在占卜时,将占卜的过程及内容刻在龟甲以及牛、羊、猪等兽骨上,有时还作为档案将这些卜骨收集起来。三是以青铜礼器作为文字的书写材料,主要盛行在西周时期。郑州二里岗文化时期带有铭文的青铜器主要是徽号形文字。四是以木竹简作为书写材料。这主要集中在东周以及秦汉时期。战国时惠子出门,随身携带竹简编成的书,足足装满五车。五是以玉石作为书写材料。河南温县发现有晋国赵氏的盟书,说明当时盟誓等重大活动中,玉石片也是主要书写材料。六是以帛为书写材料。这种方法最迟始于公元前6世纪,延续到公元三四世纪。所以,长期以来人们将"竹帛"作为文书的代名词。

(二)蔡伦与"蔡侯纸"的发明

到了东汉时期,造纸技术的璀璨之星"蔡侯纸"在东汉京师洛阳绽放异彩。"蔡侯纸"是由蔡伦发明的。

蔡伦(?—121年),字敬仲,东汉桂阳(今湖南耒阳)人,东汉明帝永平十八年(75年)入宫当宦官,章帝建初年间为小黄门。和帝即位提升为中常侍,

永元九年(97年)兼少府尚方令。尚方是皇家的手工场,专门监督制造各种御用器物。西汉时期虽然已发明了麻纸,但因质地粗糙、来源单一,无法广泛使用。蔡伦利用尚方的有利条件,认真总结前人经验,对造纸工艺进行改进,利用树皮、麻头、破布、渔网等以扩大原料来源。其工艺流程是先将各种原料经水浸、切碎、洗涤、蒸煮、漂洗、舂捣,加水配成悬浮的浆液,捞取纸浆,滤水后晒干即为成品纸。蔡伦所造的纸体轻质薄、价廉耐用。元兴元年(105年)蔡伦把他在尚方制造出来的纸张献给汉和帝,汉和帝很欣赏他的才能,马上通令天下采用。这样,蔡伦的造纸方法很快传遍各地。114年,蔡伦被封为"龙亭侯",民间便把他制作的纸称为"蔡侯纸"。

据专家考证,位于洛阳汉魏故城近郊的缑氏和纸庄很可能是汉代造纸作坊所在地。马涧河流经缑氏那一段河流古时为"造纸河",沿岸原有"造纸河碑刻",惜已失损。据史书记载,汉和帝曾到缑氏巡视过,有可能是视察这里的造纸作坊。

此后纸张开始代替竹帛,在全国推广。6世纪后,我国的造纸术不断外传,世界很多国家先后学会了造纸术。纸从此成为传播文化、交流思想的重要工具。

二、印刷术

(一)刻板印刷术的发明及其成就

早期的印刷是把图文刻在木板上用水墨印刷的,现在的木版水印画仍用此法,统称"刻板印刷术",亦称"雕版印刷术"。这种印刷术始创于东汉,发祥在洛阳,盛行于隋唐。世界上现存最早的印刷物是唐懿宗咸通九年(868年)印制的《金刚经》。隋唐时,我国的刻板印刷术先后传至朝鲜、日本、越南、菲律宾、伊朗等国,后又辗转传至非洲和欧洲。直至14世纪末,欧洲才开始有刻板印刷品。

刻板印刷术最早出现在洛阳。据《后汉书·党锢传》记载:东汉建宁二年(169年),张俭因反对大宦官中常侍侯览,灵帝在洛阳下令"刊章讨捕"他。"刊章",就是刻印通缉的章表。在造纸术改进60年后出现刻板印刷术,而且仅供御用。这是世界上关于刻板印刷术最早的记载。

隋唐时期洛阳的一些重要图书和佛教经典都采用了刻板印刷。佛教经典印本在洛阳数量之多,居天下之冠。唐会昌五年(845年)佛学失宠,武宗专门下诏令焚毁东都洛阳的佛教典籍印本。后唐长兴三年(932年)中书门下奏请依据唐《开成石经》样刻《九经》(即《易经》《书经》《诗经》《春秋左氏传》《春秋公羊传》《春秋穀梁传》《仪礼》《周礼》和《礼记》),得到后唐明宗李亶敕准。这是我国历史上第一次大规模由政府刻印和销售书籍。这项艰巨浩大的工程,由当时洛阳国子监主持进行,历经21年,至后周太祖广顺三年(953年)全部刻印成书,并开始发售。

中原地区雕板印刷业的鼎盛时期出现在宋代,尤其是北宋时期在皇帝的提倡和支持下,印刷业出现了前所未有的崭新局面。当时中央政府国子监、崇文院、司天监、太医局负责相关书籍的刊刻工作,其中国子监的刊刻最为著名,被后人称为"监本";而民间印刷业也十分活跃,尤其是当时的首都汴梁(今河南开封)更是汇集了大量的印刷作坊和书肆。

(二)毕昇与活字印刷术

北宋时期,刻板印刷业尽管出现了繁盛局面,但其本身的缺陷仍然比较明显,如一页一版,一部书需要雕刻很多木板才能完成。北宋"庆历中,有布衣毕昇,又为活板,其法:用胶泥刻字,薄如钱唇,每字为一印,火烧令坚。先设一铁板,其上以松脂、蜡和纸灰之类冒之。欲印,则以一铁范置铁板上,乃密布字印,满铁范为一板,持就火炀之。药稍熔,则以一平板按其面,则字平如砥。若止印三二本,未为简易,若印数十百千本,则极为神速。"(《梦溪笔谈》卷十八)沈括对毕昇的发明做了详细的记载。活字印刷的出现是印刷史上一项重大的革命。用这些活字排版,既节省费用,又大大缩短了时间,十分经济方便。活字印刷术的发明,促进了印刷业的繁荣和发展,形成了开封、杭州等印刷中心。从《清明上河图》看,在当时的京城开封沿河诸多肆坊中专门有书肆。活字印刷术从13世纪后传到朝鲜、日本,到15世纪中叶,欧洲才掌握了活字印刷术。

三、火药

(一) 火药的发明

中国古代最早使用的是黑火药,又称褐色火药。唐代大医药学家孙思邈(?—682年)在《孙真人丹经》中,记载了世界上最早的火药配方:硫黄、硝石、皂角一起烧的硫黄伏火法。在12世纪后,阿拉伯等国的书上才提到硝石。阿拉伯人称之为"中国雪",波斯人则叫"中国盐"。火药和火器的制造,通过阿拉伯人先后传到了欧洲各国。等到欧洲人学会使用火药和火器时,我国早已使用几百年了。

火药的发明与炼丹家有关,发明时间至迟在唐代以前。炼丹家主要是道教的骨干分子或医药学家。道教萌发自洛阳,盛行于中原地区。被道教尊为鼻祖的老子是鹿邑人,曾长期在洛阳做官。我国古代著名的炼丹家葛洪等,都曾在洛阳长期逗留过。孙思邈不仅是伟大的医药学家,而且是著名的炼丹家,自号"孙真人"。他在总结以前炼丹家经验的基础上,收集中原地区和关中地区炼丹家的配方,最后提出硫黄伏火法的配方。可以说,火药的发明及传播与中原有着千丝万缕的联系。至今,洛阳及其附近还流传有许多炼丹的故事,存在有炼丹的遗迹。

(二) 火药在军事上的应用

火药发明后虽多在生活娱乐中用于爆竹、烟火的制作,但其发展迅速,发明不久后,便用于军事与战争之中。

两宋时期火药在军事上的应用更加频繁,火药武器种类增多。宋辽金元时期火药技术的飞速发展与当时中央政府的重视有很大关系。北宋神宗时,改革军制,专门设置了军器监,总管京师开封诸州军器制造,规模宏大、分工很细,各类工匠和工人达4万人以上,有火药作、青窑作、猛火油作、火作等十大作坊,每日生产火药箭7000支,反映了当时不但重视火药生产,而且已有相当强的生产能力。

宋辽金元时期中原战争频繁,火药在战争中的威力越来越大。史载,1126

年,李纲在抗击金兵围攻开封的战斗中,使用了"霹雳炮"等新式武器。1232年,蒙古人攻打金人占据开封时,使用了"震天雷"等杀伤力极强的武器,"以火点之,炮起火发,其声如雷,闻百里外,所爇围半亩之上,火点著甲铁皆透"(《金史·赤盏合喜战》)。

四、指南针

(一)宋代以前有关司南的探索

古代先民们在很早以前便开始了对指南器具的探索。《古今注》中记载了黄帝与蚩尤的涿鹿之战,黄帝为了在弥漫的大雾中辨明方向而发明了指南车。

据史籍载,战国以前司南已被运用在车辆上。司南,即指南车,最早发明于洛阳。西周成王六年(前1037年),交趾国之南越裳氏使臣从数万里外来到洛阳,贡献白雉两只。使者迷其归途,周公姬旦特赠指南车以定。

《晋书·舆服志》记载了晋天子外出的车队中有所谓指南车和记里鼓。其上称:"司南车,一名指南车,驾四马,其下制如楼,三级;四角金龙衔羽葆;刻木为仙人,衣羽衣,立车上,车虽回运,而手常南指。大驾出行,为先启之乘。记里鼓车,驾四,形制如司南,其中有木人执搥向鼓,行一里则打一搥。"这里描述的司南车内部主要采用的是机械装置,而非磁石结构。这也标志着我国古代就有对齿轮系统的应用,实际上也是现代车辆上离合器的先驱。

古代先民对磁石磁性的认识也有记载。《吕氏春秋·季秋纪》高诱注中有:"石铁之母也,以有慈石,故能引其子。石之不慈者,亦不能引也。"这说明东汉时对有关磁性已有相当多的了解。而在唐代的磁州(今河北磁县)就有磁石山,《宋史·地理志》也专门记载了磁县的"贡磁石"。

王充在《论衡·是应篇》云:"司南之勺,投之于地,其柢指南。"也就是说,这时的司南,其内部结构应该是由天然磁石做成的类似于勺状的东西,圆底,置于刻有标度的方盘之上。方盘平面光滑,并用天干、地支、四维卦位标注出二十四个方向。使用时,把勺底放在光滑的"地"中央,转动磁勺,由于它同光滑的"地"的中央摩擦系数极小,因此在停止转动时,在地球磁力作用下,勺柄总是指向南方。

(二)指南针的发明及其在航海方面的应用

司南在使用时盘子必须放水平,因此虽然解决了辨识方向的问题,但实用性不强。北宋时期指南针便应运而生。宋代曾公亮等《武经总要》卷十五载:"若遇天景曀霾,夜色瞑黑,又不能辨方向,则当纵老马前行,令识道路,或出指南车及指南鱼,以辨所向。"

这时发明的指南鱼虽然已经注意到了磁倾角,但这种经人工磁化所得的磁性仍较弱,在实用性方面不是太强,因此,人们又制造了更加成熟的指南针。沈括的《梦溪笔谈》中有详细记载:"方家以磁石磨针锋,则能指南,然常微偏东,不全南也。"磁偏角的发现较欧洲早500年。

指南针发明后很快用于航海。北宋宣和年间(1119—1125年)朱彧的《萍州可谈》卷二载:"舟师识地理,夜则观星,昼则观日,阴晦则观指南针。"这说明在当时行船时指南针已极为常用了。

指南针发明后,在12世纪末传到阿拉伯。而指南针由阿拉伯人再传到欧洲,则是在1180年左右。指南针的西传为欧洲社会巨变提供了极其有利的条件,它不仅促进了航海事业的发展,对15世纪哥伦布发现新大陆以及横渡大西洋的壮举,对16世纪麦哲伦的环球航行,均起到了关键作用,它是我国古代人民对世界文明所作出的伟大贡献。

第十二章

中原生态文化

生态指生物在一定的自然环境下生存和发展的状态,也指生物的生理特性和生活习性。生态文化是指以崇尚自然、保护环境、促进资源永续利用为基本特征,能使人与自然协调发展、和谐共生,促进实现人类社会持续发展的先进文化。从预防和治理环境污染,到绿色革命,倡导绿色生产、绿色生活方式,再到全球应对气候变化、探索全球治理模式、推动构建人类命运共同体、全球发展共同体、人类文明新形态,无不与生态文化密切相关。

第一节　中原生态文化的历史渊源

一、中原生态文化的历史渊源

水是生命之源,是人类赖以生存的生态环境要素之一,也是文明之源。人是自然之子,万物灵长,近水而居,与水共荣。黄河是一条自然的河流,又是孕育了中华文明和中华民族精神的河流。黄河是中华民族的母亲河,孕育了一方沃土。中原是中华民族和中华文明最重要的发源地,黄河水、黄土地滋养中华儿女,逐步形成中原生态系统和生态文化。中原生态文化源于中华民族的根和魂——黄河文化,铸就了上善若水、厚德包容、爱国敬业、自强不息、百折不挠、奋勇争先的中华民族精神。

自古以来,中原沃土、大河奔流、山川秀丽、风景独好、物华天宝、地灵人杰,吸引无数英雄豪杰向往中原,寻梦中原,逐鹿中原,问鼎中原。得中原者得天下,中原成为古代中国政治、经济、军事、文化的中心。中原位置得天独厚,中原生态环境优美,中原历史波澜壮阔,中原文化博大精深,中原文明光耀世界。天地之中、九州之中的中原文化与黄河文化水乳交融,是中华文化的核心、重心、根源、灵魂,其内涵丰富,底蕴深厚,对中华民族及中华文明形成和发展贡献巨大,意义深远。

古老而年轻的黄河及其孕育的中原沃土滋养了华夏先民,其创造的原始文化、文明曙光,是中原生态文化的历史渊源。中原古代"天人合一""道法自然"的生态思想是古代中原文化的重要组成部分。

二、中原生态文化的发展脉络

中原地理位置、气候和自然资源得天独厚,是华夏先民最早开发的农耕区域之一。先民们在日常生产、生活中逐步认识到,自然环境是人类赖以生存和发展最重要的物质基础,只有自觉保护自然资源,才能长久享用、永续利用。水能载舟,也能覆舟。作为自然的河流,黄河是一把双刃剑,自古以来,因黄河泛滥危害中原,成为中华民族心腹大患。"黄河宁,天下平"是黄河儿女的梦想。从某种意义上讲,中华民族治理黄河的历史也是一部治国史、中华文明史。

黄河中下游的分界处河南省武陟县,历来是治黄重地,黄河文化积淀厚重,2013年5月被中国民间文艺家协会命名为中国黄河文化之乡,并在此建立中国黄河文化研究中心。据史料记载,公元前602年至1938年,黄河在武陟县决口1590余次。特别是清康熙末年,黄河武陟段5次决口,淹华北,逼京畿,康熙派胤禛亲临武陟堵口。胤禛继位,尤为重视黄河治理,在武陟敕建了祭祀河神、封赏历代治河功臣的嘉应观。

嘉应观供奉着许多治黄功臣,其中的一草一木、一砖一瓦都是黄河故事的载体。嘉应观是浓缩的治黄历史博物馆,大禹治水三过家门而不入的佳话家喻户晓。大禹治水是中国古代生态保护和生态文化建设的重大事件和中国治黄历史的重要里程碑。黄河儿女在治理、保护、利用黄河的漫长过程中进一步认识黄河,认识自然,认识地球、宇宙,产生了"人法地,地法天,天法道,道法自然""天人合一"的自然生态思想。有人说,不到长城非好汉,不到中原不知根,不到黄河心不甘;行走嘉应观,读懂治黄史。

早在上古时期,黄河流域就是华夏先民繁衍生息的重要家园。中华文明上下五千年,在长达3000多年的时间里,黄河流域一直是全国政治、经济和文化的中心。九曲黄河奔流入海,以百折不挠的磅礴气势塑造了中华民族自强不息的伟大品格,成为民族精神的重要象征。中原又长期是黄河流域政治、经济和文化中心。

毛泽东同志说:"没有黄河,就没有我们这个民族!""这个世界上什么都可以藐视,就是不可以藐视黄河;藐视黄河,就是藐视我们这个民族!"黄河孕育滋养了中华民族诞生成长、薪火相传的自然生态环境,伴随着生生不息、持续不断的中华文明史,中国政治、经济、文化、军事、社会生态应运而生,相互交织,浑然一体。中原生态环境是中国生态环境的缩影。

毛泽东同志1952年10月底视察黄河,发出"要把黄河的事情办好"的伟大号召,党和国家把这项工作作为治国兴邦的大事来抓。党的十八大以来,以习近平同志为核心的党中央着眼于生态文明建设全局,明确了"节水优先、空间均衡、系统治理、两手发力"的治水思路。2019年9月18日,习近平总书记在郑州召开黄河流域生态保护和高质量发展座谈会并发表重要讲话。

中华民族因黄河而生,因黄河泛滥而苦,因治理黄河而自强不息,因黄河安澜而兴旺繁盛。中华民族兴也黄河,苦也黄河,荣也黄河。中原是中国的中心,也是黄河流域的心脏、重心,黄河是中原生态环境形成的源泉,治理、保护黄河是中原生态建设的重中之重,事关中华民族伟大复兴千秋大计,是"国之大者"。黄河是中原的血脉,中原与黄河密不可分。离开黄河,中原生态就成为无源之水、无本之木。回顾大禹治水到习近平总书记强调让黄河成为造福人民的幸福河,这一段悠久辉煌的历史,既是中华民族波澜壮阔的治黄史,又是熠熠生辉的中华文明史、中原生态文化史,清晰显示了中原生态文化发展的来龙去脉,以治理黄河为重点的治水文化是生态保护、生态文化的重要组成部分。

保护好黄河流域生态环境,促进沿黄河地区高质量发展,是协调黄河水沙关系、缓解水资源供需矛盾、保障黄河安澜的迫切需要;是践行绿水青山就是金山银山理念、防范和化解生态安全风险、建设美丽中国的现实需要;是强化全流域协同合作、缩小南北方发展差距、促进民生改善的战略需要;是解放思想观念、充分发挥市场机制作用、激发市场主体活力和创造力的内在需要;是大力保护传承弘扬黄河文化、彰显中华文明、增进民族团结、增强文化自信的时代需要;是优化中原生态环境、促进中原崛起、建设现代中原的契机。中原在黄河流域生态保护和高质量发展战略中区位优势凸显,举足轻重,意义重大。长风破浪正当时,直挂云帆济沧海!中原生态文化研究对深入贯彻落实《黄河流域生态保护和高质量发展规划纲要》《黄河保护法》,进一步把黄河的事情办好,让黄河成为造福人民的幸福河,既有重大现实意义,又有深远的

历史意义。

当代中原生态文化建设,是中原古代生态思想、马克思主义和当代中国实际相结合的时代精华,更是习近平生态文明思想在中原落地生根、开花结果的伟大实践。习近平总书记在党的二十大报告中强调:"中国式现代化是人与自然和谐共生的现代化。人与自然是生命共同体,无止境地向自然索取甚至破坏自然必然会遭到大自然的报复。我们坚持可持续发展,坚持节约优先、保护优先、自然恢复为主的方针,像保护眼睛一样保护自然和生态环境,坚定不移走生产发展、生活富裕、生态良好的文明发展道路,实现中华民族永续发展。"新时代加强中原生态文化建设必须坚持六项原则:第一,人与自然和谐共生;第二,绿水青山就是金山银山;第三,良好生态环境是最普惠的民生福祉;第四,山水林田湖草沙是生命共同体;第五,用最严格制度最严密法治保护生态环境;第六,共谋全国乃至全球生态文明建设。

由此可见,中原生态文化的发展脉络与黄河儿女治理黄河历史发展脉络、黄河文化发展脉络、中华民族发展脉络、中华文明发展脉络密切相关、水乳交融。黄河以母亲的情怀孕育滋养了华夏先民生存繁衍、中华儿女兴旺绵延的自然环境,黄河泛滥磨炼铸就了黄河儿女自强不息、百折不挠的民族精神,恰似"天将降大任于是人也,必先苦其心志,劳其筋骨,饿其体肤,空乏其身,行拂乱其所为,所以动心忍性,曾益其所不能"。在与黄河共生共荣、同甘共苦的漫长岁月中,一代代黄河儿女逐步认识黄河,率先创造、发展了中原生态文化、黄河文化、华夏文明,引领中国,辐射世界。中原成为中华文明重要发源地,与中原生态文明息息相关。我们明白了黄河文化发展史、中华民族发展史、中华文明发展史,也就明白了中原生态文化发展史。黄河文化是中华民族的根和魂,中原生态是承载民族根魂的沃土、躯体。中原沃土人杰地灵,形神兼备,中原生态为形、载体、外延,黄河文化为神、灵魂、内涵。从原始社会华夏先民在中原大地耕作,到今天中原第一、二、三产业蓬勃发展,中原生态环境脱胎换骨,沧桑巨变,换了人间!

中原生态文化建设在中原更加出彩,在黄河流域生态保护和高质量发展全局,在乡村振兴乃至中华民族伟大复兴中地位独特,优势凸显,意义重大,不可替代,至关重要。

第二节　中原生态文化的基本内容

人与自然是生命共同体。生态环境是关系中国共产党的使命宗旨的重大政治问题,也是关系民生的重大社会问题。生态文明建设关系到人民幸福、民族复兴,功在当代、利在千秋。党的十八大把生态文明建设纳入中国特色社会主义事业五位一体总体布局。党的二十大强调,推动绿色发展,促进人与自然和谐共生。

一、中原自然生态

中原作为中国中部地区的核心地带,其丰富的自然资源与多样的生态环境构成了独特的自然风貌。以下从水资源、土地资源、生物资源、气候资源四个方面详细介绍中原自然生态:

(一)水资源

中原地区的水资源以黄河、淮河两大水系为主,这两条河流不仅为中原地区提供了充足的生产和生活用水,还构成了重要的生态廊道。黄河作为中华文明的摇篮,其流域内的湿地、湖泊等水体是众多珍稀水生生物的栖息地。淮河则以其丰富的水资源滋养了沿岸的农田和城镇。此外,中原地区还拥有众多水库、湖泊和地下水资源,这些水资源在调节气候、维持生态平衡等方面发挥着重要作用。然而,随着人口增长和工业化进程加快,水资源短缺和水污染问题日益突出,需要采取有效措施加以保护和合理利用。

(二)土地资源

中原地区的土地资源以平原和丘陵为主,地势相对平坦,土壤肥沃,适宜农业生产。其中,黄淮海平原是中原地区的主要农业区,这里土地连片、肥沃,是粮食和棉花等农产品的重要产区。丘陵地区则适宜发展林业和果业,如河南的伏牛山、太行山等地,拥有丰富的林木资源和果树种植基地。然而,

随着城市化进程的推进,土地资源面临压力,土地退化、水土流失等问题不容忽视。因此,加强土地资源的保护和合理利用,对于维护中原地区的生态平衡和可持续发展具有重要意义。

(三)生物资源

中原地区的生物资源丰富多样,包括众多珍稀植物和动物。植物方面,中原地区拥有多种药用植物和观赏植物,如杜仲、柴胡、牡丹等,这些植物在中医药和园艺领域具有广泛应用价值。动物方面,中原地区是许多珍稀野生动物的栖息地,如大熊猫(在部分山区)、金丝猴、大鲵等。这些珍稀动物的存在,不仅丰富了中原地区的生物多样性,也体现了该地区在生态保护方面的重要性。然而,随着人类活动的增加,生物栖息地受到破坏,生物多样性面临威胁。因此,加强生物多样性的保护和恢复工作,对于维护中原地区的生态平衡至关重要。

(四)气候资源

中原地区的气候属于温带季风气候区,四季分明,雨热同期。这种气候条件为农业生产提供了良好的环境,使得中原地区成为中国重要的粮食生产基地。同时,适宜的气候条件也促进了林业、果业和畜牧业的发展。然而,随着全球气候变暖的加剧,中原地区的气候也发生了一定变化,如极端天气事件增多、降水分布不均等问题日益突出。这些气候变化对农业生产、水资源管理等方面产生了不利影响。因此,加强气候变化监测和应对工作,提高气候资源的利用效率,对于保障中原地区的生态安全和可持续发展具有重要意义。

二、中原经济生态

中原经济生态包括中原经济区整体环境,区内各个经济主体关系,辖区第一、二、三产业关系及其与周围区域的关系等。我们要持续优化中原经济生态环境,把中原城市群建设成中国经济发展新标杆、重要先进制造业和现代服务业基地、中西部地区创新创业先行区、内陆地区双向开放新高地和生态文明示范区。实现中原新型工业化、城镇化、农业现代化并驾齐驱、协调发展，建立人口集中、产业集聚、土地集约的工作机制，开创中原城乡政治、经济、社会、文化和生态文明建设五位一体高质量发展新局面。

中原城市群在中原崛起、中原复兴中发挥主导、引领、带动作用，其中每个城市又是各自管辖区域政治、经济、文化、社会、生态文明建设五位一体高质量发展的核心和动力源泉。各个城市因地制宜、精准定位、差异发展、彰显个性、突出特色、优势互补、彼此衔接，让中原城市群百花齐放，欣欣向荣。中原城市群引领城乡一体化高质量发展，带动乡村振兴，前景广阔、大有作为。中原乡村振兴是中原经济腾飞的基础和潜在优势、后发优势，是中原经济生态系统的重要组成部分。

中原经济生态建设要以习近平经济思想为指导，不断提高把握新发展阶段、贯彻新发展理念、构建新发展格局的能力和水平，充分发挥政策引导、法律规范的作用，形成宏观上中原产业布局科学、工作机制高效，微观上激发各个经济主体内生动力，形成中原经济千帆竞发、百舸争流、生机勃勃、蒸蒸日上的崭新局面。

三、中原文化生态

中原文化生态指中原文化赖以产生、发展的客观环境条件及其相互关系。古老而年轻的黄河，源远流长的黄河文化，历久弥新的黄河文明，是孕育诞生、滋养形成中原文化参天大树最重要的生态因子、文化基因。如果没有黄河，就没有中华民族的根和魂——黄河文化，中原和中原文化生态就成了无源之水、无本之木。以黄河文化为灵魂的中原文化历史悠久，博大精深。中原文化根深蒂固，中原文化生态得天独厚，底蕴丰富，长出中原文化这棵参天大树，成为中华文明重要的发源地。江山代有才人出，各领风骚数百年！中原大地古圣先贤书写了独步全球的华夏文明。俱往矣，数风流人物，还看今朝！黄河后浪推前浪，青出于蓝而胜于蓝。充分挖掘、研究、保护、传承、弘扬黄河文化和中原优秀传统文化，促进黄河文化和中原文化创造性转化、创新性发展，为确保高质量建设现代化河南、确保高水平实现现代化河南，谱写新时代中原更加出彩的绚丽篇章，为中原崛起、乡村振兴、民族复兴提供精神

动力,为加快构建人类命运共同体提供中国智慧、中国方案,是黄河文化的时代价值。

四、中原社会生态

中原社会生态指中原社会环境及其各要素之间的关系。以人为本,民为邦本,天下为公,天下大同,自古以来就是古圣先贤梦寐以求的理想。新时代社会生态建设必须坚持以人民为中心的发展思想。人民对美好生活的向往,就是中国共产党的奋斗目标。中原社会生态建设要坚持发展为了人民、发展依靠人民、发展成果由人民共享,不断提高人民群众获得感、幸福感、安全感,不断满足人民群众对美好生活的新期待;需要不断完善教育、就业、收入分配、社会保障政策法规,持续改善民生,加强中原社会治理体系和社会治理能力现代化建设,自觉融入全国社会治理共同体、大格局,打造共建共治共享的中原社会治理格局,形成人人有责、人人尽责的中原社会治理共同体。

中原人口稠密,如何把中原人力资源优势转化为高质量发展优势?十年树木,百年树人!一是大力发展教育事业,强力实施科教兴省、科教兴国战略,培养德智体美劳全面发展堪当重任的栋梁之材。二是深入持久创建学习型家庭、学习型单位、学习型社会,与书香家庭、书香社会、书香中原创建相映衬,让爱读书、读好书、善读书像呼吸新鲜空气一样成为人们的习惯和自觉行动,让全民阅读蔚然成风,成为常态化生活方式。三是把家庭教育、职业教育、在职学习、终身学习贯穿于人们日常工作、生活中,坚持以人为本,开发潜能,促进人的全面发展,培养有理想、有道德、有文化、有能力、有作为、有纪律、有担当的新型中原人。

五、中原政治生态

中原政治生态是指中原的政治气候、环境及其各要素之间的关系。历览前贤国与家,成由勤俭败由奢。政治生态文明,则风清气正,国泰民安;反之亦然。在中国奴隶社会、封建社会和半殖民地半封建社会,统治阶级与广大劳动人民是统治与被统治、剥削与被剥削的对立关系,统治阶级的思想和政治主张始终代表的是少数人的私利,是腐朽的政治,与人类社会历史发展潮流背道而驰。

天下为公、天下大同的思想和政治主张是古圣先贤的梦想和追求。马克思主义为人类社会进步、建设社会主义国家、逐步实现共产主义远大理想指明了方向。伟大的中国共产党把马克思主义普遍真理与中华优秀传统文化相结合,与中国国情相结合,为人民谋幸福,为民族谋复兴,为天下谋大同,自觉遵循人类社会发展规律,百年奋斗,百年辉煌,让长期受帝国主义、封建主义、官僚资本主义剥削和压迫的中国人民一步一步脚踏实地站起来、富起来、强起来,古老而年轻的中原沐浴党的阳光雨露,焕发生机,绽放芳华。

在新时代要净化政治生态,就是要全面推进党的政治建设、思想建设、组织建设、作风建设、纪律建设,把制度建设贯穿其中,落实管党治党政治责任,坚持反腐败无禁区、全覆盖、零容忍,把全面从严治党贯穿于党的建设各方面,以伟大自我革命引领伟大社会革命,增强全面从严治党永远在路上的政治自觉,带领全国人民万众一心奋进新时代、走好赶考路,实现中华民族伟大复兴,谱写新时代中国特色社会主义新篇章。党政军民学,东西南北中,党是领导一切的。优化中原政治生态,必须以习近平新时代中国特色社会主义思想为指导,全面加强党的领导,充分发挥各级党组织总揽全局、协调各方的作用。最重要的是各级党组织和广大党员要牢固树立"四个意识"、坚定"四个自信"、做到"两个维护",筑牢信仰之基、补足精神之钙、把稳思想之舵,在思想上、政治上、行动上同党中央保持高度一致,保证党的各项路线方针政策在中原落地生根,开花结果。

习近平总书记指出:"要深入推进党风廉政建设和反腐败斗争,落实全面从严治党主体责任,把政治生态建设作为基础性、经常性工作,实现正气充盈、政治清明。"中原政治生态文明是中原崛起、经济腾飞、文化复兴、社会和谐的政治保障和最大优势。中原政治生态文明的重点是加强党的领导,选对人,用对人,做对事,以上率下,蔚然成风,大力开展清廉中原建设,全面推进清明政治引领、清廉政府提质、清正干部塑造、清朗社会构建"四大工程",旨在营造持久风清气正的政治生态,时刻保持解决大党独有难题的清醒和坚定。党的各级领导干部、单位一把手必须对党忠诚,不忘初心、牢记使命,在日常工作中提高政治站位,把准政治方向,坚定政治立场,明确政治态度,严

守政治纪律,经常校正偏差,勇于自我革命,坚持底线思维,增强忧患意识,发扬斗争精神,善于以身作则,优化政治生态。

六、中原生态文明

生态文明是生态理论和社会实践的正确理念、发展方向、奋斗目标和必然结果,是古圣先贤"天人合一""道法自然"生态思想与马克思主义、当代中国国情相结合的新发展理念。党的十八大以来,以习近平同志为核心的党中央从中华民族永续发展的高度出发,深刻把握生态文明建设在新时代中国特色社会主义事业中的重要地位和战略意义,大力推动生态文明理论创新、实践创新、制度创新,创造性提出一系列新理念、新思想、新战略,形成了习近平生态文明思想,深刻回答了为什么建设生态文明、建设什么样的生态文明、怎样建设生态文明的重大理论和实践问题。习近平生态文明思想是习近平新时代中国特色社会主义思想的重要组成部分,是马克思主义基本原理同中国生态文明建设实践相结合、同中华优秀传统生态文化相结合的重大成果,是以习近平同志为核心的党中央治国理政实践创新和理论创新在生态文明建设领域的集中体现,是新时代我国生态文明建设的根本遵循和行动指南。进入新时代,党中央和国家开展一系列根本性、开创性、长远性工作,推动生态环境保护发生历史性、转折性、全局性变化。习近平总书记指出:"要像保护眼睛一样保护生态环境,像对待生命一样对待生态环境。"

生态文明建设是关系中华民族和全世界各国人民永续发展的根本大计。生态文明表现在全世界人民自觉尊重和保护自然,促进人与人、人与自然、人与社会和谐共生共荣,实现全球绿色生产方式、生活方式、消费方式。生态文明是人类文明形态和文明发展理念、道路和模式与时俱进的崭新阶段。

2023年5月28日,十四届全国人大常委会第三次会议决定:将8月15日设立为全国生态日。国家通过多种形式开展生态文明宣传教育活动。2023年8月15日,在首个全国生态日,习近平总书记作出重要指示,希望全社会行动起来,做"绿水青山就是金山银山"理念的积极传播者和模范实践者,身体力行、久久为功,为共建清洁美丽世界作出更大贡献。

七、中原创新生态

创新生态是生态理论和社会实践相融合的过程,是人们对当代社会发展规律认知的升华,是高质量发展的潜力和动力。创新生态小到一个企业通过创造条件,形成发展优势,创造良好的经济效益和社会价值;大到一个村、乡镇、县市区、省、国家乃至世界道法自然,自觉遵循客观规律,创造有利条件,调动一切积极因素,聚集相关要素,和谐共生,形成科学、持续、高质量发展态势、趋势。中国共产党把马克思主义基本原理同中华优秀传统文化相结合,同中国实际相结合,经过100多年持续奋斗,成功走出一条中国式现代化道路,创造了"人民至上""共同富裕"的人类文明新形态,是全世界创新社会生态文明的成功典范。邓小平同志曾指出:社会主义本身是共产主义的初级阶段。共同富裕是社会主义的本质要求,是中国式现代化的重要特征,是中国共产党矢志不渝的奋斗目标。生产力高度发展,社会产品极大丰富,人们具有高度的思想觉悟,劳动成为社会的第一需要,消灭了工农、城乡、脑力劳动与体力劳动三大差别,实行各尽所能、按需分配的共产主义公有制的共产主义社会是人类创新社会生态文明的梦想、目标,也是人类社会发展的最高形态。习近平总书记在党的二十大报告中强调,中国式现代化的本质要求是:坚持中国共产党领导,坚持中国特色社会主义,实现高质量发展,发展全过程人民民主,丰富人民精神世界,实现全体人民共同富裕,促进人与自然和谐共生,推动构建人类命运共同体,创造人类文明新形态。

从习近平总书记多次考察黄河,专题召开会议发表重要讲话,到中共中央、国务院实施《黄河流域生态保护和高质量发展规划纲要》,都体现了党中央、国务院创新生态,实施黄河流域生态保护和高质量发展的决心和行动,是黄河流域创新生态的伟大实践。习近平总书记在党的二十大报告中强调,中国式现代化是人与自然和谐共生的现代化。中国式现代化蕴含的独特世界观、价值观、历史观、文明观、民主观、生态观及其伟大实践,是对世界现代化理论和实践的重大创新。

八、人类命运共同体

习近平总书记2017年12月1日在中国共产党与世界政党高层对话会上强调,人类命运共同体,顾名思义,就是每个民族、每个国家的前途命运都紧紧联系在一起,应该风雨同舟,荣辱与共,努力把我们生于斯、长于斯的这个星球建成一个和睦的大家庭,把世界各国人民对美好生活的向往变成现实。我们应该全方位、多层次、多角度集思广益,从实践中总结经验、寻找思路、升华思想、获得动力,努力建设一个远离恐惧、普遍安全,远离封闭、开放包容,山清水秀、清洁美丽的世界。地球是人类共同的家园。地球是一个小村,宇宙是一个大世界。中原生态文明与中国生态文明、全球生态文明乃至宇宙生态文明是局部与整体、个体与群体的关系,相辅相成,休戚与共。

构建人类命运共同体是中国古圣先贤"天人合一""天下为公""天下大同"思想与马克思主义倡导的共产主义远大理想相结合,与当代世界发展潮流相结合的科学论断,是中国共产党为人民谋幸福、为民族谋复兴、为世界谋大同的初心和梦想,是解决全球发展面对的地球变暖、霸权主义、强权政治、恐怖袭击、单边主义、贸易壁垒、疫情防控、国家冲突、局部战争、自然灾害、贫穷饥饿、冷战思维等相互交织、错综复杂的"地球村"的世界难题,科学回答世界之问、人民之问、时代之问的中国方案、中国智慧、中国声音。习近平主席提出全球发展倡议:一是坚持发展优先;二是坚持以人民为中心;三是坚持普惠包容;四是坚持创新驱动;五是坚持人与自然和谐共生;六是坚持行动导向。当前,世界之变、时代之变、历史之变正以前所未有的方式展开。从全人类共同利益和共同价值出发,习近平主席把握历史规律,顺应时代潮流,创造性提出一系列新理念新倡议,为破解"世界怎么了,我们怎么办"的时代之问提供中国方案。"我们要坚持共商共建共享的全球治理观,坚持全球事务由各国人民商量着办,积极推进全球治理规则民主化。"

第三节　中原生态文化研究的当代价值

中原生态文化是中原文化这棵大树极其重要的一枝,会枝繁叶茂,硕果盈枝。中原生态文明思想源远流长,中原生态文化是自然科学与社会科学融合发展的结果,自然科学理论与社会实践紧密结合行之有效的理论体系,为我们解决各种现实问题提供正确思路、科学方法、成功例证。

一、为其他学科研究提供系统科学的方法

中原生态文化综合运用系统观、整体观、全局观、科学发展观研究个体和整体、局部和全局的关系,横向到边,纵向到底,宏观微观相结合,坚持用联系、发展、辩证的观点分析、解决问题,把每个生态系统的生态因子对号入座,理顺关系,和谐共存,密切合作,高效运转,恰到好处。小到一人、一家庭,大到一地区、一国家,都是相对独立的生态系统,都有完整结构,并与其他生态系统密切相关。"人的本质不是单个人所固有的抽象物,在其现实性上,它是一切社会关系的总和。"人从生理结构说是一个生命生态系统,从社会属性来说就是一个社会关系生态系统。人类命运共同体就是各个国家各美其美、美美与共的一个人类生态系统。我们研究中原生态系统,建设中原生态文明,涉及中原政治、经济、文化、社会、自然五位一体和谐共荣,及其与周围地区、全国乃至世界的关系。生态学用系统方法研究各种不同类型生态系统结构与功能,沟通自然科学与社会科学,实现彼此交叉、互动、渗透、融合、创新、拓展,求真务实,解决社会发展实际问题,促进人类社会可持续高质量发展。这种实事求是的系统方法放诸四海皆准,是我们解决其他问题的好方法。

二、高质量建设现代化中原

(一)有利于立足新时代建设生态中原

我们要继往开来,把中原作为一个子系统放在中国中部地区生态系统、

黄河流域生态系统、全国生态系统一盘棋的发展大局中布局谋篇，摆正位置，理顺关系，发挥优势，创新生态，立足中原各地实际，因地制宜，让各个子系统充满活力，让中原成为一个生态系统健康巨人，体内各个子系统有序、协调、高效运作。

(二)有利于全面贯彻新发展理念

全面贯彻创新、协调、绿色、开放、共享的新发展理念，努力创新生态，深化改革，扩大开放，加强合作，引进人才、技术、资金、项目等，加快建设中原现代产业体系，做大做优做强中原制造业，叫响中原智造品牌，促进中原传统产业转型升级、浴火重生；面向未来国内和国际市场需求，积极培育壮大新兴产业，拓展提升中原现代服务业。进一步加快中原新型城镇化建设步伐，完善中原国土空间规划，统筹中原乡村振兴，巩固中原粮仓地位，实现中原农业农村现代化。

(三)有利于运用生态文明思想指导工作实践

(1)加快优化中原生态。坚持生态优先、保护第一，统筹中原山水林田湖草沙综合治理、系统治理、源头治理，构建新时代中原自然生态保护新格局。持续推进"四水同治"，深入打好中原污染防治攻坚战，统筹有序推进中原碳达峰碳中和，让中原大地天蓝地绿，山清水秀，空气清新，成为名副其实的中原福地。

(2)推动黄河流域生态保护和高质量发展。深入贯彻落实《黄河流域生态保护和高质量发展规划纲要》，充分利用好中央统筹协调、部门协同配合、属地抓好落实、各方衔接有力的管理体制，认真落实中原地方政府生态保护、污染防治、节水、水土保持等目标责任，确保黄河流域生态保护和高质量发展的宏伟蓝图早日变成现实。

(四)有利于求真务实惠民生

(1)从守护生命线的政治高度，推进南水北调后续工程高质量发展，确保一泓清水永续北送。南水北调工程方案构想始于1952年毛泽东同志视察黄河时。南水北调是造福人民的生态工程,是中原生态系统和中国生态系统的重要组成部分,是创新水生态的伟大实践,是中国生态理论联系实际指导实践的丰硕成果,功在当代,利在千秋。

(2)研究中原生态文化,有利于我们从完善生态系统的视野,深入学习运用习近平新时代中国特色社会主义思想,面对百年未有之大变局中的世情、国情、省情,积极培育和践行社会主义核心价值观;有利于我们坚定文化自信、中华民族历史自信和自觉,大力保护传承弘扬中华民族的根和魂——黄河文化,实施黄河文化惠民工程,铸魂立德树人,延续历史文脉,进一步做大做强文旅文创产业,努力建设具有国际影响力的黄河文化旅游带、中原全域旅游胜地;有利于我们从中华民族百万年的人类史、一万年的文化史、五千多年的文明史中感悟中华民族现代文明突出的连续性、创新性、统一性、包容性、和平性;有利于我们深入学习贯彻习近平文化思想,围绕贯彻党的二十大关于文化建设的战略部署,切实增强做好新时代新征程宣传思想文化工作的责任感、使命感,推动各项工作落地见效。

(五)有利于树立中原现代生态价值观

(1)转变发展观念。用创新、协调、绿色、开放、共享的新发展理念替代"先污染后治理"的落后观念,生态文明是人民群众共同参与、共同建设、共同享有的事业,每个人都是生态环境的保护者、建设者、受益者。牢固树立社会主义生态文明观,增强全民节约意识、环保意识、生态意识,培育生态道德和行为准则,开展全民绿色行动,实现绿色发展。

(2)牢固树立绿色消费观。绿色消费观必须落实在日常绿色生活中。绿色生活方式涉及老百姓的衣食住行。要大张旗鼓地提倡简约适度、绿色低碳的生活方式,旗帜鲜明地反对奢侈浪费和不合理消费。大力创建节约型机关、绿色家庭、绿色学校、绿色社区,推广绿色出行,把生活方式绿色革命进行到底。让绿色消费内化于心,外化于行,通过生活方式绿色革命,倒逼生产方式绿色革命。

(六)有利于中原生态经济高质量发展

(1)加快转变经济发展方式。党的二十大报告强调,加快发展方式绿色转型。推动经济社会发展绿色化、低碳化是实现高质量发展的关键环节。加快推动产业结构、能源结构、交通运输结构等调整优化。实施全面节约战略,推进各类资源节约集约利用,加快构建废弃物循环利用体系。完善支持绿色发展的财税、金融、投资、价格政策和标准体系,发展绿色低碳产业,健全资源环境要素市场化配置体系,加快节能降碳先进技术研发和推广应用,倡导绿色消费,推动形成绿色低碳的生产方式和生活方式。加快建立绿色低碳循环发展经济体系,推动经济社会发展全面绿色转型,才能更好带动整个中原城市群高质量发展。中原黄河两岸,自然美景蕴含厚重文化,既是大自然美妙绝伦的杰作,又是弥足珍贵的文化宝藏。深入挖掘黄河岸边旅游景区、景点的文化内涵及其时代价值,让黄河文化成为黄河旅游景区的灵魂,新时代黄河文化旅游融合创新高质量发展前景广阔。

(2)完善现代中原生态经济体系。立足中原实际,顺应时代潮流,实事求是,创新生态,完善以产业生态化和生态产业化为主体的新时代中原生态经济体系,积极培育壮大中原节能环保产业、清洁生产产业、清洁能源产业,大力支持发展中原现代高效农业、先进制造业、现代服务业。当前,区域产业竞争日趋激烈,体现在产业生态竞争。产业生态指某个产业在特定地域范围内形成的产业网络体系,集聚了支撑此产业成长的创新、配套、服务、数据等要素,体现了一种新的产业发展模式。龙头企业在产业生态构建中发挥引领作用,"头雁+生态圈"成为区域产业发展的新模式。中原要培育并发挥头雁企业引领作用,形成包括创新系统、配套系统、服务系统和数据系统的高品质产业生态圈,推动中原形成优质企业雁阵,构筑中原产业生态系统,发展集群优势,融入国内大循环和国内国际双循环,开创现代化中原高质量发展新局面。

(七)有利于促进中原生态科技发展

教育、科技、人才是全面建设社会主义现代化中原的基础性、战略性支撑。必须坚持科技是第一生产力、人才是第一资源、创新是第一动力,深入实施科教兴省战略、人才强省战略、创新驱动发展战略,开辟发展新领域新赛道,不断塑造中原发展新动能新优势。

(1)完善中原生态科技政策。科技是破解发展难题的利剑。中原高质量发展需要生态科技的引领和支撑,这必须依靠科学合理的生态科技政策做保障,所以完善中原生态科技政策至关重要。

(2)抓紧引进和培养现代生态科技人才。人是生产力中最活跃的因素。人才是创新的第一资源。及时引进和培养生态科技急需人才,不拘一格使用生态科技人才,克难攻坚,促进中原生态科技高质量发展,这是重中之重的任务。

(3)整合科技创新资源,引领发展战略性新兴产业和未来产业,加快形成新质生产力,加快生态科技创新。科技是守正创新的制高点,尽快形成中原科技创新生态,为中原生态科技创新赋能,为中原崛起插上翅膀,提供源源不断的创新活力。

三、加快美丽中原建设

(一)转变观念

习近平总书记强调:推动形成绿色发展方式和生活方式,是发展观的一场深刻革命。生态环境问题归根结底是社会生产方式和人类生活方式造成的。我们必须转变观念,深入贯彻落实习近平生态文明思想,引导人民群众践行人与自然和谐共生、绿水青山就是金山银山、生态兴则文明兴的生态观,为美丽中原营造良好氛围。

(二)系统治理

山水林田湖草是一个生命共同体。要用生态系统理论指导美丽中原实践,对中原山水林田湖草综合治理,道法自然,保护自然原生态和生物多样性,全面提升中原自然生态文明程度,筑牢中原生态安全屏障,展示新时代中原壮美新画卷。

(三) 法制护航

健全并严格实施中原生态环境保护制度。深入贯彻落实《环境保护法》《河南省环境保护条例》等法律法规，依法保护生态环境，鼓励群众举报破坏生态环境违法行为，监督有关执法部门严厉打击破坏生态环境违法犯罪行为，加快生态环境保护、生态文明建设法制化进程。同时将生态文明绩效考评纳入各级政府和有关领导任期目标，落实生态环境保护责任追究制度，让人人敬畏自然、尊重自然、顺应自然、保护自然蔚然成风。

四、提供促进新时代科学发展的金钥匙

(一) 创新生态，振兴中原

从整体观出发，创新生态，确保中国特色社会主义事业"五位一体"总体布局、"四个全面"战略布局在中原根植沃土，开花结果，把新时代生态文明写在中原大地上。中原城市群、中原经济区建设是一个系统工程，牵一发而动全身，我们运用创新生态思想，统筹兼顾，统揽全局，牢固树立中原共同体、中原一盘棋、中原一张图思想，统一战线，整体发力，协调运作，为中原更加出彩提供良好的生态环境。

(二) 创新生态，振兴乡村

民族要复兴，乡村必振兴。从开展土地革命废除封建土地制度，到建立新中国，让农民翻身做主人，再到新时代脱贫攻坚、乡村振兴，一路走来，中国共产党始终把农业农村农民放在重要位置，作为关系国计民生的根本性问题常抓不懈。乡村振兴是新时代新的伟大实践和赶考之路，需要创新生态，完善城乡融合发展工作机制，统筹兼顾，整体协调推进农村经济、政治、文化、社会、生态文明建设五位一体和党的建设，实现乡村治理体系和治理能力现代化，让农业兴旺、农村美丽、农民富裕，让美丽家园扮靓美丽乡村，让美丽乡村辉映美丽中原，让美丽中原点缀美丽中国。

中原乡村振兴最大优势是黄河文化、黄河精神时代价值的引领。实施黄

河文化惠民暨黄河文化引领乡村振兴计划,把中原黄河文化资源优势转化为中原乡村振兴优势,大力弘扬黄河文化铸魂树人、上善若水、海纳百川、和谐共荣的时代价值,为乡村振兴凝聚精神力量。

习近平总书记强调,走向生态文明新时代,建设美丽中国,是实现中华民族伟大复兴的中国梦的重要内容。乡村振兴、中华民族复兴如影随形,形影不离,是中国生态文明的重要标志、目标。

(三)创新生态,美丽世界

树立全球生态观和宇宙生态观,研究解决新时代制约全球科学发展难题。习近平总书记强调:"建设美丽家园是人类的共同梦想。面对生态环境挑战,人类是一荣俱荣、一损俱损的命运共同体,没有哪个国家能独善其身。唯有携手合作,我们才能有效应对气候变化、海洋污染、生物保护等全球性环境问题,实现联合国2030年可持续发展目标。只有并肩同行,才能让绿色发展理念深入人心、全球生态文明之路行稳致远。""中国愿同各国一道,共同建设美丽地球家园,共同构建人类命运共同体。"构建人类命运共同体,建设持久和平、普遍安全、共同繁荣、开放包容、清洁美丽的世界,实现天下为公、天下大同,生态文明,繁荣昌盛和共产主义远大理想,是全球生态文明和精神文明建设的伟大实践,是古今中外无数圣贤梦寐以求的崇高理想,是人类社会发展的终极目标,是世界生态文明的科研课题,是新时代弄潮儿的新试卷,是无数追梦人建功立业、铸就辉煌的新舞台。

第十三章

中原中医药文化

第十三章 中原中医药文化

人类在漫长发展进程中创造了丰富多彩的世界文明。中国中医药作为中华文明的杰出代表，是中国各族人民在几千年生产生活实践和与疾病作斗争中逐步形成并不断丰富发展的医学科学。中原是华夏文明的主要发祥地，中原传统中医药学在华夏文明进步与发展中，源源不断地汲取营养，为中华民族繁衍昌盛作出了卓越贡献，对整个人类健康和世界文明产生了积极的影响。

第一节 中医药的起源

一、中医药的渊源

中国古代社会以农为本。黄河中游地区四季分明、气候温和、平原广袤、土壤肥沃、河流纵横，为农耕文化的发展提供了良好条件。在远古时代，中华民族的祖先发现了一些动植物可以解除病痛，积累了一些用药知识。

随着人类的进化，先民们在漫长的生活和劳动实践中，逐步认识自然，发现了能缓解病痛的动植物，从而产生了药物知识，有了医药活动，后来又发明了针法、灸法和外治法等，留下了有关医药起源的传说。例如，伏羲"制九针"，神农"尝百草，制医药""以疗民疾"，黄帝和岐伯、雷公等讨论医药等，使中医药学知识不断得到丰富，治疗方法也丰富多彩，为以后中医学基础理论的形成打下了基础。

二、中医药学的形成与发展

在漫长的中医药发展过程中，历代都有不同的创造和发明。在3000多年前的殷商甲骨文中，已经有关于医疗多种疾病的记载。

夏代酒和商代汤液的发明，为提高用药效果提供了帮助。进入周代已分医学为疾医、疡医、食医、兽医四科，开始使用望、闻、问、切等诊病方法和药物、针灸、手术等治疗方法。

春秋战国时期，扁鹊在诊视疾病中，已经应用了中医全面的诊断技术，即

后来中医总结的四诊法——望诊、闻诊、问诊和切诊,当时扁鹊称它们为望色、听声、写影和切脉。他精于望色,通过望色判断病证及其病程演变和预后。扁鹊精于内、外、妇、儿、五官等科,应用砭刺、针灸、按摩、汤液、热熨等方法治疗疾病。在治疗方面,扁鹊能熟练运用综合治疗的方法,根据当地的需要,随俗为变地开展医疗活动,奠定了中医临床诊断和治疗的基础。

秦汉时期的中医典籍《黄帝内经》是中国最早的医学典籍,也是传统医学四大经典著作之一。《黄帝内经》是一部综合性的医书,在黄老道家理论上建立了中医学上的"阴阳五行学说""脉象学说""藏象学说""经络学说""病因学说""病机学说""病症""诊法""论治"及"养生学""运气学"等。其基本素材来源于古人对生命现象的长期观察、大量的临床实践以及简单的解剖学知识。《黄帝内经》奠定了人体生理、病理、诊断以及治疗的认识基础,是在中国影响极大的一部医学著作,被称为医之始祖。这本书系统论述了人的生理、病理、疾病以及"治未病"和疾病治疗的原则及方法,确立了中医学的思维模式,标志着中医学从单纯的临床经验积累发展到了系统理论总结阶段,形成了中医药理论体系框架。

东汉时期,张仲景的《伤寒杂病论》,提出了外感热病(包括温病等传染病)的诊治原则和方法,论述了内伤杂病的病因、病证、诊法、治疗、预防等辨证规律和原则,确立了辨证论治的理论和方法体系。同时期的《神农本草经》,概括论述了君臣佐使、七情合和、四气五味等药物配伍和药性理论,对于合理处方、安全用药、提高疗效具有十分重要的指导作用,为中医药学理论体系的形成与发展奠定了基础。东汉末年,华佗创制了麻醉剂"麻沸散",开创了麻醉药用于外科手术的先河。

西晋时期,皇甫谧的《针灸甲乙经》,在总结、吸收《黄帝内经》《素问》《针经》《明堂纪穴针灸治要》等许多古典医学著作精华的基础上,对针灸穴位进行了科学的归类整理,在医学领域矗起丰碑。该书共收录穴名349个,比《黄帝内经》中的穴名多了189个;明确了穴位的归经和部位,统一了穴位名称,区分了正名与别名;介绍了内科、外科、妇科、儿科、五官科等上百种病症及针灸治疗经验,并对五脏与五官关系、脏腑与体表器官关系、津液运行、病有标本、虚实补泻、天人相应、脏腑阴阳配合、望色察病、精神状态、音乐对内脏器官的影响等问题做了探讨和理论上的阐述;奠定了针灸学科理论基础,对针灸学以至整个医学事业的发展作出了不可磨灭的贡献。

唐代,孙思邈长期行医于民间,根据自己丰富的临床经验和前人的医学成就,撰著了《备急千金要方》和《千金翼方》各30卷,另有《千金髓方》20卷已佚。《备急千金要方》简称《千金要方》或《千金方》。作者认为,"人命至重,有贵千金,一方济之,德逾于此",故以"千金"命书。该书成于永徽三年(652年),计233门,合方论5300首,记述了妇、儿、内、外各科病证以及本草、制药、食治、养性、平脉、导引、针灸、孔穴等多方面的内容,保存了唐代以前许多医学文献资料,具有较高的科学价值,为我国现存最早的一部临床实用百科全书。孙思邈提出的"大医精诚",体现了中医对医道精微、心怀至诚、言行诚谨的追求,是中华民族高尚的道德情操和卓越的文明智慧在中医药中的集中体现。

明代,李时珍在数十年行医以及阅读古典医籍的过程中,发现古代本草书中存在着不少错误,决心重新编纂一部本草书籍。1552年,李时珍开始编写《本草纲目》,以《证类本草》为蓝本,参考了800多部书,多次离家外出考察,足迹遍及湖广、江西、直隶许多名山大川,弄清了许多疑难问题。在编写《本草纲目》的过程中,最使李时珍头痛的就是由于药名混杂,往往弄不清药物的形状和生长的情况。过去的本草书,虽然做了反复的解释,但是由于有些作者没有深入实际进行调查研究,而是在书本上抄来抄去,所以越解释越糊涂,而且矛盾百出,使人莫衷一是。例如药物远志,南北朝著名医药学家陶弘景说它是小草,像麻黄,但颜色青,开白花;宋代马志却认为它像大青,并责备陶弘景根本不认识远志。又如狗脊一药,有的说它像草薢,有的说它像拔葜,有的又说它像贯众,说法很不一致。经过27年的不懈努力,李时珍于明神宗万历六年(1578年)完成《本草纲目》初稿,以后又经过10年三次修改,前后共计40年。万历二十四年(1596年),也就是李时珍逝世后的第三年,《本草纲目》在金陵(今南京)正式刊行。《本草纲目》在世界范围内首次对药用植物进行了科学分类,创新发展了中药学的理论和实践,是一部药物学和博物学巨著。

在清代以前,中医治热病大都用《伤寒论》的方法。明末清初的吴有性著

《温疫论》,才把伤寒与温疫分别对待。虽然它对温病理论的建立起了先导作用,但却没有分清"温疫"和"温病"的界限。叶桂首次阐明温病的病因、感受途径和传变规律,明确提出"温邪"是导致温病的主因,突破了"伏寒化温"的传统认识,从根本上划清了温病与伤寒的界限。叶桂所著《温热论》开宗明义第一句话"温邪上受,首先犯肺",指明温邪的传入是从口鼻而来,首先出现肺经症状,如不及时外解,则可顺传阳明或逆传心包,与伤寒之邪按六经传变完全不同。其中"逆传心包"之说,确属对温病传变认识的一大创见,也是对《伤寒论》六经传变理论的一大突破。《温热论》为温病学说的形成奠定了理论和辨证的基础。书中创立的卫气营血辨证论治方法,表明温病的病理变化主要是卫气营血的病机变化。提出"卫之后方言气,营之后方言血"的从浅至深的认识原则,拟定了"在卫汗之可也,到气才可清气,入营犹可透热转气,……入血就恐耗血动血,直须凉血散血"的治疗大法。在诊断上则发展、丰富了察舌、验齿、辨斑疹、白疹等方法。对一些常见急症热病,如时疫和痘麻斑疹等,叶桂都有独到看法和妥善治法,他也是中国最早发现猩红热的医家。他的许多治法方剂,经吴鞠通的整理而成为广传后世的效验名方。《温热论》自问世以来,一直被后世医家奉为经典、推崇备至,它不仅对温病学,而且对整个中医药学都有着深远的影响。

三、中医药学的基础理论

传统中医药学的基础理论是对人体生命活动和疾病变化规律的理论概括,它主要包括阴阳、五行、运气、脏象、经络等学说,以及病因、病机、诊法、辨证、治则治法、预防、养生等内容。

阴阳学说是运用阴阳对立统一的观念来阐述人体上下、内外各部分之间,以及人体生命活动同自然、社会这些外界环境之间的复杂联系。阴阳对立统一的相对平衡,是维持和保证人体正常活动的基础;阴阳对立统一关系的平衡失调和破坏,则导致人体疾病的发生发展,影响生命的正常活动。

五行学说是用木、火、土、金、水等五个哲学范畴来概括客观世界中的不同事物属性,并用五行相生相克的动态模式来说明事物间的相互联系和转化规律。传统医学主要用五行学说阐述五脏六腑间的功能联系以及脏腑失衡时疾病发生发展的机理,也用以指导脏腑疾病的治疗。

运气学说是根据天文历法推算气候变化和疾病发生规律的学说。五运包括木运、火运、土运、金运和水运,指自然界一年中春、夏、长夏、秋、冬的季候循环。六气则指一年四季中风、寒、暑、湿、燥、火等六种气候因子。

脏象学说是研究五脏(心、肝、脾、肺、肾,包括心包时称六脏)、六腑(小肠、大肠、胃、膀胱、胆、三焦)和奇恒之腑(脑、髓、骨、脉、胆、女子胞)的生理功能和病理变化。五脏属阴,主要功能是藏精气;六腑属阳,以消化、腐熟水谷,传导排泄糟粕为主要功能。脏与脏、脏与腑、腑与腑的功能活动之间,还存在着相互依存、相互制约的关系。脏象概念还包括体内精、神、气、血、津液等,这些既是脏腑功能活动的物质基础,又是脏腑功能活动的产物。脏腑功能正常,这些生命元素也就充足旺盛;若其因病而损伤,则脏腑的功能也会失常。

经络学说与脏象学说密切相关,经络是人体内运行气血的通道,有沟通内外、网络全身的作用。十二经脉、奇经八脉以及相连的脉络,分别联系不同的脏腑,各具特殊的生理功能。在病理情况下,经络系统功能发生变化,会呈现相应的症状和体征,通过这些表现,可以诊断体内脏腑疾病。还可用针灸、推拿等方法调整经络气血运行,以治疗脏腑躯体疾病。

病因学说在传统医学中占重要地位,治病首先要辨明病因;而明确病因才能有针对性地进行预防。汉族医学强调整体观,强调人体内外环境的统一以及体内各脏腑间的功能协调。疾病的发生发展,其根本原因在于上述统一协调关系的失常,也就是正气和邪气交争过程的表现。正气是机体防御致病因素侵袭、防止疾病发生发展的因素,邪气是可以造成疾病发生发展的致病因素。致病因素包括外感六淫、内伤七情和饮食劳倦等,它们在正气不足的情况下,都可导致疾病的发生。正邪相争,双方的力量对比是决定疾病的发生发展和病程演变的基本机制。在临床上扶助正气,祛除邪气,是治疗疾病的重要原则。

临床诊治是传统医学的主要诊治原则,在辨证的基础上制定治疗方针,并进而选择具体的药物或非药物疗法。但辨证之前必须深入了解病情,这就要依靠诊法。诊法指望、闻、问、切四种诊察疾病的方法,简称四诊。汉族医学强调四诊合参,全面诊察,综合分析,但结合具体病情,可能侧重某一或某

几方面的诊察。问诊,意在了解症状、掌握病程、探寻病因,是掌握动态情况的主要途径。切诊中的脉诊则最具汉族医学特色,有时对判断病情和指导治疗起决定性作用。通过四诊取得临床资料后就要认真分析判断,辨别疾病的原因、性质、部位、阶段、邪正盛衰以及发病机制变化。这样得出的综合性结论便是"证",是进一步决定治疗方针和对策的主要依据。通过长期的临床实践,已总结出八纲辨证、脏腑辨证、经络辨证、六经辨证、卫气营血辨证、三焦辨证等多种辨证方法。其中有的具有普遍意义,有的主要是针对特定类型的疾病。掌握这些方法进行正确辨证,才能制定合理的治疗方案,取得预期的疗效。

治病求本是传统医学治疗的基本法则,根据对"证"的正确判断,对相同的疾病可以采取不同的治疗方法,对不同疾病可以采取相同的治疗方法,这便是异病同治和同病异治的法则。而用"寒者热之,热者寒之,虚者补之,实者泻之"的原则来调整阴阳,扶正祛邪,这是最常用的方法,称正治。汉族医学强调鉴别疾病的本质和现象,分析病证的主次先后、轻重缓急,乃有"急则治其标,缓则治其本"的法则。汉族医学还重视个体差异以及时令地域对疾病的影响,于是又有"因人因时因地制宜"的法则。在具体治法方面,汉族医学有着更为丰富的内容。汗、吐、下、和、温、清、消、补等八法是基本治法。八法不仅概括了药物方剂的主要功能,对针灸、推拿等非药物治疗也有一定的指导意义。

药物以天然药(包括植物、动物和矿物的药用部分)为主。药物知识来自临床实践,具体应用的效果也要通过实践来验证。但在基础理论的指导下,已总结出四气五味、升降浮沉和归经等药物理论,可用以指导临床用药。临床药物治疗的主要形式是方剂,就是根据君、臣、佐、使等配伍原则,将相关药物综合成方,用以加强药效便于临床应用。

针灸包括针和灸两部分,针是针刺人体腧穴,灸是以燃烧艾绒熏灼腧穴部位的皮肤或病患部位,目的都是治病保健。其作用主要是刺激针灸穴位,疏通经络脏腑气血运行,调和阴阳,扶正祛邪,消除疾病和恢复正常的功能状态。针灸治疗也遵循辨证论治法则,根据疾病与脏腑、经络的关系,疾病的寒热、虚实、阴阳、气血等不同证候,选取穴位,以不同的补泻手法,或针或灸,才能取得较好的疗效。

按摩推拿,是用特定的手法在人体的体表进行按压推摩,用以疏通经络、流畅气血,调整脏腑功能和滑利关节,从而消除疾病、保健强身。按摩的理论,也是以阴阳五行、气血津液、脏腑经络为基础,常用按摩部位即经络腧穴。

预防疾病,传统医学推崇未病先防和既病防变,《内经》早就提出"不治已病治未病"的预防思想。历代以来,对预防方面有着很多措施和经验,包括锻炼体质、讲究卫生、预防免疫等内容。

养生又称"摄生",旨在通过自身的调摄达到防病治病、延年益寿、身心健康的目的。汉族医学养生,由整体观出发,重视身心的交互影响,强调对时令地域的顺应,而且特别注意生活调理和体质锻炼以扶助自身正气。养生的具体方法,大致包括养护精神、调节饮食、起居有常、劳逸结合、药物调养、气功按摩和医疗体育等内容。

四、中医药学的特点

数千年来,中医药学不断吸收和融合各个时期先进的科学技术和人文思想,创新发展,理论体系日趋完善,技术方法更加丰富,形成了鲜明的特点。

(一)重视整体

中医药学认为人与自然、人与社会是一个相互联系、不可分割的统一体,人体内部也是一个有机的整体。重视自然环境和社会环境对健康与疾病的影响,认为精神与形体密不可分,强调生理和心理的协同关系,重视生理与心理在健康与疾病中的相互影响。

(二)注重"平"与"和"

中医药学强调和谐对健康具有重要作用,认为人的健康在于各脏腑功能和谐协调,情志表达适度中和,并能顺应不同环境的变化,其根本在于阴阳的动态平衡。疾病的发生,其根本是在内、外因素作用下,人的整体功能失去动态平衡。维护健康就是维护人的整体功能动态平衡,治疗疾病就是使失去动态平衡的整体功能恢复到协调与和谐的状态。

(三)强调个体化

中医诊疗强调因人、因时、因地制宜,体现为"辨证论治"。"辨证",就是将四诊所采集的症状、体征等个体信息,通过分析、综合,判断为某种证候。"论治",就是根据辨证结果确定相应治疗方法。中医诊疗着眼于"病的人"而不仅是"人的病",着眼于调整致病因子作用于人体后整体功能失调的状态。

(四)突出"治未病"

中医"治未病"核心体现在"预防为主",重在"未病先防、既病防变、瘥后防复"。中医强调生活方式和健康有着密切关系,主张以养生为要务,认为可通过情志调摄、劳逸适度、膳食合理、起居有常等,也可根据不同体质或状态给予适当干预,以养神健体,培育正气,提高抗邪能力,从而达到保健和防病作用。

(五)使用简便

中医诊断主要由医生自主通过望、闻、问、切等方法收集患者资料,不依赖于各种复杂的仪器设备。中医干预既有药物,也有针灸、推拿、拔罐、刮痧等非药物疗法。许多非药物疗法不需要复杂器具,其所需器具(如小夹板、刮痧板、火罐等)往往可以就地取材,易于推广使用。

第二节　中医药的辉煌成就

一、中医药的主要成就

战国秦汉三国时期,医学家把阴阳五行学说中的朴素唯物主义思想和古代辩证法思想引入中医药学,作为中医药学的说理工具;把道家思想中的精、气、神等合理概念和摄生的论点,移植到中医药学并构成它的重要内容;儒家"仁义道德"思想中进步的内容,对发展中医药学伦理学有积极作用。

中医药学的经典著作《黄帝内经》《伤寒杂病论》和《神农本草经》等的相继问世,标志着中医药理论的形成。而这三部中医药学巨著主要是在中原地区完成的。唐代医家孙思邈,也曾长期在中原地区行医,著有《千金要方》《千金翼方》,集方剂之大成,并收录了医圣张仲景有关伤寒的部分病证,使医学理论和医圣文化得以广泛传播。

《黄帝内经》奠定了中医药理论的基础,成为后世中医药理论之源;《伤寒杂病论》创立了辨证论治原则,完备了理法方药的理论体系,其所载方药被尊为经方,在唐代,《伤寒杂病论》就先后传入日本、朝鲜、越南等国,在日本尤为受推崇;《神农本草经》记录了药物学知识,提出了中药学四气五味、君臣佐使等理论;张从正创立了攻下学说,成为金元四大家之一。以上这些经典医学著作及学说对中医药理论的形成、丰富和发展起到了极其重要的作用。

宋金元时期,是中医药学发展的兴盛时期。此时的医学重心在中原。北宋都城在开封,设立"翰林医官院""太医局",还有保健或慈善机构,把医药行政与医学教育分立起来。同时还设立"御药院""尚药局""医药惠民局"等专职药政机构。

宋代医家王惟一,发明并铸造了针灸铜人,经络腧穴一目了然,将针灸的临床与教学有机地结合起来,为针灸学的发展,尤其是针灸学教育的发展作出了巨大贡献。

二、著名中医药学家

中原古代文化造就了一大批著名医家,中原古代文明彰显了灿烂的中原古代文化,而这种灿烂的古代文化,又推动了中医学的迅速发展,孕育造就了一大批著名医家。

自汉武帝依从董仲舒奏议"罢黜百家,独尊儒术"之后,儒家思想成为中国古代文化的核心。而这个时期正是中医快速发展的时期。儒家最根本的道德原则是孝,其最高的道德标准是仁,而修身齐家治国平天下则是儒家的人生理想,其中又以济世利天下为最高理想。医者,仁术也。在古人看来,做官与行医,为良相与做良医,都是济世利天下,其本质是一致的。因而掌握医术往往被看作是每一个人,特别是儒士们的一种义务。所以张仲景在《伤寒

论序》中"怪当今居世之士,曾不留神医药,精究方术"。晋代皇甫谧《针灸甲乙经序》说得更深刻:"夫受先人之体,有八尺之躯,而不知医事,此所谓游魂耳。若不精通于医道,虽有忠孝之心,仁慈之性,君父危困,赤子涂地,无以济之。"张仲景弃高官而不做,潜心于医学,"勤求古训,博采众方",写出了不朽的《伤寒杂病论》,实现了他"上以疗君亲之疾,下以救贫贱之厄,中以保身长全,以养其生"的愿望。

中州自古多名医。在这块土地上,除了医圣张仲景之外,还有许多杰出的医学家。早在商代初期,就有商汤的宰相伊尹著《汤液经》,发明了汤剂。晋朝的范汪是河南顺阳人,他著有《范汪方》。南朝的褚澄是河南禹县人,他著有较早的中医基础理论著作《褚氏遗书》。唐代的针灸和中药名家甄权是河南扶沟县人。唐代名医张文仲,河南洛阳人,高宗时御医,是治疗风病专家,著《疗风气诸方》。隋唐名医崔知悌是河南鄢陵人,他对痨病(结核病)提出了独到见解,著有《骨蒸病灸方》。唐代名医孟诜是河南汝南人,他著有中国现存最早的食疗专著《食疗本草》。北宋名医王怀隐是河南商丘人,他著有《太平圣惠方》。宋代著名儿科专家阎孝忠是河南许昌人,他编写《小儿药证直诀》,使钱乙学说得以传世。北宋仁宗时"校正医书局"中整理古医书的高手有好几位河南人,如孙兆、孙奇,他们完成了《重广补注黄帝内经素问》,二人均为汲县(今河南卫辉)人。北宋末期的著名医家、《鸡峰普济方》的作者张锐是河南郑州人。南宋医学家、《伤寒补亡论》的作者郭雍是河南洛阳人。金元四大家之一、攻下派的代表张子和是河南兰考县(一说民权县人)。元代名医滑寿祖籍是河南襄城县,他著有《读素问钞》《难经本义》,对《内经》和《难经》的研究作出了巨大贡献。他所著的《诊家枢要》和《十四经发挥》分别是诊断学专著和针灸学专著,均在中医发展史上占有光辉的一页。著名的医史专家、明代的李濂是河南开封人,他的《医史》10卷,是我国首次以"医史"命名的医学史专著,书中为张仲景、王叔和、王冰等人补写了传记。清代名医景日昣是河南登封县人,他著有《嵩崖尊生》。清代温病学家杨璿是河南夏邑县人,他著有《伤寒瘟疫条辨眉批》《寒温条辨》。清代著名的植物学家吴其濬是河南固始县人,他撰写的《植物名实图考》对世界医学产生了重大影响。这些著名的医家,犹如璀璨的群星,照亮了中医学发展的历史道路。

· 290 ·

三、神医华佗

华佗(145—208 年),字元化,沛国谯(今安徽亳州)人,著名医学家。

华佗少时曾在外游学,钻研医术而不求仕途,行医足迹遍及安徽、山东、河南、江苏等地,在医学上有多方面的成就声誉颇著。他精通内、外、妇、儿、针灸各科,对外科尤为擅长。后因不服曹操征召被杀,所著医书已佚。今亳州市仍有"华祖庵"等遗迹。

华佗在多年的医疗实践中,非常善于区分不同病情和脏腑病位,对症施治。他熟练地掌握了养生、方药、针灸和手术等治疗手段,精通内、外、妇、儿各科,临证施治,诊断精确,方法简捷,疗效神速,被誉为"神医"。对此,《三国志》《后汉书》中都有相仿内容的评述,说他善于养生("晓养性之术,时人以为年且百岁而貌有壮容"),用药精当("又精方药,其疗疾,合汤不过数种,心解分剂,不复称量,煮熟便饮,语其节度,舍去辄愈"),针灸简捷("若当针,亦不过一两处,下针言:'当引某许,若至,语吾。'病者言'已到',应便拔针,病亦行差"),手术神奇("刳剖腹背,抽割积聚""断肠湔洗")。所留医案,《三国志》中有 16 则,《华佗别传》中 5 则,其他文献中 5 则,共 26 则,在先秦和两汉医家中是较多的。从其治疗范围看,内科病有热性病、内脏病、精神病、肥胖病、寄生虫病,属于外、儿、妇科的疾病有外伤、肠痈、肿瘤、骨折、针误、忌乳、死胎、小儿泻痢等。他发明了麻沸散,开创了世界麻醉药物的先例。欧美全身麻醉外科手术的记录始于 18 世纪初,比华佗晚 1600 余年。《世界药学史》指出阿拉伯人使用麻药可能是由中国传去,因为"中国名医华佗最精此术"。《隋书·经籍志》记有"华佗枕中灸刺经"一卷,已佚。《医心方》所引《华佗针灸经》可能是该书的佚文,《太平圣惠方》引有"华佗明堂"之文。从现存佚文看,《华佗针灸经》所载腧穴名称及定位均与《黄帝明堂经》有较大不同。

华佗首创用全身麻醉法施行外科手术,被后世尊为"外科鼻祖"。他不但精通方药,而且在针术和灸法上的造诣也十分令人钦佩。华佗走访了许多医生,收集了一些有麻醉作用的药物,经过多次不同配方的炮制,终于把麻醉药试制成功,他又把麻醉药和热酒配制,让患者服下,使患者失去知觉,再剖开腹腔、割除溃疡,洗涤腐秽,用桑皮线缝合,涂上神膏,四五日除痛,一月间康

复。因此,华佗给它起了个名字——麻沸。他所使用的"麻沸散"是世界上最早的麻醉剂。华佗采用酒服"麻沸散"施行腹部手术,开创了全身麻醉手术的先例。这种全身麻醉手术,在中国医学史上是空前的,在世界医学史上也是罕见的创举。

华佗生活的时代,是东汉末年三国初期。那时,军阀混战,水旱成灾,疫病流行,人民处于水深火热之中。当时一位著名诗人王粲在其《七哀诗》里写了这样两句:"出门无所见,白骨蔽平原。"目睹这种情况,华佗非常痛恨作恶多端的封建豪强,十分同情受压迫受剥削的劳动人民。

华佗看病不受症状表象所惑,他用药精简,深谙身心交互为用。华佗并不滥用药物,他重视预防保健,"治人于未病",观察自然生态,教人调息生命和谐。但对于病入膏肓的患者,则不加针药,坦然相告。

华佗不求名利,不慕富贵,得以集中精力于医药的研究上。《后汉书·华佗传》说他"兼通数经,晓养性之术",尤其"精于方药"。人们称他为"神医"。他曾把自己丰富的医疗经验整理成一部医学著作,名曰《青囊书》,可惜没能流传下来。他的许多有作为的学生,如以针灸出名的樊阿,著有《吴普本草》的吴普,著有《李当之本草经》的李当之,把他的经验部分地继承了下来。至于现存的华佗《中藏经》,那是宋人的作品,用他的名字出版的。但其中也可能包括一部分当时尚残存的华佗著作的内容。

华佗能批判地继承前人的学术成果,在总结前人经验的基础上,创立新的学说。中国的医学到了春秋时期已经有辉煌的成就,而扁鹊对于生理病理的阐发可谓集其大成。华佗的学问有可能从扁鹊的学说发展而来。同时,华佗对同时代的张仲景学说也有深入的研究。他读到张仲景著的《伤寒论》第十卷时,高兴地说:"此真活人书也。"可见张仲景学说对华佗的影响很大。华佗循着前人开辟的途径,脚踏实地开创新的天地。最突出的,应数麻醉术——酒服麻沸散的发明和体育疗法"五禽戏"的创造。

华佗被后人称为"外科圣手""外科鼻祖"。后人多用"神医华佗"称呼他,又以"华佗再世""元化重生"称誉有杰出医术的医师。

四、医圣张仲景

张仲景(约150—154年至约215—219年),名机,字仲景,南阳涅阳县(今河南省邓州市穰东镇张寨村)人,东汉末年著名医学家,被后人尊称为"医圣"。

张仲景不仅有丰富的临床经验,以精湛的医术救治了不少病人,而且还写出了一部创造性的医学巨著《伤寒杂病论》。这部巨著的问世,使我国临床医学和方剂学,发展到较为成熟的阶段。张仲景出生在没落的官僚家庭,其父亲张宗汉是个读书人,在朝廷做官。家庭的特殊条件使他从小有机会接触到许多典籍。他也笃实好学,博览群书,并且酷爱医学。他从史书上看到扁鹊望诊齐桓侯的故事,对扁鹊高超的医术非常钦佩。"余每览越人入虢之诊,望齐侯之色,未尝不慨然叹其才秀也。"从此他对医学产生了浓厚的兴趣,这也为他后来成为一代医学大师奠定了基础。

当时社会,人心涣散,朝政不安,农民起义此起彼伏,兵祸绵延,到处都是战乱,黎民百姓饱受战乱之灾,加上疫病流行,很多人死于非命。而府衙自顾不暇,为争权夺势,发动战争。这使张仲景从小就厌恶官场,轻视仕途,怜悯百姓,萌发了学医救民的愿望。汉桓帝延熹四年(161年),他10岁左右时,拜张伯祖为师,学习医术。

张伯祖是当时一位有名的医家,性格沉稳,生活俭朴,对医学刻苦钻研,每次给病人看病、开方,都十分精心,深思熟虑。经他治疗过的病人,十有八九能痊愈,他因此很受百姓尊重。张仲景跟他学医非常用心,无论是外出诊病、抄方抓药,还是上山采药、回家炮制,从不怕苦怕累。张伯祖非常喜欢这个学生,把自己毕生行医积累的丰富经验,毫无保留地传给了他。

张仲景年长的同乡何颙曾说:"君用思精而韵不高,后将为良医。"意思是说张仲景才思过人,善思好学,聪明稳重,但是没有做官的气质和风采,不宜做官,只要专心学医,将来一定能成为有名的医家。何颙的话更加坚定了张仲景学医的信心,从此他学习更加刻苦。他博览医书,广泛吸收各医家的经验用于临床诊断,进步很大,很快便成了一个有名气的医生,以至"青出于蓝而胜于蓝",超过了他的老师。当时的人称赞他"识用精微过其师"。张仲景

提倡"勤求古训",认真学习和总结前人的理论经验。

张仲景曾仔细研读过《素问》《灵枢》《难经》《阴阳大论》《胎胪药录》等古代医书。其中《素问》对他的影响最大。《素问》说:"夫热病者,皆伤寒之类也。"又说:"人之伤于寒也,则为病热。"张仲景根据自己的实践对这个理论做了发展。他认为伤寒是一切热病的总名称,也就是一切因为外感而引起的疾病,都可以叫作"伤寒"。他还对前人留下来的"辨证论治"的治病原则,认真地加以研究,从而提出了"六经论伤寒"的新见解。

张仲景除了"勤求古训",还"博采众方",广泛搜集古今治病的有效方药,甚至民间验方也尽力搜集。他对民间喜用针刺、灸烙、温熨、药摩、坐药、洗浴、润导、浸足、灌耳、吹耳、舌下含药、人工呼吸等多种具体治法都一一加以研究,广积资料。

经过几十年的奋斗,张仲景收集了大量资料,包括他个人在临床实践中的经验,写出了《伤寒杂病论》16卷(又名《伤寒卒病论》《伤寒论》)。这部著作于210年左右写成,此后"大行于世"。晋代时,名医王叔和加以整理。到了宋代,这部著作逐渐分为《伤寒论》和《金匮要略》二书。《金匮要略》就是该书的杂病部分。

张仲景从小就厌恶官场,轻视仕途。但由于他父亲曾在朝廷做过官,仲景承袭家门,在灵帝时(约168—188年),被州郡举为孝廉(汉代从汉武帝开始实行举"孝廉""良才"的选官制度,"举孝廉"是汉代发现和培养官吏预备人选的一种方法。它规定每二十万户中每年要推举孝廉一人,由朝廷任命官职。被举之学子,除博学多才外,更须孝顺父母,行为清廉,故称为孝廉。在汉代,"孝廉"已作为选拔官员的一项科目,没有"孝廉"品德者不能为官),进入官场。在建安年间(196—219年),他被朝廷指派为长沙太守,但他仍用自己的医术,为百姓解除病痛。

在封建时代,做官的不能随便进入民宅,接近百姓。可是不接触百姓,就不能为他们治疗,自己的医术也就不能长进。于是张仲景想了一个办法,择定每月初一和十五两天,大开衙门,不问政事,让有病的百姓进来,他端端正正地坐在大堂上,挨个地仔细为群众诊治。

张仲景曾让衙役贴出安民告示,告诉老百姓这一消息。他的举动在当地产生了强烈的震动,老百姓无不拍手称赞,对张仲景更加拥戴。时间久了便形成了惯例。每逢农历初一和十五,他的衙门前便聚集了来自各方求医看病的群众,甚至有些人带着行李远道而来。后来人们就把坐在药铺里给人看病的医生,通称为"坐堂医生",用来纪念张仲景。

张仲景看到百姓对他非常信任,在医术上更加精益求精,不断探索。他大量采集民间验方,进行认真研究。有时甚至不畏路途遥远,拜师取经。有一次他听说襄阳城里同济堂有个绰号"王神仙"的名医,对治疗搭背疮很有经验。他立即带着行李,长途跋涉几百里,去拜"王神仙"为师。对"王神仙"在药性、医道各方面的独到之处都用心学习研究,获益很大。

张仲景撰写《伤寒论》时,参照了《汤液经》等前经方典籍。《伤寒论序》有"撰用"二字,不过,经杨绍伊先生、钱超尘先生和李茂茹先生等考证证实"撰用《素问》《九卷》《八十一难》《阴阳大论》《胎胪药录》并《平脉辨证》"23个字为王叔和加入,进一步证实了《伤寒论》主要内容来自《汤液经》。

张仲景也在阴阳学说的背景下移植和整理了方证辨证诊治方法。仲景将蛮荒年代野性思维的结晶与当时最有力的思想武器——阴阳学说结合在一起。同时,他清醒地意识到方证辨证,这种另类思维的珍贵性。所以在整理过程中尽量保存了《汤液经》中方证的原貌。

张仲景为了避东汉王朝的动荡之乱而辞官,来到岭南隐居,专心研究医学,撰写医书。到建安十五年(210年),终于写成了划时代的临床医学名著《伤寒杂病论》,共16卷。经后人整理成为《伤寒论》和《金匮要略》两本书。

《伤寒杂病论》系统地概括了"辨证施治"的理论,为我国中医病因学说和方剂学说的发展作出了重要贡献。后来该书被奉为"方书之祖",张仲景也被誉为"经方大师"。

张仲景写成该书后仍专心研究医学,直到与世长辞。285年晋武帝司马炎统一天下后,张仲景的遗体才被运回故乡安葬,并在南阳修建了医圣祠和仲景墓。

张仲景为人谦虚谨慎,提倡终身坚持学习。他在序文中说:"孔子曰:生而知之者上,学则亚之,多闻博识,知之次也。余宿尚方术,请事斯语。"张仲景引用孔子语录,在于说明自己不是天才,只能靠刻苦努力学习来获得知识。

因为医学没有止境,必须终身坚持学习,活到老,学到老。

张仲景还为后人树立了淳朴无华、勤恳踏实的学风。《伤寒杂病论》著述风格朴实简练,毫无浮辞空论,对后世中医著作影响甚大。他诊病和学习时遇到一丝一毫的疑问,即"考校以求验",绝不放过,一定要弄清楚是怎么回事。

张仲景的医学理论对中国古代医学的发展作出了巨大的贡献,对现代医学研究也有重大贡献,同时对东南亚各国的影响也很大。后人研究他的医理,敬仰他的医术和医德,称他为"医圣"。在河南省南阳市还为他修建了"医圣祠"。中华人民共和国成立后,政府翻修了"医圣祠",并修建了"张仲景纪念馆",以纪念这位奠定中国中医治疗学基础的医学家。

新时代,河南的中医药,经过长期的历史积淀和持续健康发展,取得了显著成就,已成为中医药大省,在全国具有举足轻重的地位和明显的历史优势、文化优势、学术优势和资源优势,具备了建设中医药强省和快速发展的基础条件。展望未来,河南中医药事业必将迎来新一轮更快更好的发展,必将在中原崛起中发挥更大作用,必将为人类健康作出更大贡献。

第十四章 中原精神谱系文化

第十四章 中原精神谱系文化

中国作为一个拥有悠久历史和深厚文化传统的国家,形成了独特的中国精神谱系。这个谱系包含了诸多思想观念、道德伦理、价值观念等因素,影响着中国人的思维方式、行为规范和生活方式。中原精神谱系的形成可以追溯到古代的中原平原地区,这片热土孕育了众多杰出的思想家、政治家、军事家和文化名人。他们的思想和智慧对中国的历史文化产生了深远影响,形成了中原精神的宝贵遗产。中原精神谱系包含了丰富多样的价值观念和思想体系。

第一节　黄河精神

黄河精神是指中国人民在长期与黄河河水的斗争中形成的一种特殊精神风貌和价值取向。黄河作为中国最大的河流之一,其波澜壮阔的历史和复杂多变的地理环境,塑造了中国人民的勇敢、坚韧和拼搏的精神。古人深知黄河洪水灾害带来的无尽的痛苦和损失,但他们没有退缩,反而以乐观和积极的态度面对挑战,努力寻找解决办法。他们修筑堤坝、开挖渠道,用自己的双手改造黄河。黄河精神是中国人民宝贵的精神财富,它不仅仅是对黄河的敬畏和崇敬,更是对生活的乐观和积极态度的体现。这种精神能够激励人们勇往直前、坚韧不拔、克服困难,实现自己的梦想。黄河精神不仅仅影响着黄河流域的人民,也影响着整个中国人民,激励着他们在各个领域奋发向前,为实现中国梦不懈努力。

一、黄河精神的形成

黄河被誉为中华民族的母亲河,在漫长岁月中养育了无数中华儿女,也孕育了华夏文明的精神特质,见证了中华民族多元一体的历史演变。中国古代最早的国家因水而兴,因水而长。水利者,水之利益也;利益者,利民益国也。盛世修水利,乱世整兵甲。黄河作为"四渎之宗",其精神以大禹治水为楷模,以解决水患为前提,以强国富民为目标,传承了"民为邦本,本固邦宁"的治国理念;从"大跃进"时期因水利方针的偏差而领教过大自然给我们的教

训,到今天遵循中国传统文化天人合一的理念,强调尊重自然,和谐统一,传承了"物我同舟,天人共泰"的哲学思想;从新中国引黄第一渠的兴建,到当代南水北调的中线穿黄工程——国内首次采用盾构方式穿越黄河,建设者们以锲而不舍的精神克服困难,解决好各类问题,传承了"刚健有为、自强不息"的民族品格;共产党员们在各种工程建设中耐得住寂寞,抵得住诱惑,关键时刻叫响"让我来""我先上"的口号,敢于在急难险重任务中当先锋、做表率,彰显了"舍家爱国,不计得失"的家国情怀;将近28万三门峡黄河移民的浩荡迁徙,小浪底20万人的时空转换,彰显了"仁厚勇武,大义担当"的大爱精神。黄河已经从一条被称为"中华民族之忧患"的害河,逐渐成为造福中华民族的利河。

二、黄河精神的内涵

"团结"是事业胜利的基本保证。团结就是力量,团结出凝聚力,团结出战斗力,团结出生产力。有了坚强团结的集体,就能召之即来,来之能战,战之必胜。

"务实"就是重实际,说实话,办实事,求实效;不唯书,不唯上,但唯实;做决策,办事情,不能超越实际、脱离实际,不能劳民伤财,不能图个人名利。务实就是要克服教条主义、形式主义和官僚主义,反对作风浮漂、沽名钓誉、不切实际的不良作风。要形成务实的作风,必须注重实际,力戒虚名;注重实践,力戒浮漂;注重实干,力戒空谈;注重实效,力戒形式。

"开拓"就是要坚持解放思想。实事求是,进一步增强改革开放意识和创新精神,知难而进,锐意进取,把各项目标任务落到实处。开拓创新,必须有饱满的工作热情、科学的工作方法和扎实的工作态度。

"拼搏"是一种精神状态。干事业要有一股拼劲,有一个良好的精神状态。精神状态好,容易激发人的全部积极性、挖掘人的潜力、更有效地进行工作和创造。

"奉献"是一种真诚自愿的付出行为。奉献精神作为一种高尚的人生观和价值观,是我们党的性质和宗旨的集中体现,是一种纯洁高尚的精神境界,是我们党优良传统的精髓,体现了中华民族传统美德与时代精神的统一。

三、黄河精神的时代价值

黄河精神和中华民族精神同源,不论过去还是现在,都有其不可估量的价值,它是中华民族实现伟大复兴的强大精神动力和文化支撑。

在新时代,黄河精神是弘扬生态文明,建设"美丽中国"的行动指南,引领人们在科学治水的道路上奋勇前进;黄河精神是建设优质精品工程的内在要求,警示人们惠及子孙后代的民生工程要经得起人民和历史的考验;黄河精神是回报社会提升形象的文化名片,指引人们在关注经济效益之外,还要融入新的时代要求和文化内涵;黄河精神是艰苦奋斗团结拼搏的力量源泉,激励人们全身心地投入建设中华民族伟大复兴的浪潮之中。弘扬黄河精神,有助于传承中华民族数千年来传承下来的传统文化和精神,人无精神则不立,国无精神则不强。唯有精神上站得住,站得稳,一个民族才能在历史洪流中屹立不倒、挺立潮头。弘扬黄河精神,就是发掘弘扬中华优秀历史文化的突出优势,就是增强人们的民族文化记忆,坚定中华民族文化自信,就是赓续我们中华民族的历史文脉,推动中华优秀传统文化创造性转化,创新性发展。弘扬黄河精神,就是坚持制度自信,坚信党的集中统一领导、全国一盘棋、集中力量办大事的制度,能够有效解决人民群众生产生活中的突出问题。

第二节 大禹治水精神

大禹治水精神是指中国古代传说中的大禹,在面对黄河及其他河流洪水泛滥时,以其智慧、勇气和坚韧的精神,成功治理了水患,保护了人民的生命财产,为后世留下了宝贵的治水经验和精神遗产,体现了中国人民敢于担当、敢于创新的精神。大禹治水精神是中国人民宝贵的精神财富,它不仅是对治理洪水的经验总结,更是对人性的崇高追求和社会进步的力量。这种精神激励着中国人民在面对各种挑战和困境时,勇往直前,坚忍不拔,为实现国家发展和人民幸福作出不懈努力。大禹治水精神将永远激励着中国人民,成为中国人民追求进步和谋求幸福的强大动力。

一、大禹治水精神的形成

三皇五帝时期,黄河泛滥,鲧、禹父子二人受命于尧、舜二帝,任崇伯和夏伯,负责治水。

大禹率领民众,与洪水斗争,最终获得了胜利。面对滔滔洪水,大禹从鲧治水的失败中汲取教训,改变了"堵"的办法,对洪水进行疏导,体现出他具有带领人民战胜困难的聪明才智;大禹为了治理洪水,长年在外与民众一起奋战,置个人利益于不顾,"三过家门而不入"。大禹治水13年,耗尽心血与体力,终于完成了治水的大业。

大禹治水是我国古代著名的神话传说之一,在《尚书》《山海经》《论语》《淮南子》《墨子》《史记》等文献中均有记载。但是神话不等于历史,在神话所揭示的内容后面,还隐藏着一层较深的意义,这种克服自然,人定胜天的伟大精神,是大禹治水的精髓,这是我们先民在应对洪涝灾害中所表现的敢于同自然灾害做斗争的大无畏精神。

二、大禹治水精神的内涵

克服自然,人定胜天的伟大精神,是大禹治水的精髓,是我们先民在应对洪涝灾害中所表现的敢于同自然灾害做斗争的大无畏精神,概括起来主要包含以下内容。

(一)公而忘私的精神

大禹为了治理水患"劳身焦思,居外十三年,过家门不敢入",劳而忘身,率先垂范,始终奋战在治水的第一线,这体现出大禹舍小家顾大家的崇高品质,体现了公而忘私的奉献精神。

(二)民族至上的精神

大禹治水成功后使更多部落和部族的生命、财产和耕地、山林免于被洪水卷走,对形成一个统一的九州起到了重要作用。大禹是中华民族大融合的推动者和领导者,完成了一次伟大的历史跃进,奠定了中华文明持续发展的基础。

(三) 民为邦本的精神

在治水过程中,大禹始终以人民利益为出发点,如果一个地区食物缺乏,他就从食物多的地区调入,因此大禹也得到人民的爱戴和拥护。治水成功后,大禹兴建水利,开垦土地,植谷种粮,栽桑养蚕,发展农业生产,解决人民的生计问题。民为邦本就是大禹治水的最高境界,成为后世治国思想的核心。

(四) 科学创新的精神

大禹认真总结失败的经验,研究出治水的规律和方法,创造发明了测量工具,提出了疏川导滞的疏浚排洪治水的总体策略,这种顺其自然、采用疏导的方法包含着丰富的因势利导的科学精神。

(五) 艰苦奋斗的精神

在生产力水平极为低下的原始部落时期,要制服洪水谈何容易。在父亲治水失败后,面对"汤汤洪水滔天,浩浩怀山襄陵"的严重局面,大禹没有胆怯,没有退缩,毅然挑起了治水重担。在长达13年的治水过程中,他不畏艰苦,身先士卒,腿上的汗毛都在劳动中被磨光了。治水成功后,他不居功自满,仍然按时巡守,希望天下水土平治。这种精神就是"明知山有虎,偏向虎山行"的英雄豪情,就是"筚路蓝缕,以启山林"的奋斗精神。经过漫长的历史陶冶,这种精神已渗透到中华民族的血脉之中,沉淀为中华儿女的优秀品质。

(六) 公而忘私的精神

传说大禹与涂山氏女娇新婚不久,就离开妻子,踏上了治水的艰难之路。后来,他路过家门口,听到妻子生产、儿子呱呱坠地的声音,但一想到开山导流刻不容缓,便顾不上回家,又走向了治水一线。第二次亦如此。当第三次经过家门口时,其子挥动小手打招呼,大禹还是不为所动,挥手告别妻儿,义无反顾地投入治水。对此,舜帝夸奖大禹说:"惟汝贤,克勤于邦,克俭于家,不自满假。"这就是大禹"三过家门而不入"的故事,其中所蕴含的公而忘私、无私奉献的精神品格,教育和激励了一代又一代中华儿女,是中华民族始终

屹立于世界民族之林的重要基石。

(七)创新求实的精神

面对滔滔洪水,大禹不仅知难而上,敢于斗争,而且勤于思考,善于斗争。其父采用"围堵筑障"法治水,只能收一时之效,一旦溃决,祸害更大。因此,大禹深入了解洪水的症结,把握规律,因应地势,采用疏导的方法治水,既有效制服了水患,又引水灌溉农田,开创了中国水利史上化害为利的先河。不拘泥于一物,不墨守成规,大禹治水的实践赋予了中华文化实事求是、创新求实的内涵,培育着中华民族敢于改革创新的鲜明特点。中华民族正是凭借创新求实精神,不断解决阻碍发展的问题,获得了生生不息的活力。

第三节 愚公移山精神

愚公移山是中国传统寓言故事之一。它讲述了愚公和他的家人,决心要移走挡在家门口的两座高山的故事。愚公移山精神体现了中国人民不畏艰险、勇往直前的精神。尽管愚公面对的是两座巨大的高山,看似不可能完成的任务,但他却毫不气馁,坚信只要努力,就一定能够实现目标。他身体力行,每天不懈地挖土运石,倾注了自己的毕生精力。愚公移山精神体现了中国人民不屈不挠的顽强意志,无论遇到什么困难都坚持不懈地追求自己的目标。

一、愚公移山精神的形成

《愚公移山》是《列子》中的一篇寓言小品文。这则故事的发生地,通常被认为是有"愚公故里"之称的河南济源。文章叙述了愚公不畏艰难,坚持不懈,挖山不止,最终感动天帝而将山挪走的故事。通过愚公的坚持不懈与智叟的胆小怯懦,以及"愚"与"智"的对比,表现了中国古代劳动人民的信心和毅力,说明了要克服困难就必须坚持不懈的道理。

1945 年 6 月 11 日,毛泽东同志在中共第七次全国代表大会上以《愚公移山》为题作大会闭幕词,1958 年又发出了"愚公移山改造中国"的伟大号召。党的十八大以来,习近平总书记多次强调要弘扬愚公移山精神,尤其是 2016 年 12 月 30 日在全国政协新年茶话会上强调要大力弘扬愚公移山精神和将革命进行到底的精神,在中国和世界进步的历史潮流中,坚定不移地把我们的事业不断推向前进,直至光辉的彼岸。习近平总书记把愚公移山精神视为中华民族宝贵的精神财富和中国共产党人革命创业精神的卓越代表,进一步丰富了愚公移山精神的内涵,推动了愚公移山精神的创新性发展。

二、愚公移山精神的内涵

(一)敢于追梦的精神

愚公移山这则寓言故事首先要表达的一种人生哲理和思想是:人生应该有伟大的梦想、远大的理想、远大的志向和远大的奋斗目标。"移山"对许多人而言是不可想象、不可能完成的事,但愚公想了,而且干了。愚公移山的故事首先告诉我们,人要有远大的志向、远大的理想、坚定的信念、坚定的意志。远大的志向、坚强的意志都是干事创业的强大精神动力。

(二)不怕困难的精神

愚公移山故事表达的又一个重要的人生哲理和思想是:要敢于面对困难,迎难而上。面对挡住出路的两座大山,愚公没有选择"绕路出行",没有选择"不出去",而是选择了"移山"。"移山"是何等困难?"移山"是何等壮举?寓言告诉我们,在我们的人生道路上会遇到许多困难,有些困难就像"大山挡住出路一样"是特别重大的困难,但我们不能回避困难,不能被困难所吓倒,我们必须直面困难,迎难而上,知难而进。智叟表面聪明,实则愚蠢,因为按照智叟的想法什么问题也解决不了。而愚公看似愚笨,实则采用了最有效的解决问题的方法。

(三)苦干实干的精神

愚公移山寓言故事蕴含的另一个精神实质就是苦干实干精神。为了移

山,愚公率领子孙及邻里,不怕艰苦,肩扛手提,搬运石土。这是一种艰苦奋斗精神,是苦干实干精神。人既要有"敢于搬山"的远大志向,又要有"搬石头"的苦干实干行动。实现理想和梦想需要从小事和具体事做起。只有梦想而不能艰苦奋斗,那梦想就永远不能变为现实。

(四)锲而不舍的精神

锲而不舍、久久为功是愚公移山寓言故事表达的又一个重要的人生哲理。"移山"靠愚公一个人干一辈子是肯定完不成的,因而愚公言,我死了之后有儿子,儿子之后有孙子,子子孙孙无穷尽也,而山不增高,何愁山不能移?人要有远大志向;要不怕困难,敢于同困难做斗争;在同困难做斗争中,要艰苦奋斗、苦干实干;但仅有苦干实干精神还不行,因为困难太多太大,有可能在苦干实干后出现不想继续干、中途变卦、打退堂鼓的想法,因而需要锲而不舍、持之以恒的精神,只有这样,才有望实现宏大的目标。

三、愚公移山精神的时代价值

(一)新时代弘扬愚公移山精神,就要咬定目标

党的十八大以来,以习近平同志为核心的党中央顺应历史潮流、顺乎党心民心,提出了"两个一百年"奋斗目标。党的十九大又作出全面建成小康社会,到2035年基本实现现代化,到2050年全面建成社会主义现代化强国的战略安排。中华民族伟大复兴,绝不是轻轻松松、敲锣打鼓就能实现的,必须准备付出更为艰巨、更为艰苦的努力。我们要大力弘扬愚公移山精神,不忘初心、牢记使命,咬定青山不放松,继续朝着实现中华民族伟大复兴的宏伟目标奋勇前进。

(二)新时代弘扬愚公移山精神,就要苦干实干

艰难困苦,玉汝于成。愚公移山精神的核心和精髓就是一个"干"字,埋头苦干、真抓实干,"叩石垦壤""毕力平险"。为了实现中华民族伟大复兴,我们党无论弱小还是强大,无论顺境还是逆境,都立下愚公移山志,历经千难万

险,付出巨大牺牲,攻克了一个又一个看似不可能的难关,创造了一个又一个彪炳史册的人间奇迹。我们用几十年的时间走完了西方几百年才走完的工业化道路,又要用100年时间实现现代化,面临困难挑战的广度、深度和难度超乎寻常。

新时代弘扬愚公移山精神,就要锲而不舍,苦干实干。天行健,君子以自强不息。愈挫愈奋、愈战愈勇,是中国人民的鲜明特质。

(三)新时代弘扬愚公移山精神,就要久久为功

中华文明生生不息、中国革命薪火相传,靠的就是这种功在当代、利在千秋的传承与赓续。正是靠着一代代共产党人忘怀事功、无私奉献、接续努力、不懈奋斗,中国特色社会主义伟大事业才能永葆生机和活力,中华民族伟大复兴才展现出无比光明的前景。一个时代有一个时代的主题,一代人有一代人的使命。在中国特色社会主义现代化的新征程中,我们既要登高望远、保持定力,牢牢把握正确的前进方向,又要躬身笃行、脚踏实地,一步一个脚印做好当下的事情、眼前的事情;既要有"功成不必在我"的高尚情怀,又要有"功成必定有我"的担当,一年接着一年干,一件事情接着一件事情办,永不僵化、永不停滞、锲而不舍、久久为功,团结带领全国人民万众一心、众志成城,以永不懈怠的精神状态和一往无前的奋斗姿态,为决胜全面建成小康社会、夺取新时代中国特色社会主义伟大胜利、实现中华民族伟大复兴的中国梦而接续奋斗!

第四节　太行精神

太行精神是当国家和民族处于危亡的关键时刻,中国共产党人领导太行儿女展现的勇敢顽强、不畏艰难的革命英雄主义精神,是在极其艰苦的条件下展现的百折不挠、艰苦奋斗的精神,是为人民利益展现的勇于牺牲、乐于奉献的精神,是数千年来中华民族精神的积淀和延续。

太行山是中国北方的一片崇山峻岭,当时的党组织和红军在极其恶劣的

环境下,经历了艰苦的斗争,形成了太行精神。太行精神体现了中国共产党人的英勇斗争意志。在党员干部和八路军的带领下,中国共产党在太行山区进行了艰苦卓绝的斗争,顶住了追剿敌人的压力,坚定地担负起保家卫国的责任。太行精神成为中国共产党人的宝贵精神财富,它激励着共产党人勇敢地战胜各种困难和挑战,不断前进,努力实现中国梦的伟大目标。太行精神告诉我们,只要我们坚定信念,顽强拼搏,就能够战胜一切困难和挑战,最终实现民族复兴。太行精神的传承与发扬,对于坚定中国共产党人的理想信念,加强党性修养,推动党风廉政建设具有重要意义。

一、太行精神的形成

太行精神诞生于抗日战争时期。从1937年10月到1945年8月,八年时间中,中国共产党领导太行人民,创建太行抗日根据地并取得抗日战争胜利,在极其艰难、复杂、曲折、险恶的斗争环境中,孕育出了难能可贵的太行精神。"红日照遍了东方,自由之神在纵情歌唱。看吧!千山万壑,铜壁铁墙,抗日的烽火燃烧在太行山上!"《在太行山上》铿锵有力的歌声激发了军民的爱国主义豪情壮志。

全民族抗战爆发后,根据中共中央指示,八路军挺进太行山,发动群众,创建敌后根据地。其中,山西省东南部的上党地区是太行抗日根据地的核心区域,也是孕育太行精神的主要区域。在党的领导下,太行儿女全民皆兵,全民参战,将抗战烽火燃烧在太行山上。在艰苦的抗战岁月里,太行根据地的广大军民共同筑起了抵抗日军的钢铁长城,铸就了"不怕牺牲、不畏艰险;百折不挠、艰苦奋斗;万众一心、敢于胜利;英勇奋斗、无私奉献"的太行精神。

二、太行精神的内涵

(一)太行精神是不怕牺牲、不畏艰险的革命英雄主义精神

在民族存亡的关键时刻,中国共产党以民族独立和人民解放为己任,领导八路军和太行儿女,与凶残的日本侵略者进行殊死的斗争,用鲜血和生命铸就了不朽的民族之魂,在人们心中树立起一座永恒的丰碑。

（二）太行精神是在极其困难的条件下百折不挠、艰苦奋斗的精神

在抗日战争最艰苦的岁月里，党领导广大军民开展生产自救和互助运动，使太行山区成为党领导敌后抗战的坚强堡垒，成为中国革命不断取得胜利的前进基地。

（三）太行精神是为民族解放万众一心、敢于胜利的精神

党和八路军在山西和整个华北敌后根据地，不断发展壮大抗日力量，组织游击队、农救会、青救会、妇救会、儿童团、国际友人等，形成万众一心、团结一致的全民抗战热潮。

（四）太行精神是为人民利益英勇奋斗、无私奉献的精神

在领导太行人民坚持抗战的进程中，中国共产党人表现出为了人民的利益敢于牺牲的精神，不屈不挠的斗争气概，热爱民众的高尚情操，充分发挥了先锋模范作用。

红日照遍了东方，千山万壑，铁壁铜墙，以巍巍太行为依托的晋冀鲁豫边区是八路军坚持抗战的坚强堡垒，八路军指战员和广大人民群众百折不挠、浴血奋战、不怕困难、团结御侮的民族精神和英雄气概永驻太行。太行精神是中国革命史上的一座丰碑，书写了中国抗日战争和中国革命的壮丽史诗，是中国共产党和中华民族的宝贵财富。从历史走到今天，在以习近平同志为核心的党中央的领导下，抗日战争艰苦环境中所产生和形成的太行精神将与新时代同行。

三、太行精神的时代价值

太行精神于伟大的抗日战争中形成，通过解放战争得到发扬光大。在中国共产党的领导下，太行解放区军民为保卫抗战胜利果实而取得上党战役的胜利。刘邓大军从太行革命根据地出发，千里跃进大别山，揭开战略反攻的

序幕。太行老区干部奔赴全国各地,为新解放区的开辟和建设作出了积极贡献。

历史车轮滚滚向前,精神历久弥新。当今中国正处于实现中华民族伟大复兴的关键时期,国家强盛、民族复兴需要物质文明的积累,更需要精神文明的升华。前进道路不可能是一片坦途,我们必然要面对各种重大挑战、重大风险、重大阻力、重大矛盾。与时俱进大力弘扬太行精神、吕梁精神,保持"越是艰险越向前"的英雄气概,保持"敢教日月换新天"的昂扬斗志,埋头苦干、攻坚克难,我们就一定能在新的赶考之路上创造无愧于党、无愧于人民、无愧于时代的新业绩!

第五节　大别山精神

大别山精神是指中国工农红军在遵义会议后于湖南、江西交界处的大别山区开展反围剿斗争中形成的一种特殊的斗争精神和工作作风。大别山是中国南方的一片山区,当时的工农红军在这里进行了艰苦卓绝的战斗,形成了大别山精神。大别山精神体现了中国工农红军的英勇斗争意志。在极其恶劣的环境下,红军在大别山区进行了艰苦的斗争,顶住了敌人的围剿和压力,坚定地捍卫了革命的理想和信念。大别山精神激励着每一个红军战士,激发他们勇往直前、无畏牺牲。大别山精神还体现了中国工农红军的坚韧不拔和毅力。在大别山区,红军经历了艰苦的长征,忍受了饥饿、寒冷和艰难的徒步行军,但他们始终坚持不懈,不畏艰险,不屈不挠地前进。大别山精神鼓励着我们在面对困难时要保持毅力和坚韧,永不放弃。

一、大别山精神的形成

大别山精神,就是从中国共产党诞生到新中国成立,以大别山为中心的鄂豫皖三省交界地区,由中国共产党及其领导的武装力量和革命群众,为了实现共产主义理想、建立新中国而形成的革命精神。"坚守信念、对党忠诚,依靠群众、团结奋斗,不畏牺牲、无私奉献,胸怀大局、勇当前锋"是大别山精神的基本内涵。

"坚守信念、对党忠诚"是大别山精神的灵魂核心。与其他老区精神一样,大别山精神有着坚定的马克思主义信仰、对党忠诚之魂。大别山革命的播种者董必武在《九十初度》中写道:"遵从马列无不胜,深信前途会伐柯。"这是大别山军民坚定理想信念的最好注解。而广为流传的《便衣队之歌》则充分表达了大别山军民一心向党,对党无比热爱、无比忠诚的赤子之心。

"依靠群众、团结奋斗"是大别山精神的精髓要义。在大别山区,党和军队从诞生之日起,就依靠群众,密切联系群众,全体军民同甘共苦,团结奋斗,筑起了打不破、摧不垮的铜墙铁壁。"村村寨寨铜锣响,山山岭岭红旗扬。家家户户忙打仗,男女老少齐武装。"这正是共产党人依靠人民群众,人民群众支持革命战争的生动写照。

"不畏牺牲、无私奉献"是大别山精神的崇高品格。大别山革命根据地的胜利,是无数革命先烈不怕牺牲,用鲜血换来的。据统计,大别山区曾有200多万人投身革命,许多人为国捐躯,几乎是"村村有烈士,户户有红军,山山埋忠骨,岭岭皆丰碑"。

"胸怀大局、勇当前锋"是大别山精神的鲜明特质。在革命紧要关头,为了革命需要和整体利益,大别山军民总是从大局出发,主动担当作为,敢挑重担,争做先锋。在土地革命战争时期,面对国民党军队对苏区的疯狂"围剿",在自身面临"围剿"的情况下,大别山军民胸怀大局,多次南下策应中央苏区反围剿斗争。1934年11月,红二十五军全体将士作为"北上先锋",高举"中国工农红军北上抗日第二先遣队"的旗帜,冲破国民党军队的围追堵截,为党中央把中国革命的大本营建在陕北立下了特殊的功勋,毛泽东称赞红二十五军为"中央红军之向导"。1947年刘邓大军挺进大别山本身就是一项顾大局、挑重担、做先锋的光荣而艰巨的任务。

2019年9月,习近平总书记在视察河南时指出,鄂豫皖苏区是我们党的重要建党基地,也是中国工农红军的诞生地之一。这一时期党领导鄂豫皖人民进行的革命斗争,萌发孕育了大别山精神。鄂豫皖人民在艰辛革命斗争中展现的坚定信念、艰苦奋斗、牺牲奉献的优秀品格和精神特质,构成了大别山精神的基本内涵。

二、大别山精神的内涵

关于大别山精神,学术界有不同的概括。一般来说,大别山精神的科学内涵可以定义为:坚守信念、胸怀全局、团结一心、勇当前锋。

(1)"坚守信念"是指大别山军民凭借坚定的信念,在白色恐怖和极其困难的环境条件下百折不挠,坚守大别山,使大别山红旗不倒,凝聚了大别山军民对党忠诚、威武不屈、坚忍不拔的精神,是大别山精神的核心。

(2)"胸怀全局"是指在革命紧要关头,为了革命需要和大局利益,大别山区的军民总是从全局出发,用自己的牺牲为大局的胜利创造条件,凝结的是大别山军民顾全大局、甘于奉献的精神,是大别山精神的风格体现。

(3)"团结一心"是指在开创和坚持大别山的斗争中,军民团结一致,同心同德,为扩大人民军队、保证战争胜利和政权建设奠定了坚实基础,凝聚了大别山军民热爱军队、服务人民、同心同德、携手共进的精神,是大别山精神的根本保证。

(4)"勇当前锋"是指大别山根据地军民勇当潮头,敢为人先。大别山根据地不仅是我党创建的全国最早的根据地之一,而且在中国革命最紧要的关头,大别山根据地军民都处在最前沿,发挥着重要而特殊的作用,凝聚了大别山军民听党指挥、英勇善战、勇字当头、积极进取的精神,是大别山精神的革命品质。

三、大别山精神的时代价值

大别山精神蕴含着巨大的精神价值,永不过时。新时代实现"两个一百年"奋斗目标和中华民族伟大复兴的中国梦,需要弘扬这种精神来引领我们走上新的征程。

(1)要坚定理想信念,忠诚于党,永葆共产党人政治本色。习近平总书记强调:"我们共产党人的根本,就是对马克思主义的信仰,对共产主义和社会主义的信念,对党和人民的忠诚。立根固本,就是要坚定这份信仰、坚定这份信念、坚定这份忠诚。"现实生活中,一些党员干部出这样那样的问题,说到底就是信仰迷茫、精神迷失。因此,今天我们必须始终做到信念坚定,对党忠诚,为党分忧,为党尽职,为民造福,坚定不移地为实现"两个一百年"奋斗目标和中华民族伟大复兴的中国梦而不懈奋斗。

(2)要坚持人民至上,不断造福人民,把以人民为中心的发展思想落实到各项决策部署和实际工作之中。党的根基在人民,血脉在人民。必须坚定贯彻以人民为中心的发展思想,始终坚持人民利益至上,始终做到为人民谋利益,为人民谋幸福。只有与人民心心相印、与人民同甘共苦、与人民团结奋斗,才能不断赢得群众信任和拥护,最终凝聚起实现中华民族伟大复兴中国梦的中国力量。

(3)要崇尚奉献,甘于奉献,以榜样力量凝聚起万众一心奋斗新时代的最强音。习近平在金寨县考察时说:"老区精神积淀着红色基因。在今天奔小康的路上,老区人民同样展现出了强烈的奉献奋斗精神。"在新时代,我们要善于把握跳动的时代脉搏,把时代要求与自己的奋斗实践紧密结合起来,用实际行动赋予奉献以新的时代内涵、新的精神境界。

(4)要讲大局、尽责任、勇担当,在新的长征路上开拓进取谋新篇。首先,要熟练掌握和运用谋全局的思想方法和工作方法,共同写好全党全国一盘棋的大文章。其次,要强化责任担当意识,"顺境逆境看襟度,大事难事看担当"。习近平总书记强调,敢于担当是党员干部必须具备的基本素质,党员干部是否具有担当精神,关系到共产党执政能力的提升和国家治理水平的现代化,关系到党和国家事业的兴衰成败。最后,要有勇做先锋、开拓创新的精气神。习近平指出,一个有希望的民族不能没有英雄,一个有前途的国家不能没有先锋,并鼓励青年人"要敢于做先锋,而不做过客、当看客"。

第六节 红旗渠精神

红旗渠精神是指中国共产党在红旗渠修建过程中所体现的一种奋发向前、自力更生、艰苦奋斗的精神风貌。红旗渠是中国在20世纪60年代修建的一项重要的水利工程,它的建设过程中充满了艰辛和困难,但是通过全体工人和干部的共同努力,最终成功地完成了这项任务。红旗渠精神的核心是勇

往直前、顽强拼搏、不怕困难。在修建红旗渠的过程中,工人们面对恶劣的自然条件和艰巨的工作任务,不畏艰难,坚持不懈地努力工作,最终取得了巨大的成功。红旗渠精神也体现了中国共产党的领导和指导作用,他们以身作则,带领广大干部和群众,共同努力,共同奋斗,最终实现了红旗渠的建设目标。红旗渠精神对于今天的社会发展仍然具有重要的启示意义。它教导我们要勇于面对困难和挑战,不怕失败,坚持不懈地努力奋斗,才能取得成功。同时,红旗渠精神也强调了团结合作的重要性,只有通过共同的努力和团结协作,才能克服困难,实现目标。红旗渠精神鼓舞着我们在各个领域不断努力,为实现国家的繁荣和人民的幸福而奋斗。

一、红旗渠精神的形成

20世纪60年代,在国家经济比较困难的情况下,10万河南林县人民以"重新安排林县河山"的决心,苦战十个春秋,在太行山悬崖峭壁上修起了全长1500千米的"人工天河"——红旗渠,结束了林县十年九旱、水贵如油的苦难历史,并由此诞生了影响几代中国人的红旗渠精神。厚厚一本林县志,写满了林县人民与干旱做斗争的历史。"太行山上水贵油,谁知人间几多愁。"由于地理原因,林县长年干旱少雨、资源极度匮乏、自然环境恶劣。世代生活在太行山上的林县人民,日夜盼水祈水。同时,太行山军民不畏险阻、刚强不屈的精神,在潜移默化中影响着林县人的意志品质,铸就了他们逢山开路、遇水架桥的顽强品格。中华人民共和国成立后,林县水利建设和山区改造初见成效,激发了全县人民战天斗地的信心决心,为后来的"引漳入林"积累了丰富的经验、奠定了坚实的思想基础和一定的物质基础。20世纪60年代,在毛泽东同志"水利是农业的命脉,要把农业搞上去,必须大搞水利"指示的鼓舞下,逐渐摸清大自然"脾气"的林县人民,正式开始了与大自然抗争的艰难历程。

二、红旗渠精神的内涵

(一)自力更生、艰苦创业

自力更生、艰苦创业,是红旗渠精神的实质。红旗渠修建时期,正是我国物质极为匮乏、经济极其困难的一个时期。林县人民不等不靠，自力更生，艰苦创业，以"重新安排林县山河"的豪迈气概，用最简单的工具，修成了千里长渠。

十年修渠岁月中，红旗渠的建设者住山洞、睡帐篷、吃野菜、啃窝头，靠着一锤、一铲、两只手，逢山凿洞、遇沟架桥，顶酷暑、战严寒，克服了难以想象的困难，终于修成红旗渠。在20世纪60年代，河南林县人民在悬崖峭壁上建成举世闻名的"人工天河"，有这么一首歌来歌颂红旗渠工程的伟大："劈开太行山，漳河穿山来，林县人民多奇志，誓把山河重安排！"

坚持艰苦奋斗，但不是被动地在贫困中挣扎，而是积极进取。修渠过程中，林县人民不但苦干硬拼，也巧干智取，破解了一个又一个建设难题。比如，在总干渠最艰巨的谷堆寺段施工中，民工们腰系绳索，吊在半空中打钎放炮，崩出工作面，进度很慢而且危险。后来采取土办法，架起空运线，加快了进度，还大大减少了安全事故。修建桃园渡槽时，发明了"简易拱架法"，建成了一个"槽下走洪水、槽中过渠水、槽上能行车"的科学渡槽，此法被写入了水利教科书。

(二) 团结协作、无私奉献

修渠过程中，各级党组织和广大党员干部发挥了表率作用和带头作用，凝聚了人心，形成了亲如鱼水的党群干群关系。群众与广大党员干部齐心协力，保障了修渠工程的顺利开展和最后胜利。

"工作高标准、生活低标准"，这是修渠工程指挥部给干部制定的规则。所谓"工作高标准"是指干部参加劳动时实行"五同六定"："五同"即同吃、同住、同劳动、同学习、同商量；"六定"即给干部定任务、定时间、定质量、定劳力、定工具、定工段。所有干部参加第一线的劳动，任务只能超额，不能拖欠。在修渠过程中，领导起到了示范表率的领导作用，党员干部给群众树立了好的榜样和标杆。

"自力更生、艰苦创业、团结协作、无私奉献"这十六个字是在红旗渠修建过程中形成的红旗渠精神。这种精神在我们今天改革开放和社会主义现代化建设中，是要继续学习和发扬的。红旗渠精神以独立自主为立足点，以艰

苦创业、无私奉献为核心,以团结协作的集体主义精神为导向,既继承和发扬了中华民族勤劳坚韧的优良传统,又展现了当代中国人的理想信念和不懈追求。

三、红旗渠精神的时代价值

诞生于社会主义建设时期的红旗渠精神,必然会通过自己的科学内涵和实践成果,在全面建设社会主义现代化国家的新征程中,发挥出代代赓续的精神动力,闪烁出更加耀眼的精神光芒。

(一)红旗渠精神是中国共产党革命精神的具体形态

作为革命精神谱系的具体形态,红旗渠精神具有中国共产党革命精神的核心特质:

一是艰苦奋斗的表现。红旗渠精神是林县人民不满现状,凭着一腔热情和勤劳双手,通过艰苦奋斗追求幸福生活、创造人间奇迹的光辉典范。

二是斗争精神的呈现。面对当时国家的困难局面和林县的艰难状况,林县人民"流自己的汗,修自己的渠",随时与各种"测不准"事件做斗争,矢志不渝,毫不动摇。

三是勇于担当的展现。修建红旗渠是林县县委基于群众呼声和发展瓶颈,主动担当起的历史责任,战胜了各种磨难。

四是信念坚定的体现。改变林县落后面貌、解决缺水干旱困难,是人民群众的理想;对人民负责、对国家负责、对未来负责,是党员干部的信念。二者的有机结合,催生并坚定了重建林县河山的理想信念。

(二)红旗渠精神是中国共产党初心使命的生动实践

中国共产党人"为人民谋幸福、为民族谋复兴"的初心和使命,是红旗渠精神内核的集中体现。林县县委统筹全局提出"引漳入林",就是为了能从根本上解决困扰全县人民多年的吃水问题,彰显出中国共产党为人民谋幸福的初心,以及改变中国贫穷落后面貌的决心。在修建红旗渠的过程中,中国共产党把"为了人民、依靠人民"的群众路线镌入了红旗渠,也把全心全意为人民服务的宗旨融入了红旗渠精神。红旗渠精神助推"两个一百年"奋斗目标。把红旗渠精神的深刻内涵融入理想信念教育,是帮助党员干部解决"为了谁、依靠谁、怎么干"的有效路径,是不断把"两个一百年"伟大事业推向前进的精神动力。

(三)红旗渠精神是巩固拓展脱贫攻坚成果的鲜活案例

在红旗渠精神的激励下,当年"战太行"的十万大军,相继"出太行""富太行""美太行",正在奔向"福太行"的康庄大道。在全面开启建设社会主义现代化国家新征程的今天,巩固拓展好脱贫攻坚成果,走向中华民族伟大复兴的光明前景,仍然需要大力弘扬红旗渠精神。一方面,红旗渠精神是脱贫攻坚的经典案例。为了彻底拔掉追随了林县多年的穷根,林县人民以坚忍不拔的意志,排除千难万险修建了红旗渠,把"天上之水"引入这片"望穿秋水"的土地,使林县这个"千年穷县"变成了河南县域经济20强。另一方面,红旗渠精神是接续奋斗的精神动力。林县人代代接力赓续的拼搏进取之路告诉我们,"脱贫摘帽不是终点,而是新生活、新奋斗的起点",巩固拓展脱贫攻坚的伟大成果,仍然需要传承和弘扬红旗渠精神。

第七节 焦裕禄精神

焦裕禄精神是指中国共产党优秀党员、河南省兰考县杰出的人民公仆焦裕禄同志所体现的一种奉献精神和工作作风。焦裕禄同志在他的短暂一生中,始终坚持为人民服务的宗旨,深入基层,勇于担当,刻苦钻研,不计个人得失,为人民群众解决实际问题,为推动中国农村的发展作出了杰出的贡献。焦裕禄精神对于今天的社会发展仍然具有重要的启示意义。它教导我们要始终把人民群众的利益放在第一位,为人民服务,为人民谋利益。同时,焦裕禄精神也强调了勤政廉政的重要性,要求我们在工作中严格遵守职业道德和法律法规,不为个人利益谋求私利。焦裕禄精神鼓舞着我们在各个领域不断努力,为实现国家的繁荣和人民的幸福而奋斗。

一、焦裕禄精神的形成

焦裕禄精神形成于社会主义建设的探索实践。1956年到1966年,是党对中国特色社会主义建设道路艰辛探索的十年。这期间,焦裕禄积极响应党的号召,从地方转战到洛阳矿山机器制造厂。他刻苦学习、注重调研、勤于思考,不仅掌握了一套现代工业管理的方法,而且养成了科学求实的严谨态度,很快成长为一名优秀的工业管理干部,这为他后来开展地方治理奠定了坚实的基础。临危受命调任兰考县委书记后,焦裕禄没有被当地恶劣的自然环境所吓倒,他及时统一县委思想,严肃整顿干部作风,迅速把工作重心从被动救灾转移到主动除"三害"上来。他创造性地制定了一套实用易行而又符合客观规律的工作方法,并身先士卒,带领干部群众掀起了一场轰轰烈烈的救灾运动,在重重困难中闯出了一条生路,彻底扭转了消极被动的工作局面、改善了群众生产生活。他以永不止步的奋斗、永跟党走的忠诚、永做公仆的初心、永葆廉洁的品格,为党和人民的事业献出了自己宝贵的生命,也铸就了永恒的焦裕禄精神。

二、焦裕禄精神的内涵

(一) 亲民爱民

亲民爱民是焦裕禄精神的核心特质,也是焦裕禄精神具有历史震撼力、时空穿透力和巨大感召力的原因之所在。焦裕禄心中装着人民、感情付诸人民、智慧来自人民、福祉带给人民,真正践行了共产党人的初心和使命。焦裕禄干工作总是从群众角度考虑,从长远大局出发,不求名利、不图报答,是一种骨子里的爱民情怀,所以他发动治理"三害"的人民运动,能够得到群众的热情拥护。正如1966年2月人民日报社论指出:"从焦裕禄同志身上,可以得到为谁服务的鲜明的答案,他为我们树立了一个完全、彻底地为人民服务的典范。"

(二) 艰苦奋斗

焦裕禄在艰苦的环境中成长,奋斗是焦裕禄的人生底色。在山东博山,他与贫穷斗、与困难斗;在抚顺大山坑煤矿,他与日本人斗、与汉奸斗;在支前路上,他与国民党反动派斗;在尉氏县,他与土匪斗;在兰考县,他与"三害"斗、与病魔斗。干革命不怕死、干工作不怕累、干事业敢担责,抗争、奋斗、不屈服贯穿了焦裕禄的一生。焦裕禄的艰苦奋斗精神也感染和塑造了一个时代的社会风貌,鼓舞人们以极大的热情战胜严重的经济困难,为社会主义建设贡献更大更多的力量,成为社会主义建设时期的一座精神丰碑。

(三)科学求实

科学求实是焦裕禄开展工作的根本原则。到兰考后,他没有坐在办公室听汇报,而是经常下乡摸底调研,他拖着患有慢性肝病的身体,在一年多的时间里,跑遍了全县140多个大队中的120多个。焦裕禄在兰考开展治"三害"工作为什么能够得到迅速响应,关键在于做到了实事求是,抓住了主要矛盾和群众需求。焦裕禄把对上级负责与对老百姓负责做到高度统一,把党委的决策建立在实事求是的基础上,建立在为人民谋福祉的立足点上。焦裕禄常说"吃别人嚼过的馍没味道""不蹲下去看不清蚂蚁",这种求实作风,体现了一个共产党员对事业发展的态度和尊重科学规律的素养。

(四)迎难而上

迎难而上是焦裕禄精神的重要内容。焦裕禄提出把"劝阻办公室"改为"除三害办公室",在全县开展了大规模的除"三害"运动。面对干部的畏难情绪,他充分发挥"班长"的作用,坚持以身作则。他经常说:"群众都在看着我们,越在困难的时候,领导干部越要挺身而出。"正是因为有这种精神,才不断凝聚起兰考36万人民战胜灾荒的强大信心和力量。面对困难,焦裕禄不退缩、不屈服、不认输,秉承着敢于拼搏、敢于胜利的奋斗精神,保持着干事创业的工作热情,树立办法总比困难多的必胜信念,谱写了一曲改天换地的壮歌。

(五)无私奉献

无私奉献是共产党人党性、人民性和纯洁性的集中体现,在焦裕禄身上得到了生动彰显。不管到什么岗位,焦裕禄始终兢兢业业、任劳任怨。在洛

矿,为制造2.5米大型卷扬机,他吃住在厂,日夜攻关;在兰考,他抱着"生也沙丘,死也沙丘"的信念"跑步度过了兰考的475天";病重时,也时刻注意节省药品开支。他经常说,一个共产党员首先要有一颗对党的赤诚忠心,不能有任何私心杂念。有了私心就会忘掉党性,人也会变得自私起来。焦裕禄的无私奉献精神体现了共产党人"我将无我、不负人民"的思想觉悟,昭示了一位共产党人鞠躬尽瘁、死而后已的道德操守。

三、焦裕禄精神的时代价值

为官一任,造福一方。如今,广大党员干部学习弘扬焦裕禄精神,不忘初心、牢记使命,把好传统带进新征程,将好作风弘扬在新时代,努力为人民群众创造更加幸福的美好生活。

(一)学习弘扬焦裕禄的奋斗精神,有利于凝聚力量共克时艰

实现中华民族伟大复兴,是近代以来中华民族最伟大的梦想,是激励中华儿女团结奋进、开辟未来的精神旗帜。要实现中华民族伟大复兴的中国梦,就需要全党学习弘扬焦裕禄"敢教日月换新天""革命者要在困难面前逞英雄"的奋斗精神,大兴艰苦奋斗之风。

(二)学习弘扬焦裕禄的公仆精神,有利于保持党同人民群众的血肉联系

党的十八大报告指出:"脱离群众是当前党面临的一大危险。"保持党的先进性和纯洁性、巩固党的执政基础和执政地位,对于实现中华民族伟大复兴的奋斗目标,具有重要的现实意义。

(三)学习弘扬焦裕禄的求实作风,有利于推进国家治理体系和治理能力现代化建设

在新的历史条件下弘扬求实作风,就是要坚持实事求是的思想路线,坚持一切从实际出发。只有真正搞清楚本地区本部门本单位的实际情况,真正发现影响改革发展稳定的突出问题,真正了解人民群众的所思所盼,才能用科学的方法开展顶层设计,遵循客观的规律全面深化改革。只有勇于变革、勇于创新,永不僵化、永不停滞,才能不断开创事业新局面。

(四)学习弘扬焦裕禄的奉献精神,有利于全面推进乡村振兴,为世界消除贫困提供中国方案

党的十八大以来,以习近平同志为核心的党中央,以一往无前的魄力,带领全国各族人民不懈努力,在中国共产党成立一百周年的重要时刻,取得了脱贫攻坚战的辉煌胜利,实现了现行标准下 9899 万农村贫困人口全部脱贫,832 个贫困县全部摘帽,12.8 万个贫困村全部出列,区域性整体贫困得到解决的目标,完成了消除绝对贫困的艰巨任务。以焦裕禄为代表的一代又一代中国共产党人致力于脱贫的经验,将继续助力推动实现乡村振兴战略。同时,中国的脱贫经验亦会对广大发展中国家具有启示意义,助益全球减贫事业,推动构建人类命运共同体。

第十五章 中原文化的传承

第十五章 中原文化的传承

中原文化作为中华优秀传统文化的重要内容,在历史上发挥着认识我国社会和中原发展、引领东方文明发展进程、推动我国社会经济发展、凝聚中华民族精神寄托等作用。中原文化的价值趋向与中华民族精神的核心一脉相承,充分体现了爱国主义和担当奉献、团结统一和爱好和平、勤劳勇敢和自强不息的特点。只有坚守中原文化继承性与创新性统一、法治性与德治性并存、民族性与世界性融合、事业性与产业性结合的发展方向,才能更好地传承中原文化、发展中原文化。

第一节　中原文化的历史价值

中华民族以悠久的历史和灿烂的文化屹立于世界民族之林。中华民族在几千年历史长河中创造和延续的中华优秀传统文化博大精深、源远流长,是中华民族的精神命脉,是中华儿女共同的精神基因,是中国软实力的内在支撑。中原文化以其独特的地域特征和深厚底蕴,成为中华优秀传统文化的重要源头和核心组成部分。基于中原文化的历史价值和当代价值,推进中原文化创造性继承和创新性发展具有重要的意义。

一、中原文化的历史作用

文化是一个民族的血脉。国家发展、民族振兴离不开文化发展和振兴。文化是一个国家、一个民族的精神家园,体现着一个国家、一个民族的价值取向、道德规范、思想风貌及行为特征。中华文明是四大古文明中唯一没有中断的文明,中华民族在长期生产生活实践中产生和形成的优秀传统文化,为中华民族的生息、发展和壮大提供了丰厚的精神滋养。中华优秀传统文化是五千年中华文明的结晶,是中华民族的独特标志。中原文化作为中华优秀传统文化的重要内容,中原文化的博大精深和源远流长被习近平总书记用"伸手一摸就是春秋文化,两脚一踩就是秦砖汉瓦"十分传神地进行了表达。中原文化的历史作用,可以从如下几个方面进行梳理和总结。

(一)认识我国社会和中原发展

自从远古的文明之犁在黄河流域开垦出第一片耕地之后,中原大地便开始了文明的进程。历史上,中原文明与黄河文明密不可分,中原文化与黄河文化密不可分。虽然中原文化的孕育可以追溯到距今40万~50万年的南召猿人,但从大量考古资料可以看到,中原文化萌芽以距今2万年的旧石器时代小南海文化为起点,中经裴李岗文化、仰韶文化、河南龙山文化,然后进入文明社会。

中原文化是五千年中华文明的缩影,反映了中华文明发展的轨迹,折射着中国历史发展的脉络。透过中原文化可以从总体上认识中国社会和中原发展,并从中总结出社会前进的有益借鉴。《诗经》是我国最早的一部诗歌总集,其中的《国风》对当时社会的政治、经济、社会、家庭及风俗人情各个方面均有所关注,这些诗歌大部分产生于中原地区,对于后世认识和了解我国社会和中原地区的发展有着巨大的帮助。

与此同时,中原文化的先贤们发现并阐发的许多精辟思想,至今仍闪烁着真理的光芒,具有重要的世界观和方法论意义,更加有助于认识我国社会和中原的发展。例如,在中原地区产生的经典《易经》和《道德经》。《易经》为群经之首,设教之书,是中国传统思想文化中自然哲学与人文实践的理论根源,是古代汉民族思想、智慧的结晶,被誉为"大道之源",内容极其丰富,对中国几千年来的政治、经济、文化等各个领域都产生了极其深刻的影响。在《道德经》中,老子提出"天下难事必作于易,天下大事必作于细",就是对许许多多规律性社会现象的高度概括,至今仍有启发意义。再如格物致知、有无相生等朴素精辟的思想,仍是我们今天认识事物、认识世界、认识人类思维的重要方法与途径。

(二)引领东方文明发展进程

长期以来,中原文化都以其文化理想引领着东方文明的进程。中原文化的理想甚至远播西方。《马可·波罗游记》描述了东方的种种奇闻轶事,对东方尤其是中国的神奇进行了绘声绘色的描述,其中很大一部分内容是中原文化。

中原文化对公与私、道与德、礼与乐、天理与人欲、王道与霸道、知与行、体与用的表述,为文化发展和文明进步厘清了很多重大的关系。中原文化在精神层面建构的文化理想,已经成为全人类共同的文明成果。中原文化产生出的天下大同的文化气度、天人合一的理念境界、尊道贵德的理性气质、大德曰生的人文情怀、中庸辩证的思维理络,引领了当时东方文明的发展,在人类文化多元、灾难频发、环境和能源危机不断显现的今天,仍然是引领人类社会发展建设的美好理想。天下大同是我国优秀传统文化的核心思想之一,也是中原文化的重要内容,反映了古人对理想社会的向往和追求,代表着人类对未来社会和理想世界的美好憧憬。《诗经》中《魏风·伐檀》《魏风·硕鼠》《小雅·黄鸟》等篇目是迄今保留下来的关于大同思想的最早的素材。《魏风·硕鼠》将剥削者比作害人的大老鼠,并且发出了决心逃离这只大老鼠寻找"适彼乐土""适彼乐国""适彼乐郊"的呼声。春秋战国时期是我国大同社会理想酝酿发酵时期,诸子学派的思想家们对理想社会各抒己见,追求社会公平和人间正义。墨家学派提出"兼相爱、交相利"的互爱互利和"尚同"的平等主义等社会生活基本原则。道家以老子为代表,主张"小国寡民",让人民"甘其食,美其服,安其居,乐其俗"。儒家提出"均""安"思想和公正诚信的社会追求。儒家思想对大同理想的影响最大。大同思想的完整出现,是从《礼记·礼运》开始的:"大道之行也,天下为公,选贤与能,讲信修睦。故人不独亲其亲,不独子其子,使老有所终,壮有所用,幼有所长,矜、寡、孤、独、废疾者皆有所养,男有分,女有归。货恶其弃于地也,不必藏于己;力恶其不出于身也,不必为己。是故谋闭而不兴,盗窃乱贼而不作,故外户而不闭。是谓大同。"这种天下大同的思想对于我们今天进行道德建设、人格完善,对于整个民族素质的提升,乃至世界文明的进步,仍具有积极的引领作用。

(三)推动我国社会经济发展

马克思主义认为,文化是人在社会活动中通过劳动以及参与人与人交往过程中所形成的与他人关系的总和。这个观点明确了文化是由人创造的,劳动和交往是文化的创造过程。马克思主义文化观是建立在实践基础上的文化观,也指出了文化对社会经济发展的作用。

在历史上,中原文化产生的新思想、新知识、新技术有力地推动了中国经济社会的发展。从周朝的"封邦建国"到北宋文官制度的全面繁荣,从北魏孝文帝改革到范仲淹庆历新政,中原大地上的每一次重大改革都推动了中华民族政治文明的递进和我国经济社会的发展。从殷商王朝对商业经济方式的自觉选择,到以宋朝交子、汇票等为标志的商业革命,都促进了社会分工的极大发展,实现了社会生产效率的显著提高,先后创造了我国奴隶社会与封建社会的繁荣时期。

中原文化中的新技术作为促进经济社会发展的直接动力,也作出了彪炳史册的贡献。东汉蔡伦发明的造纸术实现了文字载体的新突破;北宋毕昇的活字印刷开创了印刷技术与知识传播的新纪元;成熟于宋代的火药,把人类征服自然的能力提高到一个新水平;指南针引发了航海技术革命,为近代文明的到来准备了必要的条件。中原文化就如一台功能强大的引擎,从不同的方面不断把中华历史甚至世界历史的车轮推向前行。

(四)凝聚中华民族精神寄托

中原文化具有对中华民族共同精神的维系、智慧成果的传承功能。一个民族是要有精神的,一个没有精神的民族就如同一盘散沙。中原文化对中华民族精神的塑造发挥了重要的作用。无论是后羿射日、嫦娥奔月、愚公移山等激励鞭策人们奋发向上的神话故事,还是岳飞报国、木兰从军等宣扬爱国主义的文化主题,都是中华民族极其宝贵的精神财富,今天仍然给我们以强大的精神支撑。

这种精神,尤其在民族存亡的危难关头,无不成为支撑全民族的坚强力量。中原文化所包含的"民为贵,社稷次之,君为轻"等治国思想,"居则有礼,动则有威"等军事思想,至今仍闪烁着智慧的光芒。中原文化正以其无可比拟的系统性、丰富性、完整性,为中国经济社会的发展提供不竭智力支撑。

中原文化固有的向心力在促进民族的伟大复兴中发挥着聚合作用。中原文化是广泛吸收众多民族优秀品质而形成的中华文明的主流文化,团结和谐、爱国统一始终是它倡导的主题。多年来,中原文化一直广泛而深刻地影响着海内外华人,报效国家、热恋故土等炽热情怀成为全球华人的民族意识和价值追求。

中原文化以其独特的古都文化、圣贤文化、根亲文化等为华夏文明的精神家园锦上添花,值得我们每一个中华儿女引以为豪。中原文化作为中华民族的根文化,作为传承中华文明的主干文化,长期以来就是海内外华人魂牵梦绕的精神寄托,大家无论身在何方,都有"常回家看看"的心理愿望。新郑黄帝拜祖大典和周口姓氏文化节的成功举办,正是中原文化这种特有历史震撼力和时空穿透力的生动展现。历史发展反复证明,中华民族无论怎样一波三折,甚至分分合合,但维护团结、追求统一的历史主流始终没有改变。

二、中原文化的价值趋向

所谓中华民族精神,是中国人民在长期奋斗中培育、继承、发展起来的伟大民族精神。中华民族精神已然化为中国人民的特质、禀赋,为中国发展和人类文明进步提供了、提供着并必将继续提供强大精神动力。中原文化的价值趋向与中华民族精神的核心一脉相承,充分体现了爱国主义和担当奉献、团结统一和爱好和平、勤劳勇敢和自强不息的特点。

(一)爱国主义和担当奉献

爱国主义指一个国家的人民在千百年来的社会实践中形成的一种对祖国的最深厚感情。爱国主义是中华民族精神的核心,它贯穿民族精神的各个方面。就全国而言,"苟利国家生死以,岂因祸福避趋之""天下兴亡,匹夫有责""为中华之崛起而读书"等豪言壮志催人奋进。

在中原地区,中原文化自古不缺爱国主义和敢于担当的英雄诗篇和文化意蕴。大禹治水13年,三过家门而不入,变水患为利,为天下万民兴利除害。唐代名将张巡坚守睢阳,"守一城,捍天下"。南宋爱国将领岳飞是河南汤阴人,其"精忠报国""还我河山"的壮志是古人爱国的表现。

近现代以来,孕育在河南南部鄂豫皖交界处的大别山精神,是中原文化精神文化的重要内容,其"坚守信念、胸怀全局、团结奋进、勇当前锋"的沉淀更是爱国主义的崇高表现。大别山精神反映的是一个集体的爱国主义。在中原地区,吉鸿昌、杨靖宇、彭雪枫等爱国人士的名字响彻大地。河南扶沟县

吉鸿昌为抗日变卖家产组织义勇军,投身抗日爱国事业,牺牲前"国破尚如此,我何惜此头"的豪迈更是激励后人不断奋进。河南确山县杨靖宇,率领东北军民与日寇血战于白山黑水之间,彰显了高尚的爱国主义精神。河南南阳彭雪枫是共产党的将领,"上马能打仗,下马写文章",创立《拂晓报》,为革命斗争提供精神力量,为革命呕心沥血,是抗日战争中牺牲的级别最高的新四军将领,被毛泽东主席和朱德总司令称为"共产党人的好榜样"。

民俗文化是最古老但生命力也最强盛的文化。在自古至今的中原民俗民风中,有很多内容涉及爱国主义主题。针对开创民族统一、抗击异族侵略、贞守爱国节操的历史人物和革命先烈而风行的清明节扫墓、陵前凭吊、生辰祭祀纪念等活动,都含有深刻的爱国主义内容。

诞生在河南兰考的焦裕禄精神是中原文化奉献担当的典型体现。焦裕禄是人民的好公仆,是县委书记的好榜样。焦裕禄同志在兰考担任县委书记时,正值兰考县遭受严重的内涝、风沙、盐碱三害之际,他坚持实事求是的思想路线和群众路线的领导工作方法,同全县干部和群众一起,与深重的自然灾害进行顽强斗争,努力改变兰考贫困面貌。1964年5月14日,焦裕禄积劳成疾,不幸逝世,年仅42岁。焦裕禄用自己的实际行动,铸就了"焦裕禄精神",即"亲民爱民、艰苦奋斗、科学求实、迎难而上、无私奉献"的崇高精神。焦裕禄精神,内涵丰富,历久弥新,无论过去、现在还是将来,都永远是亿万人民心中一座永不磨灭的丰碑,永远是激励广大领导干部艰苦奋斗、执政为民、求真务实、开拓进取的宝贵精神财富。

(二)团结统一和爱好和平

团结统一指一个民族为了实现共同的理想和目标,凝聚全民族的意志、智慧和力量,同心同德、维护统一的互助合作精神。中华民族团结统一的精神,无论在国家顺利发展、兴旺发达的时期,还是在祖国面临危难、生死存亡的关头,都迸发出强大力量。爱好和平指一个民族在同其他民族的交往中,平等相待,友好相处,求同存异,团结合作,为了维护世界和平,促进共同发展而努力奉献的精神。

中原长期作为全国的政治、经济中心,为中原文化的发展创造了得天独厚的条件。仰韶文化就是中原人在战胜自我和与大自然斗争过程中开拓出来的精神与物质财富。进入文明社会后,世世代代的中原儿女仍在这块黄土地上不断创造着辉煌的文明。中原人拥有古代先进的思想,变幻无穷的《周易》是中国古代哲学的重要源头,被称为"东方智慧的圣火"。中原是中国"礼仪之邦"的制礼初始,人民养成了淳厚朴实、崇尚信义、乐善好施、豁达宽容的生活习性。

中原文化注重人伦和睦和道德至上,提倡重义轻利,崇尚整体,热爱国家。中原文化作为中华传统文化的主流也有着自己的文化特征。由于中原文化主要产生并繁衍于黄河流域,因此,有人称中原文化的类型属于"河谷型"文化,有着极强的内聚力和广博的容纳性。内聚主要表现在外力的冲击下仍可依赖自己的精神和文化上的共同性而不涣散和不失去自尊,加强内部团结,齐心协力对抗外来的冲击。容纳性表现在对其他文化的吸收和同化。当其他类型的文化进入中原之后,它能通过吸收和同化,将其容纳在自己的文化类型中,而不是加以排斥造成两种文化的对抗。

中原文化具有根源性、包容性等特点,其强大的生命力深刻影响着各个民族,是团结统一和爱好和平的最好表述。

(三)勤劳勇敢和自强不息

勤劳勇敢指一个民族在改造客观世界的实践中表现出来的不惧艰难的精神。自强不息指一个民族所具有的独立自主、奋发向上、不断进取的精神。

"天行健,君子以自强不息""富贵不能淫,贫贱不能移,威武不能屈"均是中原文化勤劳勇敢、自强不息的彰显。中原是一片仰慕英雄、产生英雄的土地,也是热爱英雄、造就英雄的热土。诞生在中原大地的女娲补天、夸父追日、精卫填海等神话英雄传说无不体现着勤劳勇敢和自强不息。中原儿女在历史的长河中谱写的英雄谱,如灿烂画卷,光耀神州。

第二节　中原文化的当代价值

习近平总书记在党的二十大报告中指出:"全面建设社会主义现代化国家,必须坚持中国特色社会主义文化发展道路,增强文化自信,围绕举旗帜、聚民心、育新人、兴文化、展形象建设社会主义文化强国,发展面向现代化、面向世界、面向未来的,民族的科学的大众的社会主义文化,激发全民族文化创新创造活力,增强实现中华民族伟大复兴的精神力量。"中原地区完整保留着中华民族文化发祥和传承的基因谱系,是全国乃至全球范围内高品质文化资源最富集的区域。挖掘深厚历史文化底蕴,促进中原文化的创造性转化、创新性发展,实现中原文化的当代价值势在必行。

一、中原文化的发展方向

(一)继承性与创新性统一

中原地区在古代不仅是中国的政治经济中心,也是主流文化和主导文化的发源地,中原文化是中华民族之根、华夏文明之源,既是地域文化、流域文化,也是国家文化、民族文化。中原文化博大精深,源远流长,经过几千年的流传,已经深入到中华民族的骨髓和血液,影响深远。

习近平总书记指出:"黄河文化是中华文明的重要组成部分,是中华民族的根和魂。"中华文明起源于黄河文化,中华文明的基本内核、价值观念和黄河文化一脉相承。中原文化在黄河文化中具有发源、中心、主题、根本的地位,也是中华传统文化的主流、主体,具有显著的源头性、根脉性和族魂性特质,中原文化在中华文明道路演进过程中占据了主导地位。在时间轴上,"河出图,洛出书,圣人则之";在空间轴上,"昔三代之居,皆在河洛间";因此,中原文化还是中华文明道路形成的主脉。中华文明以长安—洛阳—开封为轴心,特别是长安与洛阳构成了夏至隋唐都城的主轴,左右了中华文化发展的进程,中原文化成为中华文明道路形成过程中的主轴。基于此,要实现文的创造性转化、创新性发展,从一定程度上讲,中原文化占据了极为重要的位置。

一个民族或国家的文化不能崛起,这个民族或国家就不能算真正的崛起。当今我国面临着诸多的机遇和挑战,发展过程中取得了巨大的成绩,也存在着一些问题。迎接新挑战,解决新问题,需要中原文化的传承和创新发展。新时代,中原文化发展同样面临新的机遇和挑战,因此,要立足本源,在一脉相承的基础上,广泛借鉴经济、政治、教育等方面的创新,开创新的理论,构建全新的载体,实现中原文化的创造性转化、创新性发展,实现继承性与创新性的统一。

(二)法治性与德治性并存

中原文化本身具有法治与德治的统一的特点,其所表现出的不仅仅是一种文化符号或者社会象征意义,在一定程度上对中国社会法制、社会道德都产生了深远的影响。在漫长的农耕文明时代,中原文化是保障封建体制有效建立和延续的基础,从中原文化中分化出的社会道德品质,很大程度上保证了社会繁荣稳定,促进了人际关系信任合作。

在任何一个民族、任何一种文化中,伦理思想和道德观念都占有重要的位置。这种思想和观念为人们提供价值目标、人格境界和行为准则,塑造着人们的生活方式。中原文化伦理的核心观念既包含着中华民族共同的价值理念和道德追求,也有着独有的特征。《大学》强调"诚意""正身",《中庸》认为:"中也者,天下之大本也;和也者,天下之达道也。致中和,天地位焉,万物育焉。"孔子说:"政者,正也。"这些无不表达了中原文化中正平和的道德理念。《论语》记载子贡向孔子请教:"有一言而可以终身行之者乎?"孔子告诉他说:"其恕乎!己所不欲,勿施于人。"孔子又云:"己欲立而立人,己欲达而达人。"《论语》的这些记载体现的是仁爱宽厚的德治色彩。

在我国社会,虽然以儒家为主的伦理道德思想始终处于重要位置,但德治与法治始终并行。法律制度是人创造的,自然也将体现创造者的价值观和其所处的时代特征。法家思想源于中原。中原地区的法学思想和实践包括了中原地区几千年来形成的法律文化、人物、思想、历史等方面的总和。在中

原地区,夏朝设立了较为完善的官吏制度。《左传》记载:"夏有乱政,而作禹刑。"法家代表韩非及其名作《韩非子》认为"法与时转则治,法与时宜则有功""不期修古,不法常可",以期达到"以刑止刑""良法善治"之目的。

文化属于精神范畴,在当代中国全面依法治国的背景下,要赋予中原文化积极的法治精神,并与道德约束相结合,充分发挥这种"文化权威",继承中原文化法治与德治并存的内涵,实现中原文化法治性与德治性并存的发展方向。新时代,中原文化的这一发展方向将为法治中国建设和实现中华民族伟大复兴的中国梦提供人才支撑与智力支持。

(三)民族性与世界性融合

中原文化是中华文化的源头,充分体现了中华民族的特性。同时,中原文化在发展的过程中形成于中原区域,但不局限于中原区域,与周围联系紧密。中原文化具有丰富的内涵、包容性的思想和创新精神。

就中原文化而言,它是中华文化的一部分,而中华文化又是世界文化的重要组成部分,中华文化的辉煌和璀璨,构成了世界文化的多元性。民族的就是世界的,世界的也是民族的。一般来说,文化最讲究民族性的本土特色。有特色才有生命力,才能在世界文化的大舞台上占得一席之地。

新时代,中原文化遵循民族复兴发展需要,不断发展,通过自身内核的充分展示影响世界文化的发展。因此,民族性与世界性融合是中原文化新时代的发展方向。

文化优势是中原地区最大的优势。近年来,中原地区立足建设华夏历史文明传承创新区这一战略定位,不断推动优秀传统文化创新性发展、创造性转化,繁荣文化事业、壮大文化产业,坚定文化自信、激发精神动力,奋力构筑全国重要文化高地,让源远流长的中原文化春潮涌动,与时代同频共振。

艺术无国界,越是民族的,越是世界的,中原地区加快文化"走出去"的发展,使中原文化大放异彩,中原文化已经成为中华文化走出去的重要组成部分。百舸争流千帆竞,文化发展正当时。中原文化兼容并蓄、刚柔相济、革故鼎新、生生不息的内生特质,成就了历史上的辉煌。如今,站在新时代起点上,中原文化建设必将继续保持蓬勃发展的势头,阔步前进。

（四）事业性与产业性结合

中原大地是华夏文明的发源地，每个地方都可能蕴藏着几千年的历史文化。中原文化包括从以裴李岗文化遗址、仰韶文化遗址、河南龙山文化遗址为代表的史前文化；到夏商周文化、汉魏文化、唐宋文化，再到以新县、确山竹沟为代表的红色文化，可谓数不胜数。简单加以分类的话，可以分为始祖文化、神龙文化、河洛文化、诸子文化、姓氏文化、政治文化、宗教文化、武术文化、汉字文化、诗文文化、书画文化、戏曲文化、农耕文化、医药文化、陶瓷文化、养生文化等。

文化本身是一个务虚的产业，同时中国传统思想中又强调"文以载道"，因此中原文化也表现出强烈的精神财富特征。人民对美好生活的需要包括物质和精神两个方面。因此，必须加快推动文化事业与文化产业的发展，满足人民更高的文化需求。河南地处中原，历史文化积淀深厚，文化的发展更应趋向多元化，文化产品更要丰富多彩，文化产业的发展也要在新时代下有所提升和创新。文化事业的发展需要经济作为后盾，并以经济体系构建来发展载体，因此需要物质基础作为支撑和推动力。实现中原文化事业性和产业性的结合，加强中原文化研究，开发和提升民俗文化产业，建设和发展特色文化小镇，不仅可以延续中原文化的社会认同感，同时也可以借助特色的文化服务，使其产生经济效益，推动其可持续发展。

古老而又现代的中原，散发着自信、开放、充满生机的文化魅力。聚焦"兴文化"提供高质量文化供给，把满足人民过上美好生活的新期待作为文化工作的出发点和落脚点，在不断提供优秀的文化产品和服务上发力，以高质量文化供给增强人民群众的获得感、幸福感。增强凝聚力，构筑共有精神家园，黄帝故里拜祖大典，是唤起中华民族集体记忆、凝聚中华儿女自强不息的力量、共筑中华民族伟大复兴中国梦的重要平台。牢牢把握中原文化作为华夏文明之根、中华文化之源、黄河文明中心的地位，保护文化遗产，坚定文化自信。

二、中原文化的当代使命

(一)贯彻落实我国文化的发展要求

2011年3月7日,习近平总书记参加十一届全国人大四次会议河南代表团审议时,曾经要求"要积极推进具有中原文化特质的文化大发展大繁荣,为经济社会发展提供强有力的精神动力和充足的文化条件",同时明确提出"要大力推进社会主义核心价值体系建设","形成历史文明与现代文明相融、精神效益和社会效益并进的文化发展哲学"。

文化建设是中国特色社会主义事业五位一体总体布局的重要组成部分。没有社会主义文化繁荣发展,就不会实现社会主义现代化。我国社会主义文化建设对中原文化提出了时代要求。习近平总书记指出:"要坚持古为今用、以古鉴今,坚持有鉴别的对待、有扬弃的继承,而不能搞厚古薄今、以古非今,努力实现传统文化的创造性转化、创新性发展,使之与现实文化相融相通,共同服务于文化人的时代任务。"这对于我国实现文化繁荣、建设社会主义文化强国具有重要意义。

从中原文化资源层面看,中原地区,特别是河南,是文化资源大省,完整保留着中华民族文化发祥和传承的基因谱系,拥有伏羲太昊陵、黄帝故里、大运河、丝绸之路等中华文明的核心地标,分布着洛阳、郑州、开封、安阳四大古都,拥有8座国家历史文化名城,5处世界文化遗产,113项国家级非物质文化遗产,420个全国重点文物保护单位,是全国乃至全球范围内高品质文化资源最富集的区域,享有"地下文物全国第一,地上文物全国第二"的美誉。此外,河南卫视近几年重磅推出《酿秋》《登高抒怀》《得见李白》《云窟万象》等系列节目也是落实我国文化建设要求的生动实践,以新表达、新诠释等方式深入挖掘、匠心呈现中华优秀传统文化。作为主流广播电视媒体,河南卫视以"中国节日"为窗口,以"中国传统文化"为魂,为时代、为人民再现了一幅幅波澜壮阔的历史画卷。

中原文化要全面强化思想引领,守正创新筑就中原大地文化影响力新高地。实施文旅文创融合战略,增强中原大地文化影响力,全面提升新时代中原地区良好形象,必须全面强化思想引领、推动宣传思想工作不断"强起来"。新时代,中原文化的发展要多围绕大众关注、关心、关切的热点、难点问题精心设置议题,注重贯通话语体系,多讲淳朴的实话,多讲富有活力的新话,多讲管用的短话,使其尽可能"沾泥土""带露珠""冒热气",把文化宣传工作做到群众心坎上,从而产生情感共鸣。

中原文化的特质决定了中原文化对于历史进程的推动,进而明确了中原文化对当前文化建设要求的适应和推进。在贯彻落实我国文化发展要求的过程中,中原文化要做到历史文明与现代文明相容,以马克思历史唯物主义和辩证唯物主义指导现实,关注人们的精神世界,关注社会现实问题,积极回应社会关切,帮助人们更好认识自己、认识世界,确立不断前进的方向和信心,实现精神效益和社会效益并进。

(二)坚定时代自信和文化自信

中国式现代化是物质文明和精神文明相协调的现代化,物质富足、精神富有是社会主义现代化的根本要求。保持对自身文化理想、文化价值的高度信心,保持对自身文化生命力、创造力的高度信心,对于新时代以高度文化自信推进中国式现代化、实现中华民族伟大复兴具有深远的指导意义。坚定文化自信是实现民族复兴伟业的必然要求,一个国家综合实力最核心的还是文化软实力。坚定文化自信是维护国家文化安全的必然要求,只有大力弘扬中国特色社会主义文化,坚定文化自信,增强对中华文化的认同,才能增强对中国特色社会主义道路的认同,从根本上维护国家文化安全。坚定文化自信是保持民族精神独立的必然要求,把马克思主义基本原理同中国具体实际相结合、同中华优秀传统文化相结合,能够为保持民族精神独立提供强大的价值引导力、文化凝聚力,创造出既反映时代潮流又有鲜明中国特色的文化精神,为中华民族屹立于世界民族之林增添强大底气。文化自信是更基础的自信。文化具有极强的渗透性、持久性,深刻作用于社会发展和文明进步。

河南地处中原地区,历史文化厚重,资源丰富,伸手一摸就是春秋文化,两脚一踩就是秦砖汉瓦。河南最根本的优势是文化优势。三门峡仰韶文化、安阳殷商文化、许昌三国文化、南阳东汉文化、洛阳隋唐文化、开封大宋文化、

焦作太极文化、嵩山少林文化等共同构成了中原文化。

当代中国正经历着我国历史上最为广泛而深刻的社会变革,也正在进行着人类历史上最为宏大而独特的实践创新。进入新时代,我国的主要矛盾发生了重大变化,不平衡不充分的发展与人民群众对美好生活的需要之间的矛盾成为主要矛盾。适应和解决主要矛盾需要真理和智慧,需要真知灼见,需要创见、高见、远见。

习近平总书记将河南文化概括为中原文化、黄河文化、炎黄文化,这三大文化是核心。中原文化是一个地域文化,黄河文化是一个流域文化,炎黄文化是一个民族文化、国家文化,这三个层面不一样,但相互交织。中原文化既是地域文化、流域文化,也是国家文化、民族文化,这是其复杂性所在。无论哪种文化,都构成了坚定时代自信和文化自信的基础。

从中原文化特质层面看,河洛先民们披荆斩棘、筚路蓝缕,在中原大地上开创了灿烂辉煌的农耕文明;在这里繁衍生息的中华儿女见证过民安物阜的盛世繁华,经历过战火兵祸、旱涝饥荒的风雨沧桑;这片土地以其兼收并蓄、开放包容的文化特质,深深地影响着中华民族,引领着中华文化的发展历程。从中原文化人文思想层面看,"天人合一"的境界气度,"兼相爱、交相利"的文化理念,"尊道贵德"的道德气质,"终日乾乾,与时偕行"的精神品格等,在中华文化中有着无可比拟的价值;"正心、修身、齐家、治国"等人生理想,"穷则独善其身,达则兼济天下"等士人品格,闪烁着中华民族智慧的光芒。中原文化要持续凝聚磅礴力量,在"两个结合"中实现奋勇前进的伟大征程。中原大地文脉绵延不绝,在中国共产党的带领之下,一百余年的奋斗呈现出气势磅礴的恢宏气象,积淀起亘古未有的自信自强,化作中原儿女内心更深的历史文化底蕴,培植文化优势,彰显文化魅力,精心打造中原文化品牌,为中原文化凝聚更基本、更深沉、更持久的力量。

(三)助力中原更加出彩

2014年5月,习近平总书记在河南考察时指出,实现"两个一百年"奋斗目标、实现中华民族伟大复兴的中国梦,需要中原更加出彩。这是党的最高领导人第一次把一个区域的发展与民族复兴伟业联系起来,凸显了河南在全国大局中的特殊性和重要性。

在"百年未有之大变局"和实现中华民族伟大复兴战略全局,"四个全面"战略布局和"五位一体"总体布局中,构建以国内大循环为主体、国内国际双循环的中国"大棋局"中,中央《关于新时代推动中部地区高质量发展的意见》的正式出台,标志着我们实现了东西南北中无死角的重大战略全覆盖,北有京津冀、雄安新区、东北振兴,南有粤港澳大湾区,东有长三角一体化,西有成渝城市群,中有中部崛起新战略。由此,区域协调联动效应、整体效应越来越凸显。在区域经济高质量发展中,中原更加具有时代价值。

中原独特的区位、优势、潜力等,决定了实现中国梦需要中原出彩。中原更加出彩需要党中央把脉定向领航赋能,需要一代又一代的中原人立足省情着眼长远制定发展战略,把创新摆在现代化建设的核心位置,抢抓机遇、久久为功,更需要中原文化为实现中原更加出彩凝聚精神力量,为推动中华文化发展繁荣强化支撑力、凝聚力和向心力。

一个国家要出彩,就要有对知识体系的贡献,看其是否在知识上能够扮演一个有力的角色,对于一个地区亦是如此。中原地区有着悠久的历史,几乎每一片土地都能找到一个传说,每一片土地都有着厚重的积淀。中原地区有着光荣的革命历史,这里孕育了焦裕禄精神、红旗渠精神、大别山精神。进入新时代的中原地区,仍处于爬坡过坎、攻坚转型的关键时期,要紧紧抓住"高质量"和"创新"这两大机遇来抢占先机、赢得未来。

新时代,我们能够从中原文化博大精深的内容中找寻使中原更加出彩的启示。例如,伏羲"画八卦"之"一画开天"对中国人思维方式形成和中华文明生成的影响;北魏孝文帝的改革,宋代范仲淹、王安石的改革与变法对于当今中原地区改革的启示;南阳内乡县衙楹联对于官德建设的警示;"二程"理学与人欲之思辨的当代意义;中庸和留余思想的时代价值;等等。这些内容应该成为活的思想,展现出对当今时代的巨大力量。

中原文化是黄河文明的重要组成部分,具有强大的文明向心力。恩格斯说,一个民族要想站在科学的最高峰,就一刻也不能没有理论思维。当代中国发展和中原地区振兴必须重视知识变革和思想引领。中原文化概念的提出与中原文化的时代发展,对振兴中原、实现中原更加出彩的目标,意义重

大。100多年前,在河南大学酝酿建校时,河南先贤就曾经说过:"夫国之强,强于学,一省亦然。"在新时代,中原地区要实现振兴,要更加出彩,必须在哲学社会科学发展和中原学构建上发先声、出名家、献良谋,为中原地区的经济、政治、社会、文化和生态文明建设提供理论支持、思想动力和智慧支撑。我们常说"得中原者得天下""中原兴,天下兴"。中原文化是谋中原之钥匙,中原文化是兴中原之动力。

(四)向世界贡献文化资源

2011年3月,习近平总书记曾要求河南:"积极推进具有中原文化特质的文化大发展大繁荣,为经济社会发展提供强有力的精神动力和充足的文化条件。"同时明确提出:"形成历史文明与现代文明相融、精神效益和社会效益并进的文化发展哲学。"

相对于世界而言,中原地区具有独特的魅力,从悠远神秘的河图洛书,到源远流长的龟甲兽骨,这里创造出中国最原始的象形文字,孕育了《道德经》《周易》《诗经》等经典,彰显着中原文化的厚重底蕴,唱响了中华文明的辉煌乐章。在16.7万平方公里的中原大地上,层层叠叠都是华夏文明的褶皱。在悠远历史中铭刻过去,在世代传承中记录当下,在守正创新中孕育未来,是时代赋予中原文化的历史使命。

中原文化,即华夏文化,是中华民族灿烂而独特的文化。中原文化不仅影响了整个中国,而且在东亚乃至世界都具有广泛的影响力。举例来说,在语言文字方面,中原文化对语言文字的贡献非常大,汉字是汉族主要的书写文字,是世界上现存最古老、最完备的文字之一,而汉字的来源和发展就和中原文化相伴相生。在礼仪习俗方面,中原文化有着丰富而独特的社交礼仪,其影响力也传播到世界各地,尤其是整个东亚地区,这些礼仪习俗强调尊重、谦虚、庄重等品质,奉行"以礼入法、以礼待人"的原则。再如在品饮文化方面,茶文化是中原文化的代表文化之一,它既是有益身体健康的饮品,也是传播中原文化的媒介。在文学艺术方面,中国的诗歌、散文、小说等文学作品,对日本、朝鲜、越南等东亚国家的文学产生了相当大的影响。中原文化的典型作品,如《清明上河图》《千里江山图》等不仅在中国有着极高的艺术地位,在世界上也受到了高度关注。

更为重要的是,中原文化中的哲学思想对世界贡献更大,尤其对当今世界而言更是如此。"如欲平治天下,当今之世,舍我其谁也?"这是中国古代儒家思想的重要代表人物孟子的担当和气魄。中原文化所要做的,就是主动适应中原发展需要,立足中原大地,努力传承中国历史上"为天地立心,为生民立命,为往圣继绝学,为万世开太平"的宏伟志向,积极融入人类命运共同体的构建需要。中原文化不断"向着人类最先进的方面注目,向着人类精神世界的最深处探寻",加强与西方文明的融合。总的来说,中原文化是中国文化的经典之作,中原文化为和平共处、加强相互交流、促进地区发展与繁荣发挥了重要作用。

中原地区是中华文明的摇篮,中原文化是中华文化的重要源头和核心组成部分。中原地区在古代不仅是中国的政治经济中心,也是主流文化和主导文化的发源地。中原地区以特殊的地理环境、历史地位和人文精神,使中原文化在漫长的中国历史中长期居于正统主流地位,中原文化一定程度上代表着中国传统文化。进入新时代,我们有理由相信,诞生于黄河中下游地区的中原文化以其中华文化的母体和主干的地位,将会继续以河南为核心,以广大的黄河中下游地区为腹地,逐层向外辐射,影响延及海外。

后 记

  中原文化是中华文化的重要组成部分,它代表了中华民族的传统和智慧。挖掘和研究中原文化对弘扬和传承中华优秀传统文化具有极其重要的意义。《中原文化》一书从历史的视角对中原文化中蕴含的价值理念、道德规范和人文精神等方面进行了分析与研究,旨在为赓续华夏文明提供有价值的文化营养。

  继承和弘扬中华优秀传统文化、地域文化,是推进社会文明与进步的需要,也是新时代华夏儿女共同的责任和使命。本书通过阐述、诠释中原传统文化、地域文化,让广大青年尤其是大学生,较为全面而系统地感知传统文化及地域文化的精华和魅力,对其增强民族自豪感,坚定中国特色社会主义文化自信,具有重要而深远的意义。

  本书由黄河交通学院黄河文化与生态安全研究院中原学研究所牵头拟定编写方案,并汲取校内外部分专家、学者的意见,制定了编写大纲。本书主编为胡世雄、易宏军,副主编为王少英、张慧、郭秦生、欧阳新年,具体编写分工为:导论由胡世雄编写;第一章由郭秦生编写;第二章由郭秦生、王少英编写;第三章由刘本栋编写;第四章由马俊国编写;第五章由安婷婷编写;第六章由王恩来编写;第七章由罗娟编写;第八章由崔萃编写;第九章由刘晓论编写;第十章由惠大泳编写;第十一章由欧阳新年编写;第十二章由李从喜编写;序言、第十三章、后记由易宏军、张慧编写;第十四章由卜凡珊编写;第十五章由姚天金编写。全书由易宏军、郭秦生、欧阳新年三位教授统稿、定稿。

后 记

  在本书编写过程中,黄河交通学院理事长李顺兴先生给予了大力支持,校长胡世雄教授多次主持编写协调会,推进编撰工作。本书吸收了张新斌、王星光等部分专家、学者的研究成果,在此诚致敬意,并深表感谢!

  中原文化繁博精深,由于我们对中原文化的认知和理解水平有限,本书难免会有一些偏颇和瑕疵之处,恳请广大读者批评指正。

编 者
二〇二三年十一月